배고픈 월급쟁이를 위한 달달한 짠테크
NEW 내 월급 사용설명서

NEW 내 월급 사용설명서

배고픈 월급쟁이를 위한 **달달한 짠테크**

전인구 지음

매일경제신문사

시작하며.
사라지는 연금과
늘어나는 카드값

현실이라는 지옥 탈출기

《88만 원 세대》라는 책이 유행하고, 편의점 아르바이트 시급이 2,700원 정도 하던 시기. 난 새벽 5시에 일어나 보일러가 고장 난 자취방에서 겨울에도 찬물로 머리를 감고 도서관으로 향했다. 도서관 문이 열리기 30분 전에 찬바람을 맞으며 도서관 입구에 서 있으면 도서관의 가장 좋은 자리를 맡을 수가 있었다. 구내식당의 메뉴와 자판기 커피의 달콤함에 소소한 행복을 누리며 공부한 덕에 남들보다 빨리 취업문을 통과할 수 있었다. 거기까지가 행복이었다.

첫 직장을 구하면 행복할 줄 알았다. 물론 행복해 보이는 사람들도 있었다. 그런데 나는 200만 원이 되지 않는 월급을 바라보며 한숨을 쉬었다. 내 어깨에 지어진 삶의 무게는 20대 초반에는 어울리지 않는 것이었다. 부모님의 자립에 도움을 드려야 했고, 동생이 대학을 잘 마칠 수 있도록 도와줘야 했다.

나를 위해서 온전히 돈을 쓰고 싶었지만 적은 월급은 그런 사치를 나에게 허락하지 않았다. 먼 직장은 버스가 자주 오지 않는 곳이라 자취할 집과 차가 필요했다. 버는 돈의 대부분이 원치 않는 곳으로 빠져나갔다. 열심히 일하고 숨을 쉰다는 이유만으로도 돈이 빠져나갔고, 군대도 내 마음대로 선택할 수 없었다. 월급을 받을 수 있는 군대로 입대해야 했다.

그런 이유로 군대에서 벚꽃이 4번 피고 지는 것을 봤다. 민간인이 되어서 벚꽃을 볼 수 있을 무렵에 나는 마지막 20대를 맞이했다. 군대라는 긴 터널을 지나면서 나도 많은 것이 달라졌다. 힘겨운 상황 속에서도 악착같이 돈을 모아서 21살부터 해오던 투자를 계속 늘려나갔다. 연평도 앞바다에서 유서처럼 썼던 원고가 베스트셀러가 됐다. 그 뒤로 낸 주식 책도 꾸준히 사랑을 받는 스테디셀러가 됐다. 물론 책으로 들어온 인세는 목돈을 만드는 데 큰 도움이 되지 않았다. 아마 돈을 벌려고 책을 쓰는 사람은 없을 것이다. 한 사람의 인생이라도 안타깝게 하고 싶지 않다는 마음이 누군가에게 전달되기를 바라는 마음이었다.

내가 현실지옥을 탈출할 수 있었던 것은 목돈이 모이고 나서부터다. 힘든 상황에서 나를 더 힘들게 하며 모은 목돈 3,000만 원은 현재까지 매년 거의 2배로 늘어났다. 부자라고 부를 수 있을진 모르겠지만 앞으로 배고픔을 느끼지 않고 살 수 있는 안전구역에는 도달했다. 이 안전구역으로 오기 위해서 남보다 더 열심히 일했고 아꼈고 다양한 투자를 했다. 그리고 그 다양한 투자는 한 번도 실패하지 않고 성공했다.

내가 실제로 겪은 경험과 노하우를 이 책에 담으려 한다. 젊은 세대에게 좋은 말과 위로로 보듬어주고 싶지만 그건 실질적인 해결책이 아니다. 가난을 탈출하려면 늪에서 빠져나오듯이 간절하게 발버둥 치고 노력해야 한다. 여러분을 안전구역으로 데려가기 위한 거침없는 발언이 힘들 수도 있다. 하지만 포기하지 말고 이 지옥을 같이 탈출하길 바란다.

지금 세대에게 연금은 없다

연금이라는 단어를 들어본 적이 있을 것이다. 연금은 근로자가 소득에서 일정 금액을 내면, 노후에 일하지 않아도 생활비를 지원받는 형태를 말한다. 소득에 따라서 내는 돈과 받는 돈이 바뀐다. 지금 젊은 층이라면 나중에 받을 수 있는 연금은 현재가치로 75만 원 정도 될 것이다. 이 돈은 노후 생계를 유지하는 데 터무니없이 부족한 돈이다. 하지만 이 돈만큼 늙어서 의지가 되는 돈도 없다. 국가가 망하지 않는다면 보장해주는 돈이 국민연금이기 때문이다.

직장인 중에는 연금을 계산하고 돈을 모으는 데 열심히 하지 않는 경우도 있다. 그런데 연금은 없다고 생각하고 미래를 준비하는 것이 옳다. 연금이라는 것이 출산율이 높고, 수명이 짧던 시기에는 참 좋은 제도였다. 6·25 이후 베이비붐 시절에는 육남매가 흔했다. 평균수명이 낮아서 연금을 수령하고 얼마 뒤면 대부분 돌아가셨다. 돈 내는 사람은 계속 늘어나고, 연금수령자는 적으니 연금이 망할 가능성이 없었다.

그러나 지금은? 출산율이 0.98명으로 세계 최저를 기록하고 있다. 수익률은 5% 미만, 수명은 계속 늘고 있는 상황에서 연금이라는 제도는 다단계와도 같다. 아랫세대들의 돈을 뺏어서 윗세대에게 주는 꼴인데 다음 아랫세대는 연금을 수령할 확률이 낮아 보인다. 아마 연금은 자신이 낸 돈을 노후에 그대로 받는 수준으로 수렴하지 않을까 점쳐본다.

이런 상황에서 연금을 믿고 현재를 즐기는 욜로족이 되면 안 된다. 젊어서 돈을 쓰며 추억을 쌓는 것은 즐거운 일이다. 하지만 그건 부모를 잘 만난 사람이거나 고소득직에 해당하는 이야기다. 나의 이야기도, 여러분의 이야기도 아니다. 스스로 노후를 보장할 수 있는 안전구역에 이르고 나서 세상을 즐겨도 늦지 않다. 무인도를 빠져나오면 먹고 싶은 것을 마음껏 먹을 수 있다. 무인도 안에서 하루라도 행복을 느끼기 위해 남은 식량을 모두 먹어치우는 것은 미래를 파먹는 일이다.

우리가 취업해서 바로 할 일은 목돈 만드는 일이다. 이 목돈은 내가 직장인으로서 삶을 살 때 쓰려고 모으는 돈이 아니다. 직장을 그만두거나 노후를 준비하기 위한 돈이어야 한다.

남들 SNS 인생의 화려함에 속지 말자. 남들이 사치 부리는 것을 따

시작하며. **사라지는 연금과 늘어나는 카드값**

라 하지 않고 참으면 늙어서 비참해지는 일을 막을 수 있다. 운이 좋다면 30대에 경제적 자유를 누릴 수도 있다. 지금 해야 할 일은 저축, 절약, 목돈, 투자다. SNS가 아니다.

평균수명 82세, 평균 퇴직나이 49세, 필요한 돈 10억 원

좋은 이야기는 심신의 안정과 위로를 줄 수 있지만, 사람을 변화시킬 수가 없다. 충격적인 이야기는 자신의 현실을 깨닫게 해주고, 상황의 심각성을 알려준다. 회사에서 몇 년을 근무할 수 있을지는 아무도 모른다.

모 대기업의 경우 3년 차 직원들에게도 희망퇴직을 받았다. 어리다고 젊다고 회사가 튼튼하다고 내가 잘리지 않는다는 생각은 하지 말기를 바란다. 나를 지켜줄 것은 경쟁회사도 탐낼 만한 나의 능력이지 나이와 직급이 아니다.

천재가 아니지만 운이 좋아서 열심히 일해서 회사에 좀 더 오래 남을 수도 있다. 그런데도 우리나라 평균 퇴직나이는 49세고, 평균수명은 82세다. 33년을 퇴직하고 연금 외에 다른 수입원 없이 살아야 한다는 이야기다. 최저 시급 인상으로 편의점 경쟁률이 10 대 1을 넘어가고 있다. 이런 상황에서 노인이 일자리를 구하는 것은 어려워 보인다.

평생직장이 사라지는 시대에서 평균 퇴직나이는 더 짧아지고, 의료기술이 발달하는 세상에서 평균수명은 더 길어질 것이다. 그리고 연금은 사라지지 않을까 싶다. 최악의 미래가 예상된다. 현재와 같은 상황이라고 보면 우리는 퇴직할 때 10억 원을 모아야 기본적인 노후를 살아갈 수 있다.

10억 원을 모은 사람이 얼마나 될지 모르겠다. 부동산으로 10억 원을 가지고 있는 것은 큰 의미가 없을지도 모른다. 팔고 싶을 때 당장 팔아서 현금으로 만들 확률도 낮을뿐더러 급하게 팔면 제 가치를 받을 수도 없다. 그리고 상속세, 양도소득세 등 세금을 내고 나면 남는 것이 얼마 없을 수도 있다. 통계에 따르면 10억 원 이상 금융자산을 보유한 사람은 28만 명이라고 한다. 우리나라 국민의 1%도 되지 않는 숫자다.

직장을 다니면서 10억 원을 모은다는 건 말이 되지 않는다. 20년간 매년 5,000만 원씩 저축해야 10억 원이 모인다. 부부가 맞벌이해서 죽으라 돈을 모은다면 해볼 만도 하겠지만, 현실적으로 불가능하다. 그래서 어느 정도 돈이 모이면 재테크가 필요하다. 절약, 저축과 재테크는 완전 다른 영역이다. 재테크 재주가 없거나 관심이 없다면 그냥 20년간 허리띠를 졸라매자. 재테크에 관심이 있다면 이 책의 5장에 주목하자.

카드값이 줄어들지 않는 이유

현대 직장인들은 가난해질 수밖에 없는 구조에 놓여 있다. 연봉이 얼마든 가난해지는 것이 당연하다. 여러분이 직장에서 열심히 일할수록 우리 사회는 더 가난해진다. 여러분들 때문에 말이다.

무슨 말이냐면 기업은 최대의 이윤을 창출하려고 한다. 저축의 여유가 있는 사람들이 저축할 몫까지 소비하게 만들어야 기업의 이윤이 늘어난다. 그렇게 만들기 위해서 기업은 여러분을 쪼아서 아이디어를 내고 상품을 만들고 홍보를 해서 판매한다.

갑자기 TV에 여행프로그램이 많아졌다. 덕분에 이번 휴가는 가족들이 해외여행을 가자고 아우성이다. SNS에 해외여행 사진을 올리는 사람들이 늘어나고, SNS 곳곳에는 여행 관련 상품을 파는 페이지가 눈에 띈다. 인터넷에는 내 검색어를 기반으로 맞춤형 광고가 뜨고 있다. 정보를 검색하려 인터넷에 들어갔을 뿐인데 내가 관심 있는 광고로 자꾸 눈이 가게 한다.

스마트폰을 하지 않아도 소용이 없다. 친구네 집에 가면 벽에 걸린 이상한 청소기를 발견하게 된다. 처음 보는 청소기인가 싶더니 주변 집에 가면 이 청소기를 자주 발견하게 된다. 다들 좋다고 난리다. 어쩔 수 없이 나도 사야 할 것 같다. 최근 건조기가 유행하면서 건조기가 없는 집이 없다. 기왕 사는 것 건조기도 같이 사야 할 것 같다.

꼭 광고라고 말하지 않아도 우리는 생활 곳곳에서 광고에 노출된다.

그리고 광고는 우리의 소비를 당연하게 만들고, 저축할 힘을 빼놓는다. 그래야 기업이 생존할 수 있기 때문이다. 기업들이 작정하고 내 주머니를 뺏어가려고 하는데 이를 이겨낼 수 있을 만한 정신력을 가진 사람이 얼마나 될까? 당신의 카드값이 줄어들지 않는 이유다.

기업의 홍보전략이 다양해지고 교묘해지는 상황에서 카드값이 줄어들기를 바란다는 것은 말도 안 되는 일이다. 늘어난 카드값은 늘어난 몸무게처럼 좀처럼 잘 줄어들지 않는다. 몸무게를 줄이려면 뼈를 깎는 고통이 필요하듯이 카드값을 줄이려면 생활패턴을 완전히 바꾸려는 노력이 필요하다. 카드를 없애고 생활비를 줄이고 저축을 늘려야 한다. 하지만 이런 노력을 혼자서 하기에는 습관의 힘이 참 무섭다. 습관을 고칠 수 있도록 엄격한 코치가 있어야 한다. 이 책이 여러분의 월급관리 코치가 될 수 있기를 바란다.

전인구

시작하며
사라지는 연금과 늘어나는 카드값 • 4

STEP 1
가계부 쓰기와 셀프 재무설계

생애주기에 필요한 돈은 얼마일까? • 19
내 소득과 지출은 얼마일까? • 21
나의 과소비 유형은? • 24
신용등급을 올리면 지출이 줄어든다 • 27
4개의 통장으로 월급 관리하기 • 30
적금 쪼개기와 예금풍차 돌리기 • 34
보너스로 보너스 이자 받기 • 37
좋은 빚과 나쁜 빚 • 39
수입·지출 가계부 작성법 • 42
자산·부채 가계부 작성법 • 46

STEP 2
절약신공으로 6개월 만에 1,000만 원 모으기

빨리 종잣돈을 모아야 하는 이유 • 53
절약에 성공하면 스몰럭셔리, 실패하면 만 원의 행복 • 56
신용카드 VS 체크카드 VS 현금 VS OO페이 • 59
자동차 싸게 사서 알뜰하게 타는 법 • 65
알뜰하게 국내·해외여행 한 번 더 다녀오는 법 • 74
커피값만 줄여도 1억 원이 모인다 • 85
냉장고 파먹기로 식비 다이어트하기 • 87
쇼핑, 해외직구 알뜰하게 하는 법 • 91
상품권과 포인트로 더 싸게 사는 법 • 93
우리 집 통신비 할인 노하우 • 97
부동산 수수료를 줄이는 방법 • 100
출산·육아비용 줄이기 • 102
셀프 인테리어로 1,000만 원 아끼기 • 105
연말정산으로 월급 한 번 더 받기 • 109

보너스트랙 소소하지만 확실한 용돈 벌기 • 113

STEP 3
보험을 믿느니 차라리 대출을 믿자

없는 것이 더 나은 연금보험 • 119
보험가입이 유리한 경우 • 122
보험료 절약하는 방법 • 125
월세 말고 빚내서라도 전세 • 128
투자 고수는 대출을 활용한다 • 132
신용등급을 높이면 이자가 줄어든다 • 134
신용대출 가장 저렴하게 받기 • 138
주택담보대출 가장 저렴하게 받기 • 141
이자를 줄여주는 대출 갈아타기 • 145

STEP 4
재테크하기 전 준비운동

세계 경제 흐름 예측하는 방법 • 151
금리 보고 투자처 정하는 방법 • 154
환율에 웃고 우는 곳 찾기 • 157
수익률을 결정하는 세금 • 159
어려운 경제용어 공부하기 • 162
투자가 보이는 다단계 원리 • 164
비트코인이 망한 이유 : 화폐, 안전마진 • 167
재테크의 원리 : 싸게 사서 비싸게 팔아라 • 169
30년 만에 2,700배가 되는 복리의 마법 • 171
부자가 되려면 현금파이프를 여러 개 만들어라 • 174
시간도 돈의 개념에 포함하라 • 177
사기꾼인지 알아내는 방법 • 179

STEP 5
월급으로 부자 되는 재테크

Level 1. 임대업
연 15% 수익, 아파트 급매+셀프튜닝+월세 • 185
연 25% 수익, 매입형 셰어하우스 • 189
투자금 400만 원으로 연 200% 수익, 전대차 셰어하우스 • 193
연 100% 수익, 빈방도 돈이 되는 에어비앤비 • 195
주택임대사업자의 모든 것 • 198
원룸, 상가주택, 상가는 어떨까? • 200

Level 2. 부동산
청약통장으로 내 집 마련하기 • 204
아파트를 잘 고르는 비법 • 208
분양권 투자는 타이밍이 천국과 지옥을 가른다 • 220
양날의 검 갭 투자 : 전세 끼고 아파트 사는 사람들 • 222
투자의 꽃 땅 투자, 용어부터 외우자 • 224
땅 사기 안 당하는 방법 • 226
경매는 왜 하는 걸까? • 227
초보자를 위한 경매 투자 노하우 • 233

Level 3. 주식 & 펀드
주식으로 돈 잃은 사람의 특징 • 236
연 30% 수익, 세계 2위 부자 워렌 버핏 • 238
사업가의 눈으로 투자하라 • 241
전설의 투자가 피터 린치 • 244
주식 투자를 위한 기초 • 247
꾸준히 이익이 느는 우량주에 투자하기 • 249
워렌 버핏이 좋아할 한국 주식 • 251
주식과 채권은 반대로 투자하자 • 254
저위험 중수익 부동산펀드 • 256
펀드의 단점을 보완한 ETF 투자 • 257

Level 4. 창업

창업이 실패하는 이유 • 259
강력한 경쟁력이 있는가? • 263
프랜차이즈 창업 전 폐점률을 살펴라 • 265
빽다방 : 임대료를 낮춰라 • 19
미스사이공 : 인건비를 낮춰라 • 269
설빙 : 세상에 없는 메뉴를 만들어라 • 270
봉구스 밥버거 : 수요조사와 입지선정의 모범 답안 • 273
유행은 계속 바뀐다 • 275
노후창업으로 적당한 추천 업종 • 277

Level 5. 절세

절세가 중요한 이유 • 280
직장인을 위한 필수 지식, 종합소득세 • 282
부동산 투자와 떼려야 뗄 수 없는 양도소득세 • 284
양도소득세를 피하는 무기, 주택임대사업자 • 286
일찍 준비하면 세금이 줄어드는 증여세·상속세 • 288

마치며
부자에 대한 환상을 버리자 • 290

STEP 1.
가계부 쓰기와 셀프 재무설계

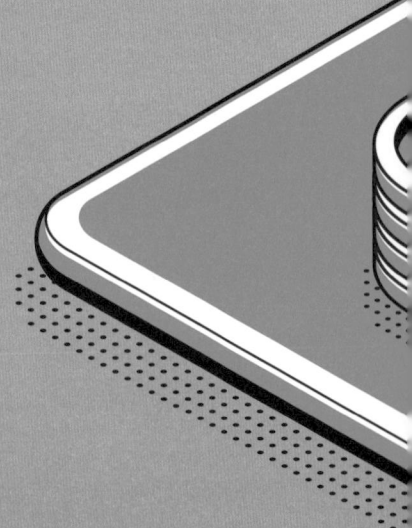

STEP 1.
가계부 쓰기와 셀프 재무설계

🪙 생애주기에 필요한 돈은 얼마일까?

직장생활이 힘들 때 한 번씩은 지금 당장 그만두면 앞으로 살아가는 데 얼마가 필요할지 생각해본 적이 있을 것이다. '얼마를 모아야 이 직장을 그만둘 수 있을까?' 종종 궁금증은 생기지만 정말로 얼마가 필요한지 계산은 잘 안 해보는 것이 현실이다. 지금 당장 힘들더라도 직장생활을 유지하는 것이 더 이득이라는 것을 알기 때문이다.

그래도 궁금하니 한번 계산해보자. 우선 생애주기 곡선을 보면 얼마가 필요할지 대략 알 수 있다.

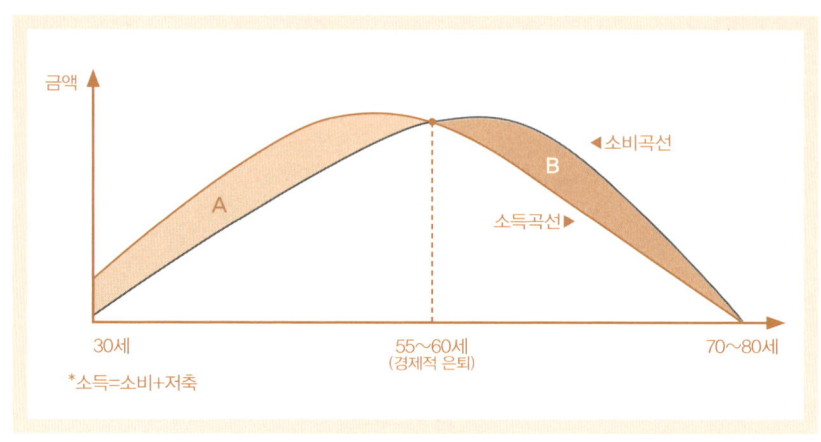

생애주기 곡선

취업하고 나면 경력이 쌓이면서 소득이 계속 늘고 소비도 자연스럽게 늘어난다. 그래도 소득이 늘고 소비보다 더 높으니 저축할 수 있는 A라는 여력이 생긴다. 이 A가 노후를 위해 저축해야 할 돈이다. 직장에서 은퇴하는 나이(평균 49세)가 되면 소득은 현저히 줄어든다. 군인연금, 공무원연금이 아닌 국민연금의 경우 그 금액이 현격히 낮아서 소득보다는 소비가 더 크다. 고연봉자일 경우 소비하던 습관이 남아 있어서 은퇴해서 소비도 더 크다. 그래서 B라는 구역이 생긴다. B가 노후를 위해 필요한 돈이다.

A와 B가 같으면 노후를 위한 준비가 됐다고 볼 수 있다. 최소한의 노후를 보장받으려면 10억 원이 필요하다. 그럼 평균 퇴직 나이인 49세 즈음에는 10억 원을 준비해야 한다. 29세부터 저축하면 연평균 5,000만 원씩 저축해야 한다. 맞벌이 부부라면 1년에 2,500만 원씩 저축하면 된다.

이 두 가지 모두 서민들에게 불가능하다. 저축만으로는 답이 없는 이유다.

방법이 있다면 하나는 재테크로 저축보다 더 많은 돈을 모으는 것이고, 다른 하나는 최대한 은퇴를 늦추는 것이다. 또는 은퇴해서 새로운 돈벌이를 찾는 방법이다. 하지만 기계가 아르바이트생을 밀어내는 시대에서 앞으로 우리의 은퇴 시기에 새로운 돈벌이 수단이 남아 있을지 의문이다.

그래서 내가 선택한 방법은 잃지 않는 재테크와 직장에서의 강력한 경쟁력을 구축하는 것이었다. 재테크로 잃지 않고 꾸준히 수익을 낸다면 저축보다 돈을 더 빨리 모을 수 있고, 직장에서 강력한 경쟁력을 갖춘다면 은퇴 시기를 늦추거나 연봉을 더 높일 수 있다. 그렇게 10년을 살아왔고, 남들보다 좀 더 빨리 은퇴해도 될 정도의 안전구역에 도착했다. 이 안전구역에 도착했다면 은퇴를 앞당길 수도 있고, 젊은 시절에 아름다운 추억을 쌓는 여유를 즐길 수도 있다. 마라토너들은 결승점에 도착해서야 쉴 수 있다는 것을 명심하자.

🪙 내 소득과 지출은 얼마일까?

내 소득이 얼마인지 아는 것은 가계부를 쓸 때 중요하다. 실제로 대부분의 직장인이 자신이 얼마를 버는지 잘 모른다. 연말정산을 할 때나 은행에서 대출받기 위해 서류를 떼면서야 자신의 연봉이 생각보다 높다는 사실을 알게 된다. 그러곤 왜 실제 월급이 적은지, 국가가 세금으로 다 떼어갔다고 투덜거리기도 한다.

실제로 국가는 근로자에게 세금으로 그다지 많은 돈을 가져가지 않는다. 세율이 낮을뿐더러 연말정산으로 내야 할 세금도 돌려주고 있다. 그럼 내 월급은 누가 가져갔을까?

월급의 구조를 살펴보면 범인이 자신이라는 것을 알 수 있다. 월급의 구성원리를 보자. 기본급, 교통비, 식사비, 직급보조수당, 연구비, 명절보너스, 성과급, 초과근무비 등이 섞여 있다. 이렇게 연봉이 12개월로 균등하게 나눠어서 월급이 들어오는 직장도 있겠지만, 보너스나 성과급, 수당이 들쭉날쭉 들어와서 한 달 월급이 얼마인지 본인도 모르는 직장이 태반이다.

매달 300만 원씩 일정하게 들어온다면 150만 원은 저축, 50만 원은 생활비, 50만 원은 월세, 50만 원은 고정지출로 균등하게 지출계획을 짤 수 있을 텐데 어느 달은 250만 원 어느 달은 400만 원 이렇게 들어오니 일정하게 저축하기가 어렵다.

그럼 소득은 어떻게 파악할까? 우선 작년의 연봉을 보고 올해의 연봉이 얼마일지 계산해보자. 그리고 통장에 찍힌 작년의 월급명세를 보고, 1월에는 얼마, 2월에는 얼마, 이런 식으로 얼마가 언제 들어올지 예상해보자. 그러면 돈이 언제 얼마가 들어올지 알 수 있다. 자영업하는 사람도 작년의 데이터를 바탕으로 예상해보면 성수기와 비수기에 따라 달리 들어오는 돈을 예상할 수 있다.

지출은 얼마일까? 고정지출과 변동지출이 있다. 고정지출은 월세, 통신료, 공과금, 보험료, 학원비같이 절약이 어려운 매달 꾸준히 들어가는 돈이다. 변동지출은 식비, 쇼핑비, 교통비, 여행같이 들쭉날쭉하게 나가는 돈이다. 그리고 절약해서 줄이기 쉬운 것들이다. 우리가 절약한다면 변동지출을 줄이는 것이 효과적이다. 한 달 생활비를 정하고 이 안에서 변동지출을 정한다면 한 달에 지출되는 돈을 계산할 수 있다.

여기에 특별지출을 더하면 1년에 얼마 쓰는지 예상할 수 있다. 여름휴가나 명절용돈, 해외여행 등이 특별지출에 속한다. 이렇게 1년에 얼마를 쓰는지 구하게 되면 1년 동안 저축할 수 있는 돈도 구할 수 있다.

> **1년 소득 – 1년 지출 = 1년간 저축할 수 있는 돈**

그럼 1년간 저축할 수 있는 돈은 얼마여야 할까? 간단히 10억 원에서 은퇴 시까지 몇 년 일하는지 나누면 1년 저축금액이 나온다. 하지만 현실적으로 보자면 1년 소득의 절반 정도는 저축하는 것을 권장한다. 그래야 최소한의 노후를 대비할 수 있는 돈이 된다.

늦게 취업해서 모은 돈이 적다면 재테크로 수입을 늘리면 된다. 7,000만 원씩 모일 때마다 소형 아파트를 사서 월세를 놓는다면 월 30만 원 정도의 추가 소득을 늘릴 수 있다. 이런 추가 소득은 은퇴자금을 모으는 데 도움이 되지만 은퇴 시에 연금 같은 역할을 해주기도 한다.

목돈을 최대한 빨리 만들자. 그러면 은퇴 전에 노후자금을 모을 가능성이 커진다.

🥞 나의 과소비 유형은?

돈을 못 모으는 사람들은 돈을 못 모을 수밖에 없는 습관을 지니고 있다. 그런데 본인은 모른다. 지인들은 아는데 직언할 수가 없다. 굳이 그 말을 해서 득 보지 못한다는 것을 알기 때문이다. 돈을 잘 쓰는 친구가 돈을 안 쓰게 되면 내가 손해다. 돈 잘 쓰는 친구가 앞으로도 계속 써 주는 것이 나에게 도움이 된다.

스스로 본인의 과소비를 파악하는 방법은 가계부를 쓰는 거다. 그동안 쓴 지출내용과 금액을 보면 내가 얼마나 어이없는 사람인지 알게 된다. 다이어트를 결심했다고 다이어트 식품을 구매하고, 며칠 뒤에 야식을 결제한 흔적이 고스란히 담겨 있다. 헬스장 이용권을 결제했는데 다음 달에 살이 더 쪄 있다면 가계부는 자신의 주인이 얼마나 어이가 없을까?

과소비 유형은 4가지다. 하나는 충동소비다. 살 생각이 없었는데 그냥 사버리는 것이다. 마트에 갔다가 원래 살 생각이 없는 물건을 카트에 한가득 싣고 나왔다면 이건 충동소비다. 휴게소 화장실을 가려고 잠시 들렸다가 한 손에는 핫도그, 한 손에는 커피를 들고 있다면 이것도 충동소비에 속한다. 가장 큰 충동소비는 TV홈쇼핑을 보고 나도 모르게 주문하는 것이다. 그래서 나는 홈쇼핑 채널은 지웠다.

둘째는 모방소비다. 친구가 사기에 나도 따라 사거나 남들이 어디로 여행 갔다고 나도 여행 가는 것은 모방소비다. 연예인이 광고하는 물건이나 입고 나온 옷을 따라 사는 것도 모방소비다. 광고모델로 인지도가 높은 연예인을 쓰는 이유가 모방소비 때문이다. 모방소비를 피하려면 광고를 안 보는 것이 가장 좋고, 소비가 심한 친구를 멀리하는 것이 좋다. 자존감이 낮고, 귀가 얇은 사람일수록 모방소비를 더 하게 된다.

셋째는 과시소비다. 자존감이 낮은 사람일수록 과시소비를 하는 경향이 크다. 자신의 부를 과시하려고 일부러 비싼 것을 소비하는 것이 과시소비다. 외제차를 사고 다닌다거나 명품을 온몸에 휘감고 다닌다거나 비싼 음식점을 즐겨 다닌다면 이는 과시소비다.

넷째는 과소비다. 과시소비와 다른 점은 과소비는 소득에 비해 과한 소비를 한다는 것이다. 재벌이 외제차를 타고 명품을 즐겨 사는 것은 과소비가 아니지만, 원룸에 월세로 살면서 외제차를 타고 명품을 사고 비싼 음식점을 다닌다면 과소비다. 본인의 노후를 준비하지 못한 상태에서 소득에 비해 과한 소비를 하는 것은 큰 문제다. 광고에 과다 노출된 현대인은 대부분이 과소비에 빠져 있는 상태다.

먼저 가계부를 써서 과소비 유형을 알아야 한다. 가계부를 보고 지출내용 옆에 빨간 펜으로 이건 왜 샀는지 적어본다. 그리고 과소비 유형을 적는다. 그중에서 가장 많이 적힌 종류가 나의 과소비 유형이다. 유형에 맞게 집중적으로 처방한다면 소비를 효과적으로 줄일 수 있다.

나도 충동소비가 심했던 적이 있다. 그래서 마트와 백화점을 가지 않고 슈퍼를 가고, 한 달 옷값을 정해서 인터넷으로 옷을 샀다. 마트를 갈 때는 밥을 배불리 먹고 갔다. 쇼핑 앱도 모두 지우고, 인터넷 즐겨찾기에서 쇼핑사이트를 모두 지웠다. 나 자신을 불편하게 만들었더니 충동소비가 줄어들고 지출도 줄어들었다.

모방소비는 자존감을 높이고, 친구들 쇼핑을 따라가지 말고, TV 시청을 줄여야 한다. 최대한 광고를 보지 않는 습관을 들여야 한다. 출퇴근길에 멍하니 광고판을 보지 말고, 책을 읽는 습관을 들여보자.

과시소비는 자존감을 높이고, 더치페이하는 습관을 들이고, 수준에 맞는 집과 차를 사기, 생활비통장을 만들어서 한 달 동안 그 안에서 해결하기 등을 실천하면 된다.

과소비는 생활비통장을 만들어서 사용하고, 연봉 대비 살 수 있는 차와 월세를 정해두면 과한 지출을 줄일 수 있다.

과소비 유형 알아내는 법
1. 가계부를 쓴다.
2. 지출내용을 읽고 왜 샀는지 적어본다.
3. 4가지 유형 중 어디에 속하는지 적는다.
4. 가장 많이 적힌 종류가 나의 과소비 유형이다.

신용등급을 올리면 지출이 줄어든다

> **신용등급** : 개인의 신용거래 실적, 연체기록에 따라 1등급부터 10등급까지 정해져 있고, 등급에 따라 대출 가능 금액과 금리가 달라진다.

신용등급은 명함보다 소중하다. 신용등급은 가급적 1~2등급을 유지하는 것이 좋다. 신용등급에 따라서 대출금액도 달라지고 대출금리도 달라진다. 누구는 1억 원을 빌리고도 이자가 500만 원인데 어떤 이는 2,000만 원을 빌리고도 이자가 1,000만 원이 된다는 말이다.

그러면 금융권은 왜 신용등급을 적용하는 것일까? 예를 들어보자. 다음 중 어떤 친구에게 돈을 빌려주고 싶을까?

1. 지인 중 적은 금액이라도 빌리면 기한 안에 꼬박꼬박 갚는 친구
2. 돈을 한 번도 빌린 적이 없는 친구
3. 빌려서 몇 번 안 갚은 적이 있는 친구
4. 빌릴 때마다 돈을 안 갚는 친구

은행에서는 1→2→3→4 순으로 신용등급이 높다. 한 번도 안 빌린 친구는 앞으로 갚을지 안 갚을지 알 수가 없으므로 1번 친구보다 신용도가 높지 않다. 잘 빌리고 잘 갚는 것이 신용등급을 올리는 가장 좋은 방법이다.

STEP 1. 가계부 쓰기와 셀프 재무설계

본인의 신용등급을 알고 싶다면 신용회복위원회 홈페이지에서 무료로 조회할 수 있다. 신용정보회사 중에서도 연 3회까지 무료로 이용이 가능한 곳이 있으니 굳이 돈 주고 조회하지 않아도 된다.

신용등급이 높으면 1금융권(주로 ○○은행)을 이용할 수 있다. 신용대출의 경우 더 많은 돈을 저렴한 이자로 빌릴 수 있어 이렇게 빌린 돈으로 투자할 수 있다. 저렴하게 빌린 돈은 앞으로 더 큰 수익을 내는 데 활용할 수 있으니 재테크에 있어서 남들보다 유리해진다.

신용등급이 낮아지면 1금융권에서 대출이 불가능하고 2금융권(카드사, 캐피탈, 저축은행, 금고) 등을 이용해야 한다. 빌릴 수 있는 돈도 적을뿐더러 이자도 더 비싸므로 돈을 빌리면 이자 때문에 돈을 더욱 못 모으게 된다. 여기보다 신용등급이 더 나쁘면 3금융권(사채, 일수, ○○캐쉬)에서 돈을 빌리게 된다. 여기서 돈을 빌리면 더 비싼 이자를 내야 하고 실제로 빌린 돈도 갚기 어려운 형편으로 빠지게 된다. 3금융권까지 가면 답이 없는 상황이 나오므로 절대 돈 빌리는 일이 없어야 한다.

만약 이자의 덫에 빠져 돈을 갚을 수 없는 상황이라면 워크아웃을 신청하거나 개인회생, 파산을 신청해서 새로운 기회를 다시 부여받는 것이 좋다.

> **개인워크아웃** : 연체 90일 이상, 은행, 카드 대출만 가능, 소액 신청 가능, 이자 및 원금 60%까지 탕감, 상환 기간 연장
> **개인회생** : 전 재산보다 채무가 많을 경우, 빚 종류 무관, 채무 1,000만 원 이상, 소득이 있어야 가능
> **파산·면책** : 자신의 채무를 변제할 수 없는 경우 경제적으로 재기할 기회를 부여, 전액 탕감

　가장 관심이 있을 부분으로 돌아가서 신용등급을 올리는 방법과 피해야 하는 방법을 알아보자. 먼저 신용등급을 올리려면 신용카드를 만들어서 잘 쓰고 잘 갚으면 된다(한도 50% 이내). 약간의 대출이 있다면 연체 없이 잘 상환하면 신용등급이 올라간다. 아무리 잘 빌려도 연체가 발생하면 소용이 없으니 연체를 하지 않도록 주의하자. 주거래 은행을 잘 활용하면 좋다. 신용등급과는 상관이 없지만, 은행 자체 등급을 평가할 때 좋은 점수를 받을 수 있다. 그러면 대출을 받을 때 더 유리해진다. 적금과 펀드를 나눠서 여러 개 만들어두는 것도 효과적이다.

　신용등급이 내려가는 나쁜 행동들도 알아보자. 연체가 가장 나쁘다. 은행이자, 공과금, 통신요금이 연체되지 않고 있는지 체크해서 밀리지 않고 내자. 자동이체를 신청하면 이런 실수를 막을 수 있다.

　대출은 1금융권에서 받는 것이 좋다. 잘 몰라서, 100만 원만 빌릴 생각이라서 쉽고 빠른 OO캐시를 썼다면 앞으로 1금융권에서 대출을

못 받을 수도 있다. 2, 3금융권 대출기록이 있으면 1금융권 대출이 어려울 수 있다. 1금융권에서 대출을 신청하고 안 되면 2금융권으로 가는 것이 좋다.

대출이 과다한 것도 문제가 된다. 대출을 잘 갚는다고 해도 대출 자체가 많으면 등급이 더 오르지 않는다. 소득대비 부채가 2배가 되지 않도록 하고 불필요한 대출은 갚아버리는 것이 좋다.

카드론, 현금서비스는 신용등급을 내리는 데 큰 역할을 한다. 아무리 돈이 필요해도 이 2가지는 이용하지 말자. 신용카드 할부결제를 자주 하는 것도 좋은 영향을 주지 못한다. 일시불로 결제하는 습관을 지니자.

4개의 통장으로 월급 관리하기

돈이 들어오고 나가는 시스템을 잘 만들어둬야 돈이 착착 쌓일 수 있다. 4개의 통장으로 월급을 관리하면 돈이 자동으로 쌓이게 된다. 그래서 직장인들에게 인기가 높은 방법이다.

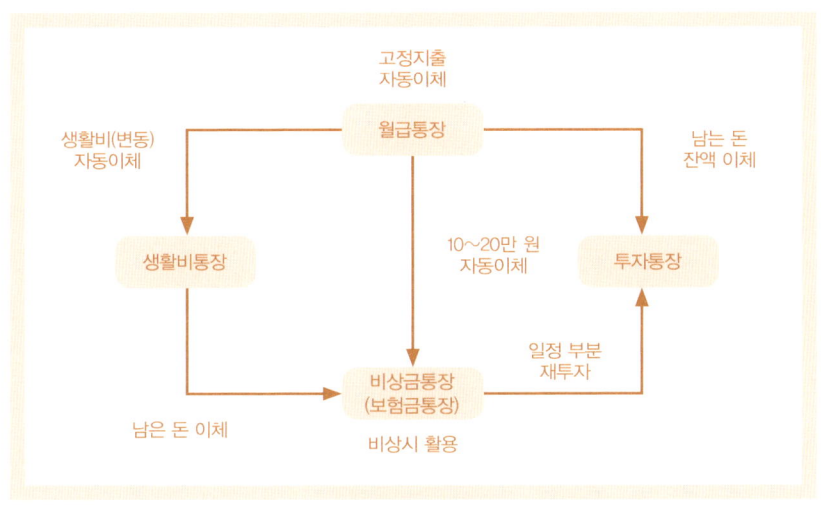

4개의 통장 구조도

　4개의 통장은 월급통장, 생활비통장, 투자통장, 비상금통장으로 나뉜다. 가장 먼저 월급통장은 월급이 들어오는 통장으로 여기서 고정지출이 빠져나가게 된다. 고정지출에는 월세, 이자, 보험료, 공과금, 학원비 등이 있다. 자동이체로 설정해두면 알아서 돈이 빠져나가기 때문에 편리하다.

　4개의 통장 중 가장 핵심은 생활비통장으로 변동지출이 빠져나가는 곳이다. 교통비, 쇼핑, 식비, 여행비 등을 모두 합친 통장으로 이번 달 생활비는 생활비 통장에 모두 넣어두고 적자가 나지 않게 변동지출을 조절하며 사는 것이다. 이렇게 한 달 생활비를 정해놓고 돈을 써야 변동지출을 줄일 수 있다. 식비가 올라가면 쇼핑, 여행을 줄여야 하고, 쇼핑, 여행비가 늘어나면 식비를 줄여야 해서 생활에 불편함을 준다. 모든 곳에서 절약해야 정해진 생활비로 한 달 생활이 유지가 되기 때문에 절약습관을 키우는 데 도움을 준다.

생활비가 남았다면 다음 달 생활비로 넘기는 것이 아니라 비상금이나 투자통장으로 넘기는 것이 좋다. 생활비가 늘어나면 절약습관이 유지가 되기 어렵기 때문이다. 생활비는 처음부터 너무 적게 잡지 말고 처음에는 70만 원, 적응되면 60만 원, 50만 원, 이런 식으로 조금씩 줄여 나가는 것이 좋다. 하루마다 이자가 붙는 CMA통장과 체크카드 조합이 적당하다.

개인적으로 나의 경우 생활비 통장으로 한 달을 버티면 5만 원 정도의 스몰럭셔리를 나에게 선물해줬다. 한 달에 한 번씩 주는 작은 사치가 적은 생활비로도 한 달을 버틸 수 있게 하는 원동력이 되곤 한다.

투자통장은 목돈을 만들어주는 소중한 통장이다. 고정지출, 생활비와 비상금을 제외한 모든 돈은 투자통장에 넣는다. 수당, 성과급도 모두 여기에 넣어서 목돈을 빨리 모을 수 있도록 하자. 투자통장에서는 돈이 오래 머물지 않는다. 투자통장을 통해서 각기 다른 투자처로 돈이 분배된다. 펀드, 예금, 적금, 부동산, 주식으로 돈을 배분하다 보면 투자통장에 많은 돈이 남아 있는 날이 거의 없을 것이다. 며칠 잠시 머무는 돈도 이자를 받고 싶다면 CMA가 좋고, 계좌이체를 자주 하는 통장이므로 이체수수료가 없는 통장으로 하는 것이 좋다.

비상금통장은 만약에 생길지 모르는 일들을 대비하기 위한 통장이다. 긴급하게 쓰는 돈을 대비하는 것이기 때문에 너무 큰돈을 넣어둘 필요는 없다. 500만 원에서 1,000만 원 정도 보관하는 것이 좋다. 언제 쓸지 모르는 돈이기 때문에 비상금통장은 마이너스 통장으로 대체할 수도 있다. 그러면 비상금으로 비축해둘 돈을 투자통장으로 넘길 수 있어 목돈을 좀 더 빨리 모을 수 있다.

비상금통장을 보험금통장으로 활용하는 방법도 있다. 이 핑계 저 핑계로 보험금을 주지 않는 보험이 많은 상황에서 굳이 불필요한 보험에 가입할 필요는 없다. 차라리 자체 보험금통장을 만들어서 만약의 상황이 벌어졌을 경우 여기서 돈을 쓰는 것이 더 나을 수도 있다. 보험금통장을 활용하고 싶다면 월급통장에서 싱글은 매달 10만 원, 가족이 있다면 20만 원을 넣어두면 만약을 위한 보험금으로 활용할 수 있다.

나의 경우 암보험, 실비보험을 제외한 보험은 자체 보험금통장을 만들어서 사용하고 있다. 보험금이 커지면 500만 원만 남기고 나머지 돈은 적금이나 펀드를 통해서 보험자산을 불려 나가고 있다. 40년 정도 보험금을 넣으면 약 1억 원이 쌓인다. 이 돈은 노인이 되어서 병치레할 때 쓸 수 있는 돈이 된다.

이렇게 4개의 통장을 잘 활용하면 돈이 자동으로 흐르고 쌓이는 시스템이 완성된다. 시스템이 완성되면 돈을 모으는 것에 대한 스트레스가 줄어든다. 이렇게 스트레스 없이 돈을 모아야 돈이 잘 모이게 된다.

🪙 적금 쪼개기와 예금풍차 돌리기

적금 쪼개기와 예금풍차 돌리기를 하면 돈을 모으는 재미를 느낄 수 있다. 돈도 재미가 있어야 빨리 모인다. 스트레스를 받으면서 돈을 모으는 것은 좋지 않다. 기왕 모을 것 재미있게 모으자.

적금 쪼개기를 하는 첫 번째 이유는 적금을 중도해지해서 이자손실을 보는 것을 막기 위함이다. 3년 적금을 만기까지 유지하는 경우가 절반밖에 되지 않는다는 통계가 있었다. 애써 저축한 돈인데 거의 무이자로 돈을 맡기는 경우니 억울할 수밖에 없다.

월 100만 원짜리 적금통장을 하나 가지고 있는 것보다 10만 원짜리 통장 10개로 모으는 것이 더 좋은 방법이다. 예를 들어 급하게 쓸 돈이 생겼을 경우 필요한 만큼만 적금을 해지하면 된다. 7개만 해지하면 나머지 3개는 온전히 만기를 유지할 수 있어서 이자를 받게 된다. 만약 적금통장이 하나였다면 불필요한 돈까지 이자도 못 받게 찾게 되고, 남은 돈을 소비하는 데 사용할 수도 있다. 사람은 돈이 생기게 되면 어디에 쓸지부터 생각하게 되는 동물이다. 돈이 내 눈에서 보이지 않게 해야 한다.

적금마다 이름을 짓는 것도 좋은 방법이다. 자동차를 사려고 한다면 자동차적금, 전세자금을 모은다면 전세적금, 해외여행을 가려고 한다면 여행적금으로 통장에 이름을 써두자. 돈을 쓰고 싶은 충동이 들어서 해지하려다가도 적금통장의 이름을 보면 함부로 해지하기가 어려워진다.

만기가 가까운 예·적금이라면 예금담보대출을 활용하는 방법도 있다. 만기이자가 대출이자보다 더 많아서 대출을 받아도 더 이득이다.

말이 나온 김에 예·적금을 똑똑하게 가입하는 방법도 알아보자. 기준금리에 관심을 가지자. 금리가 높은 시절에는 예·적금을 5년, 7년짜리로 가입하고, 금리가 낮은 시기에는 1년 단위로 가입하자. 예를 들어서 2008년 적금 금리가 5~8% 하던 시절에 7년 만기로 가입을 했다면 2015년까지 높은 이율을 적용받게 된다. 2015년 당시 예금금리가 잘 쳐줘도 3% 정도였으니 확실한 8%의 이자라면 꽤 훌륭한 재테크가 될 수 있었다. 반대로 금리가 상승할 것으로 예상되는 현재 시기에는 1년 단위로 만기를 잡아야 내년에 더 오르는 이율을 적용받을 수 있다. 이렇듯 저축도 머리를 잘 쓰면 꽤 좋은 투자가 된다.

예금풍차를 돌리는 방법은 돈을 모으는 재미를 꽤 줄 수 있다. 매달 예금을 넣고, 매달 만기가 돌아오기 때문에 부자가 된 느낌을 줄 수 있다. 그렇다고 해서 이자를 더 받는 시스템도 아니고, 돈이 더 빨리 늘어나는 것도 아니다. 다만 느낌을 준다는 점을 기억하자.

예금풍차 돌리기를 하는 방법은 간단하다. 예를 들어, 매월 100만 원 1년 만기 정기예금에 가입하고, 만기가 돌아오면 다시 1년 예금으로 재가입을 하는 방법이다. 예금을 100만 원씩 넣으면 1년 뒤부터 만기가 돌아오기 때문에 1년 후에는 200만 원씩, 2년 후에는 300만 원씩 예금을 넣게 된다. 이렇게 매달 큰돈이 만기가 되어 돌아오기 때문에 돈을 모으는 재미가 생기고 매년 원금과 이자를 다시 넣고, 이자에 이자를 받게 되므로 연복리 효과를 주는 장점이 있다. 1년 만기라서 금리 상승기에 투자하면 연복리 효과를 톡톡히 볼 수 있다.

예금풍차를 하면 돈을 모으는 재미와 복리효과 외에 강제저축을 하게 되어 중도해지욕구를 줄여준다는 장점이 있다. 정해진 금액을 저축하지 못하면 풍차 시스템이 꼬이게 되므로 돈을 쓰고 싶어도 강제로 저축하게 되는 효과가 있다. 대신 금리가 고점일 때는 1년 단위가 만기인 점이 단점이 된다. 5년 만기, 7년 만기로 저축을 하면 더 높은 이자를 받을 수 있기 때문이다. 그러므로 예금풍차는 지금같이 금리 상승기에 해보는 것이 좋다.

예금 풍차의 원리

1년 차 : 매달 100만 원씩 저축(1년 만기)
2년 차 : 100만 원 저축 + 만기 100만 원 + 이자
3년 차 : 100만 원 저축 + 만기 200만 원 + 이자 + 이자의 이자
4년 차 : 100만 원 저축 + 만기 300만 원 + 이자 + 이자의 이자
        + 이자의 이자의 이자

🪙 보너스로 보너스 이자 받기

사람은 돈이 생기면 쓰는 곳을 먼저 생각하게 된다. 돈 쓸 생각을 하면 행복을 느낀다. 소비는 행복을 느끼게 해주는 긍정적인 작용을 한다. 그래서인지 여행은 즐겁다. 여행하는 내내 돈을 쓰기 때문이다. 하지만 지금은 그럴 시기가 아니다. 지금의 행복을 위해서 미래를 희생하지 말자.

성과급이나 수당을 받게 되면 사람은 갈등을 겪게 된다. 쓸 것인가, 저축할 것인가, 얼마를 쓰고, 얼마를 저축할 것인가를 고민한다. 결론은, 쓰지 말자. 수당과 보너스는 지금의 나에게 주는 돈이 아니다. 미래의 나에게 줘야 한다. 지금의 내가 쓸 수 있는 돈은 생활비통장에 있는 돈뿐이다.

그러면 우리가 생각해야 할 것은 단 하나다. '이 돈을 어떻게 저축해야 가장 효과적일 것일까?' 하는 것이다. 자잘한 돈이라면 투자통장에 넣으면 되지만 성과급같이 많으면 1,000만 원 정도 되는 액수 있는 돈은 투자처를 찾아서 직접 투자하는 것이 좋다.

직장인의 경우 보너스가 매년 비슷한 시기에 비슷한 수준으로 나오므로 이 주기를 잘 활용하는 것이 좋다. 1년 예금을 넣어서 보너스로 예금풍차를 돌리는 방법도 있다. 명절 보너스가 매년 100만 원 정도인 직장인이 이 돈을 예금풍차로 30년간 돌렸다면 추석, 설날을 합쳐서 약 8,000만 원의 목돈이 쌓이게 된다. 이 정도면 노후에 매달 30만 원씩의

임대수익을 발생시킬 수 있는 돈이다.

예금이자가 너무 적어서 불만인 직장인들에게는 화끈한 방법을 소개한다. 보너스로 보너스 이자를 받는 방법이 있다. 증권사의 ELS라는 상품에 가입하는 것이다. 보통 주식이나 기초자산 중에서 2가지 골라 이 둘이 크게 하락하지 않는다면 높은 이자를 제공하는 방식이다. ELS에 따라 적게는 4%에서 많게는 10%도 주는 상품이 있다. 하지만 여기서 추천하는 방식은 원금보장형 ELS로 원금 손실 가능성이 낮은 대신 이자도 낮다. 조건이 되지 않으면 원금만 돌려주고, 조건이 충족되면 만기가 되지 않아도 6개월 만에 4% 정도의 이자를 준다. 반년 만에 4%의 수익을 냈으므로 연 8%의 수익률을 기록한 셈이다.

비슷한 상품으로 유가나 원자재 등 파생상품을 기초로 하는 DLS, 지수연동예금인 ELD(은행), 펀드형식의 ELF(은행, 증권사)가 있다.

ELS는 한때 수익을 주지 않기 위해서 도덕적 해이 문제가 벌어진 경력이 있는 만큼 원금보장형을 하는 것이 좋고, 많은 돈을 투자하지 않는 것을 추천한다. 보너스에 보너스 이자를 준다는 마음으로 또는 재테크에 관심을 가져본다는 느낌으로 접근하는 것이 좋다.

원금보장형 ELS의 종류

종류	특징
녹아웃형	투자 기간 중 미리 정해둔 주가 수준에 한 번이라도 도달할 경우 확정 수익을 지급
양방향 녹아웃형	가입 시 정해놓은 주가에 도달할 때 정해진 수익을 지급
불스프레드형	만기시점의 주가 상승률에 비례해 수익을 주는 형태
디지털형	가입 시 정해놓은 주가를 초과할 경우 일정한 수익을 지급

좋은 빚과 나쁜 빚

빚에는 좋은 빚과 나쁜 빚 두 가지가 존재한다. 부자가 되기 위해서 우리가 버려야 할 개념은 '빚은 무조건 나쁘다'는 선입견이다. 우리나라에서 가장 부자인 기업이 삼성전자다. 그런데 아이러니하게도 빚이 90조 원이나 되는 기업이 삼성전자다. 가장 부자인 이 기업은 왜 빚을 90조 원이나 지고 있을까? 그럼 삼성전자는 빚이 많은 기업이니 투자하면 안 되는 기업일까?

좋은 빚과 나쁜 빚의 개념을 잘 이해해야 앞으로 투자할 때 실패를 하지 않고 성공할 수 있다. 무조건 빚이 나쁘다는 1차원적인 생각으로 접근하면 좋은 기회를 많이 놓치게 된다.

좋은 빚은 수익을 내기 위해 만든 빚이다. 택시영업을 하기 위해 2,000만 원을 빌려 택시영업을 하면 한 달에 300만 원을 벌 수 있다.

1~2년이면 생활비를 쓰고도 택시 빚을 다 갚을 수 있다. 그 이후에 버는 300만 원은 고스란히 수익이 된다. 빚을 지기 싫어서 회사택시를 빌려서 매일 10만 원씩 사납금을 낸다고 생각해보자. 일을 아무리 열심히 해도 수익이 0원이 된다.

임대수익을 낼 때는 대출이 많이 나올수록 수익이 높아진다. 예를 들어 1억 원짜리 집을 사서 월세 50만 원을 받는다고 치자. 대출이 없이 투자하면 1억 원을 들여서 매년 600만 원을 버니 연 6%의 수익을 주는 임대투자가 된다. 하지만 대출을 활용하면 어떨까? 7,000만 원을 대출받게 되면 한 달 이자가 20만 원이다. 그럼 월세에서 이자를 빼면 한 달에 30만 원이 남는다. 3,000만 원을 가지고 1년에 360만 원의 수익을 올렸으니 연 12%의 수익을 주는 임대투자가 된다. 즉, 1억 원을 대출 없이 투자하면 600만 원이지만 대출을 받아 투자하면 1,200만 원의 수익이 생긴다.

이렇게 확실한 이익이 보장되는 상황이라면 대출을 적극적으로 받는 것이 유리하다. 꼭 이렇게 사업이나 투자를 하지 않는다고 하더라도 대출을 받으면 유리한 때도 있다. 전세대출과 주택담보대출이다. 굳이 대출을 받지 않아도 된다고 하더라도 대출을 받는 것이 좋은 이유가 소득공제효과를 볼 수 있기 때문이다. 전세대출의 경우 이자뿐만 아니라 원금에 대해서도 소득공제를 해주고 있다. 이렇게 되면 소득공제분을 고려한 대출이자는 훨씬 저렴해져서 무이자에 가까워진다. 대출을 받지 않더라도 이 돈을 대출받아서 다른 곳에 투자하는 것이 더 현명한 선택이다.

나쁜 빚은 이렇게 이익을 내기 위한 목적이 아닌 빚을 말한다. 소비를 위한 빚이거나 수익보다 더 비싼 이자를 내야 하는 상황이면 나쁜 빚으로 볼 수 있다. 택시를 운영하기 위해 2,000만 원을 빌렸는데 한 달에 버는 돈이 이자만도 못하다면 택시를 안 하는 것이 더 이득이다. 직장인의 경우 대중교통을 이용해도 되면서도 일부러 차를 사기 위해 대출을 받는 경우가 있는데 이는 온전히 소비를 위한 대출이다. 당장 돈이 없어도 옷을 사기 위해 6개월 카드 할부로 샀다면 이는 소비를 위한 빚이다.

이런 나쁜 빚은 생활을 더 궁핍하게 한다. 빚을 갚기 위해서는 월급에서 부담해야 하고, 월급이 줄어드는 효과를 불러일으킨다. 월급이 줄면 저축이 줄고, 생활비가 줄어든다. 생활비가 줄어드니 다시 카드빚을 지고, 이는 또 월급이 줄어들게 되는 상황을 만든다.

실제로 친한 지인이 차를 사기 위해 마이너스 통장을 만들었는데 2년 뒤에 차를 팔았다. 그 이유가 무엇이냐고 물었더니 마이너스 통장이 한도가 다 차서 빚을 막기 위해 차를 판다고 말했다. 결국, 차도 잃고 남는 것은 빚밖에 없는 경우가 됐다.

카드빚은 대표적인 빚이다. 일시불로 결제하면 다음 달에 결제된다. 이자가 붙지 않기 때문에 빚이 아니라고 생각할 수 있지만 한 달간 무이자로 머무는 빚으로 봐야 한다. 이렇게 매달 한 달씩 지출할 돈이 밀리기 때문에 나중은 카드가 없으면 생활비가 펑크가 나게 되므로 카드의 노예가 될 수밖에 없다. 그러다가 돈이 부족하게 되면 무이자 할부, 그 다음은 이자가 있는 장기할부 → 리볼빙 → 현금서비스 → 카드론 → 신용불량자의 길로 가게 된다.

빚의 무서운 점은 이자가 이자를 낳기 때문에 한번 늪에 빠지면 벗어나기가 힘들다는 점이다. 1금융권에서 해결을 못 하면 5%의 이자가 2금융권으로 넘어가서 15%의 이자가 된다. 3금융권으로 넘어가면 25%의 이자가 되고, 생활에 큰 부담이 된다. 여기서도 해결을 못 하면 불법대출을 받아야 하고, 실제 이자는 연 300%가 넘게 된다. 이때부터는 답이 없어지는 것이다. 그런데 겁도 없이 3금융권에 소액대출을 빌리는 젊은 직장인들을 자주 본다. 빚은 양날의 검이다. 빚을 무서워하고, 꼭 필요한 곳에만 사용하도록 하자.

수입·지출 가계부 작성법

가계부를 쓰는 일은 일기를 쓰는 것만큼 귀찮은 일이다. 가계부를 쓰기 귀찮은 사람이라면 앱으로 가계부를 다운받아 사용하기를 바란다. 카드사용 내용이 자동으로 가계부에 입력되므로

따로 가계부 작성을 할 필요가 없고, 은행 입출금 내용도 문자로 오면 가계부에 자동으로 입력된다. 그냥 앱을 다운받은 것만으로도 가계부가 작성되는 셈이다.

한 달이 끝나면 지출통계가 그래프로 자동으로 나오는데 식비, 교

통비, 월세, 보험료 등을 얼마나 쓰는지 그래프로 통계가 나온다. 이를 보고 자신의 소비습관을 반성할 수 있다. 하지만 본인이 직접 작성하지 않기 때문에 가계부에 대한 애정이 별로 생기지 않고, 관심도 자연히 떨어진다. 자연히 가계부를 보고 얼마를 더 아껴야겠다는 반성도 덜 하게 된다.

그래서 이보다는 수기로 가계부를 쓰는 것을 추천한다. 돈이 들어오고 나간 내용만 적으면 되니까 굳이 매일 가계부를 적을 필요는 없다. 영수증을 잘 챙기고 있다가 일주일에 한 번만 적어도 된다. 나는 주말에 지출이 많은 편이기 때문에 월요일 쉬는 시간에 가계부를 작성한다. 월요일에 가계부를 작성하면 이번 한 주도 알뜰하게 살아야겠다는 다짐을 하게 되어서 좋다.

가계부는 문구점에서 파는 것을 사서 활용해도 좋고, 간단하게 워드로 양식을 만들어서 출력해서 사용해도 좋다. 기본적으로 가계부는 날짜/내용/입금/출금/잔액. 이 정도만 있는 간단한 형식의 가계부가 좋다. 이 이상 작성하게 되면 가계부를 쓰는 시간이 길어지고, 번잡해질 수 있다.

나의 경우에는 여기에 과소비 유형을 적고 있다. 지출내용 옆에 ①과소비 ②충동소비 ③모방소비 ④과시소비 이렇게 나누고 번호를 적어서 이번 주, 이번 달에 내가 어떤 과소비를 했는지 분석한다. 소비 자체에 대한 반성보다는 불필요한 소비를 한 것을 반성하고, 다짐하는 것이 좋다. 내가 가계부에 대해서 바라는 것은 여기까지다.

수입·지출 가계부 작성법

(단위 : 원)

일자	내용	유형	입금	출금	잔액
3/17	월급		2,300,000		2,300,000
3/18	백화점가서 옷 사기	④		540,000	1,760,000
3/19	다이어트 식품 구입	②		150,000	1,610,000
3/20	야식 주문(치킨)	②		18,000	1,592,000
3/21	보험료 납입			150,000	1,442,000

수입과 지출이 일반적이지 않은 사람들은 단순한 가계부가 안 맞을 수 있다. 본인의 특색에 맞게 가계부를 엑셀로 작성해서 활용하는 것이 좋다. 성과급과 수당이 특정 달에 들어오는 사람, 특정 달에 지출이 큰 사람, 직장과 사업을 병행하는 사람들은 자신만의 가계부를 만들어야 제대로 된 반성과 다짐을 할 수 있다.

가계부를 작성하면 나만의 데이터가 형성된다. 기업도 손익계산서, 현금흐름표라는 가계부를 작성한다. 신기한 것은 손익계산서나 현금흐름표만 봐도 이 기업이 어떤 기업인지, 망할 회사인지 잘 될 회사인지, 현재 사내 분위기가 어떨지 예측할 수 있다는 점이다.

매년 수입이 늘고, 지출을 잘 관리하는 회사는 앞으로 더욱 잘 될 가능성이 크듯이 우리도 매년 가계부를 잘 기록해서 어떻게 하면 수입을 더 늘릴 것인지, 지출을 줄일 수 있을 것인지 연구해야 한다. 가계부에 내 미래를 푸는 열쇠가 담겨 있다.

가계부를 잘 쓰는 요령

- 목표를 적자. 연간 목표, 월별 목표, 주별 목표를 적고, 돈을 절약할 수 있도록 파이팅을 외쳐보자.
- 매일 쓸 필요는 없다. 카드결제 시 문자로 지출내용을 알 수 있어서 지출내용을 기억할 수만 있다면 며칠에 한 번씩 기록해도 상관없다.
- 가계부 쓰는 시간을 갖자. 매주 일요일 저녁, 금요일 퇴근 전 등 자신이 가계부를 쓰는 시간을 정해야 꾸준히 가계부를 쓸 수 있다.
- 간단하게 목록, 지출, 수입, 잔액만 적자. 가계부가 간단해야 꾸준히 오래 쓸 수 있다. 통신비, 식재료비, 외식비, 의류비, 월세 등 분류만 잘 되면 된다.
- 신용카드는 가급적 사용하지 말자. 신용카드로 계산하면 사용일과 돈이 빠져나가는 날이 달라서 기준을 언제로 삼을지 헷갈릴 때가 많다. 만약 사용한다면 사용일을 기준으로 삼는 것이 좋다.
- 매월 말일은 꼭 기록하자. 매달 어느 부분에 얼마를 썼는지 아는 것이 중요하다. 불필요하게 많이 쓴 부분은 반성하고 비용절감 목표를 세운다.

자산·부채 가계부 작성법

얼마가 들어오고 얼마가 나갔는지 가계부만 작성하면, 내 돈이 얼마나 모였고 빚은 얼마나 되는지 실제 자산은 얼마나 되는지 궁금하게 된다. 목돈이 어느 정도 모였다면 자산·부채 가계부를 작성하는 것이 좋다. 실제로 노후자금을 모으려면 절약도 중요하지만 목돈이 스스로 돈을 불려줘야 가능한 일이기 때문이다.

이를 위해 우리가 알아야 할 단어가 3가지가 있다. 총자산, 총부채, 순자산이다. 총자산은 내가 가진 모든 자산을 더하면 된다. 아파트, 자동차, 현금, 예금, 주식, 보증금, 빌려준 돈 등 내가 보유한 자산을 모두 작성하면 된다. 빚도 총자산에 포함된다. 예를 들어 2억 원을 대출받아 5억 원의 아파트를 샀다면 총자산은 5억 원이다. 자동차의 경우 현재 중고시세로 적어주고, 아파트나 주식은 현재 시세로 적어준다. 그래야 현재 나의 자산이 얼마인지 정확히 알 수 있다.

총부채는 내가 가진 모든 빚을 적는다. 이자가 없는 빚(세입자 보증금)도 빚이기 때문에 모두 적는다. 그래야 순자산을 정확히 구할 수 있다. 대출의 경우 이율이 조금씩 바뀌므로 대출내용 옆에 현재 이율도 적어둔다. 그래야 대출을 정리할 때 어느 것 먼저 정리할지 한눈에 알 수 있다.

순자산은 총자산에서 총부채를 뺀 값이다. 순수하게 내 재산이라고 말할 수 있는 것이 순자산이다. 가끔 강연을 가면 얼마 모았냐는 말을 듣는데 총자산을 물으면 의미가 없는 질문이 된다. 100억 원 대출을 받아 100억 원 건물을 사면 100억 원 자산가가 된다. 실제 가진 돈이 하나도 없는 거지인데도 말이다. 근데 이런 수법을 통해 서민들에게 자신은 100억 원 자산가라며 나를 믿고 투자하라는 식의 사기를 친 일당들이 많다.

"순자산이 얼마세요?"
"총자산과 부채가 얼마나 되세요?"

이렇게 물어야 정확한 대답을 얻을 수 있다. 자산·부채 가계부는 자주 쓸 필요가 없다. 매달 눈에 띄게 자산이 불어날 사람들은 아니니까. 나도 처음에는 한 달마다 작성했었는데 곧 의미가 없다는 것을 깨달았다. 3개월에 한 번씩 분기별로 하고 있다. 기업들도 3개월마다 자산상태를 보고한다.

작성시간은 10분 내외로 그리 오래 걸리지 않지만 의외로 얻는 것들이 많다. 생각보다 불어나지 않고 있는 멍청한 자산들과 투자 대비 불어나는 속도가 빠른 자산, 의외로 이자가 비싼 대출, 금액은 많지 않지만 이자가 저렴한 알짜 대출 등을 한눈에 알 수 있다. 그럼 어떻게 하면 좋을까? 자산 정리를 할 수 있다. 멍청한 자산들은 팔아서 이자가 비싼 대출을 얼른 갚는 것이 현명한 일이다. 그러고도 현금이 좀 남았다면 똘똘한 자산에 돈을 더 넣어서 자산을 빠른 속도로 불려 나가야 한다. 부자든 서민이든 시간은 공평하다. 서민이 부자가 되려면 같은 시간 안에 남

STEP 1. 가계부 쓰기와 셀프 재무설계

들보다 더 빠른 속도로 자산을 불려야 한다. 자산·부채 가계부를 쓰다 보면 이렇게 부자가 되는 비밀을 알아낼 수 있다.

수입·지출 가계부 작성법

기준일	20 년 월 일		
총자산			19억 4,383만 원
예금	청약통장	3%	300만 원
	자동차적금	O월 만기	2,500만 원
	생활비통장		33만 원
	.....		.....
주식	삼성전자	O년 O월 구입	5,000만 원
자동차	중고시세	O년 O월 구입	1,350만 원
아파트	동탄역 OO아파트	O년 O월 구입	8억 원
	세종시 OO아파트	O년 O월 구입	6억 원
보증금	현 거주 아파트 전세보증금	내년 2월 만기	2억 원
대여금	동생 빌려준 돈	5%, O월 만기	1,000만 원
총부채			5억 4,000만 원
세입자 보증금	동탄역 OO아파트	내년 7월 만기	2,000만 원
	세종시 OO아파트	내년 1월 만기	5,000만 원
담보 대출	동탄역 OO아파트 (월 200만 원 원금균등상환)	3.6%	2억 4,000만 원
	세종시 OO아파트 (월 45만 원 상환, 이자상환)	3.3%	1억 7,000만 원
신용대출	마이너스 통장	4.5%	6,000만 원
순자산			14억 383만 원

STEP 2.
절약신공으로
6개월 만에
1,000만 원 모으기

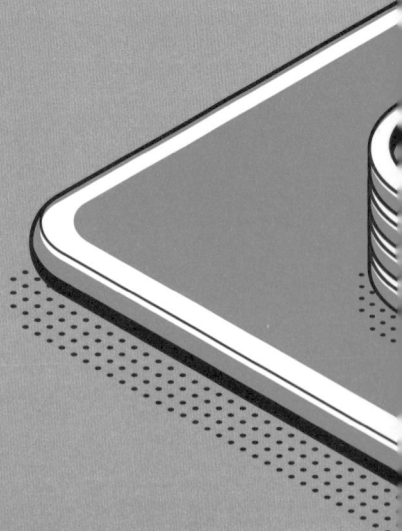

STEP 2.
절약신공으로
6개월 만에 1,000만 원 모으기

🪙 빨리 종잣돈을 모아야 하는 이유 : 시간과 수익률, 복리

취업과 상관없이 종잣돈은 빨리 모으는 것이 성공으로 가는 지름길 중 지름길이다. 무조건 빨리 모아야 유리하다. '지금 내가 대학생이니까', '지금 내가 취업한 지 얼마 안 됐으니까' 하고 핑계를 만들며 종잣돈을 천천히 만들려는 경우가 많은데 매우 안타깝고 슬픈 일이다.

세계 2위 부자 워렌버핏이 항상 강조하는 말이 시간이었다. 시간과 수익률이 부자를 만들어주는 기본 원리다. 오래 투자하거나 높은 수익률을 내면 부자가 될 수 있다.

> **부의 비밀 = 시간 × 수익률**

그런데 우리가 높은 수익률을 내기는 어렵다. 저축을 해봤자 3% 정도의 이자, 임대사업을 해도 연 10%를 넘기기 어렵고, 주식을 한다고 해도 매년 수익을 낸다는 보장도 없다. 높은 수익률을 낼 자신이 있다면 아마 국민연금에서 당신을 스카우트하려고 혈안이 되어 있을 것이다.

꾸준히 높은 수익률을 낼 수 없다면 그냥 길게 투자하면 된다. 최대한 빨리 돈을 모으고, 남보다 오래 벌고, 오래 살면 된다. 워렌버핏은 아주 일찍 투자했고, 연 30%의 높은 수익률을 꾸준히 냈고, 오래 살다 보니 세계 2위 부자가 됐다. 그런데 우리는 취업하는 시기가 꽤 늦고, 직장을 그만두는 시기가 매우 빠르다. 즉, 돈을 모을 수 있는 시간이 너무 짧다. 이 22년 동안 결혼을 하고, 집을 사고, 차를 사고, 자녀를 기르고, 노후를 준비해야 한다. 과연 가능할까? 정상적인 방법으로는 불가능하다. 그래서 요새는 자녀를 포기하거나 노후를 포기하는 선택을 한다.

> **퇴직 평균연령 49세 - 신입평균연령 28세 = 돈 모을 기간 22년**

그래도 살아남아야 하는 인생이기에 우리는 방법을 찾아야 한다. 종잣돈부터 모아보자. 종잣돈은 얼마면 좋을까? 1,000만 원은 대학생도

한 달에 20만 원씩만 저축해도 모을 수 있는 돈이다. 23살에 1,000만 원을 모았다면 나만의 훌륭한 아르바이트생을 하나 둔 것과 같다. 이제 1,000만 원이 나를 위해 죽을 때까지 돈을 벌어다 줄 것이기 때문이다.

취업한 상태라면 6개월 만에 1,000만 원을 모아보자. 충분히 가능하다. 남들처럼, TV처럼 살려면 불가능하지만 모든 지출을 막으려고 노력하면 6개월에 1,000만 원은 가능하다. 월급의 80%를 저축하는 일이 불가능해 보이지만 그렇게 사는 사람들이 꽤 있다. 취업 전에 부모님 용돈으로도 충분히 살았었는데 취업했다고 그 돈으로 못 살겠다고 하는 것은 개구리가 올챙이 시절 기억 못 하는 것과 같다.

물론 혼자서 절약을 통해 1,000만 원을 모으는 것이 매우 어려운 일인 것은 안다. 그래서 여러 가지 절약방법을 준비해봤다. '돈은 안 쓰는 것이다'라는 명언이 있듯이 6개월만 나를 개조해보자. 절약하는 습관이 밴다면 최소한 노후에 가난하게 살 일은 없다.

절약에 힘이 되는, 부자가 되는 비밀 중 하나는 복리에 투자하는 것이다. 그래서 지금 힘들어도 빨리 1,000만 원을 모으라고 강조하는 것이다. 원금에만 이자가 붙는 단리와 원금에서 생긴 이자에 또 이자가 붙는 복리는 완전히 달라진다. 워렌버핏의 수익률을 그대로 적용해보자. 1,000만 원을 투자해서 연 30%의 수익률을 30년 동안 꾸준히 낸다면 과연 얼마가 될까?

단리로 투자했다면 결과는 1억 원이다. 원금 1,000만 원에 이자가 9,000만 원이 된다. 10배가 됐으니 나쁘지 않다고 말할 수도 있겠지만,

매월 이자에 이자가 붙는 복리로 투자했다면 725억 원이 된다. 단리냐 복리냐에 따라 725배나 차이가 난다. 복리는 시간이 지날수록 돈이 급격하게 불어난다. 40년, 50년을 투자한다면 1,000만 원이 강남의 빌딩도 살 수 있는 돈이 된다.

단리	원금 1,000만 원 + 이자 9,000만 원
복리	원금 1,000만 원 + 이자 725억 원

남보다 더 빨리 1,000만 원을 모으면 1,000만 원을 더 버는 사람보다 더 유리한 고지에 서게 된다. 지금 그들과 같은 차, 같은 옷으로 자존심을 차릴 것이 아니고, 그들보다 먼저 목돈을 모으자. 아무리 돈을 불리는 좋은 법들을 알려줘도 돈이 없으면 소용이 없기 때문이다.

절약에 성공하면 스몰럭셔리, 실패하면 만 원의 행복

정해진 생활비로 한 달을 견뎠다면?

절약은 독하게 하지 않으면 성공할 수 없다. 20년, 30년 평생 습관이 된 나의 소비패턴을 한 번에 바꾸려면 거부감이 들기 때문이다. 그동안 먹고 싶은 것 사 먹고 입고 싶은 것 사 입다가 쓰지 못하고 참아야 한다. 이 얼마나 힘든 일인가?

힘든 일을 해낼 수 있도록 보상과 벌을 적절하게 줘야 한다. 그래야 절약을 습관화할 힘이 되고 자극이 된다. 정해진 생활비 내로 한 달을 잘 견뎌냈다면 수고한 나에게 무언가 보상이 필요하다.

한 달을 정해진 생활비로 살면 스몰럭셔리를 나에게 주는 것도 좋은 방법이다. 예를 들어서 한 달 생활비를 50만 원으로 정하고 성공하면 3만 원의 스몰럭셔리를, 생활비를 40만 원으로 정하고 성공하면 4만 원의 스몰럭셔리를, 30만 원으로 생활하면 5만 원의 스몰럭셔리를 나에게 주는 것이다.

생활비는 아끼고 절약해야 하기에 가성비와 기회비용을 고려하며 써야 하지만, 스몰럭셔리는 적은 돈으로 가장 큰 만족감을 주면 되기에 해당 금액 내에서 사치도 허용된다. 가장 비싼 커피를 마셔본다든지 비싼 디저트 카페를 가보거나 비싼 립스틱을 사보는 등 작지만 가벼운 사치로 절약한 나에게 선물을 주는 것은 심리적으로 중요하다.

이렇게 상을 줘야 앞으로 계속 절약을 실천해나갈 수 있다. 시간이 지나면 보상을 줄이거나 없애도 이미 절약이 습관화되어 있어서 정해진 생활비 내에서 살아도 큰 불편함을 안 느낄 수 있다.

한 달 동안 생활비를 절약하면 약간의 스몰럭셔리가 있듯이 1년 동안 모두 정해진 생활비로 생활하는 데 성공했다면 약간 더 좋은 선물을 주면 좋다. 예를 들어서 '100만 원 이내로 해외여행 다녀오기' 정도의 선물이나 '50만 원 이내로 국내여행 다녀오기' 등의 선물을 주면 그동안의 스트레스를 말끔히 지울 수 있다.

STEP 2. 절약신공으로 6개월 만에 1,000만 원 모으기

한 달 생활비를 초과해서 썼다면?

빛이 있으면 그림자가 있듯이 상이 있으면 벌도 있어야 한다. 정해진 생활비로 한 달을 버티지 못했다면 다음 달은 지옥훈련이 기다리고 있다. 일명 '만 원의 행복' 프로그램이다.

하루에 만 원의 생활비를 주고 만 원 이내로 버티는 것이다. 쓰고 남은 돈은 다음 날에 쓸 수 있다. 즉, 한 달을 30일로 봤을 때 한 달 생활비를 30만 원으로 버티는 것이다. 다만 처음부터 30만 원을 주면 먼저 다 써버릴 수 있으니 하루에 만 원씩 지급해서 강제로 한 달을 30만 원으로 버티는 방법이다.

다만 이런 방법을 쓰려면 자신의 의지로는 어려우니 가족에게 부탁해서 통장과 카드를 맡기고, 모바일뱅킹과 인터넷뱅킹 인증서를 지우고, 현금으로 하루에 만 원씩 타 써야 효과가 있다.

이렇게 하고도 '만 원의 행복'을 통과하지 못하는 경우도 있다. 그러면 더 강력한 방법이 있다. '만 원의 저축'이라는 프로그램이다. 한 달에 50만 원의 생활비를 주지만 하루에 만 원씩 저축해야 한다. 처음에는 용돈이 많아 보이지만 하루에 만 원씩 저축하다 보니 돈을 쓰지 않는데도 생활비가 줄어드는 것이 눈에 보이게 된다. 그리고 실제로 쓸 수 있는 돈은 20만 원뿐이니 '만 원의 행복'보다 더 심리적으로 쪼이는 효과가 있다.

이렇게 되면 기존 생활비에서 또 30만 원이라는 돈을 저축할 수 있게 된다. 이때, 추천하는 통장은 신한은행 '한달애 저금통'이라는 모바일 상품이다. 연 4%의 금리를 주는 통장이지만 한 달 최대 30만 원까지만 저축할 수 있는 통장으로 소액저축에 효과가 있다.

신용카드 VS 체크카드 VS 현금 VS OO페이

신용카드 혜택 골라 먹기

신용카드냐 체크카드냐 현금이냐는 질문은 너무 식상하다. 각자의 장단점이 있어서 자신의 상황에 맞게 활용하면 좋다. 물론 효과를 극대화하고 싶다면 이것을 모두 사용하면 가장 좋다.

우선 신용카드의 장점은 혜택이 많고, 발급 시 혜택도 크다는 점이다. 한 장만 발급받아도 10만 원 이상의 가입혜택을 받을 수 있다. 다만 신용카드는 할인 혜택 범위가 다양하고, 연회비에 따라서 그 폭이 크게 바뀐다. 그래서 자신의 주 사용처에 맞는 카드를 만들어야 한다. 예를 들어 여행을 좋아하는 사람은 연회비가 비싸더라도 항공권, 호텔, 공항 라운지, 여행상품, 보험 등에 대한 할인이 집중된 카드(예 : 우리로얄블루카드)를 만드는 것이 유리하고, 사회초년생이라면 연회비가 저렴하고 점심, 카페, 대중교통, 빵집, 쇼핑에 할인이 집중된 카드(예 : 신한 NOON카드)가 좋다.

신용카드는 혜택 범위가 넓은 카드 1장(체크카드도 가능)과 자신이 자주 사용하는 업종에 혜택이 집중된 카드 1장, 이렇게 2장이 있으면 좋다.

그러면 여러 곳에서 할인도 받고 큰 폭의 할인도 모두 챙길 수 있다. 그리고 자신의 카드에 할인 혜택을 라벨지로 출력해서 카드에다 붙여 놓으면 잘 안 가는 가게에 가더라도 할인을 잊지 않고 받을 수 있다.

신용카드는 얼마까지 쓰는 것이 좋을까? 만약 소득공제보다 할인 혜택이 더 크다면 신용카드를 쓰는 것이 더 이득이다. 결혼준비나 차량 구입 같은 큰 소비 예정이라면 신용카드를 발급받아서 할인이나 캐쉬백을 받는 것이 더 유리할 수도 있다.

신용카드는 연봉의 25%까지 사용하는 것이 가장 좋다. 연봉의 25% 이상 사용한 금액에서부터 소득공제가 이뤄진다. 예를 들어서 연봉이 4,000만 원인 사람은 1,000만 원을 신용카드로 사용하고 그 이상 쓰는 돈부터 소득공제에 반영된다. 예를 들어서 신용카드로 2,000만 원을 사용하면 150만 원 소득공제가 되고, 신용카드 1,000만 원, 체크카드 1,000만 원을 사용하면 300만 원 소득공제가 가능하다. 신용카드(15%)/체크카드(30%)/현금(30%)의 기본소득공제는 300만 원이기 때문이다. 이를 고려해서 한 달 카드 사용금액은 본인 연봉 2%로 정하고, 그 이상 지출은 현금이나 체크카드로 결제하는 것이 가장 유리하다.

이런데도 신용카드의 단점은 혜택이 클수록 연회비가 비싸다는 점이다. 비싼 연회비를 내고, 그에 맞는 할인 혜택을 받지 못한다면 손해가 된다. 반대로 할인받기 위해 불필요한 물건을 사도 손해가 된다. 심리적으로 소비를 해야 한다는 압박감을 받는 것이다. 또한, 소비가 절제되지 않는다. 눈에 보이지 않는 돈이 나가고 다음 달에 결제되기 때문에 돈을 써도 당장 나에게 피해를 주는 것이 없다. 이런 이유로 자신의 소득보다 더 많은 소비를 하게 된다. 그리고 체크카드나 현금보다 소득공제율이 절반이나 낮아서 연말정산 시 불리하다는 점이 있다. 신용카드의 할인 혜택이 아주 크지 않다면 연봉 25% 이상부터는 체크카드를 사용하는 것이 좋다.

> **아무에게도 알려주기 싫은 신용카드 팁**
> - 카드사별로 돌아가면서 1년만 쓰고 해지하는 것이 가장 혜택이 많다.
> - 카드발급 시는 오프라인보다는 온라인이 발급 혜택이 더 많다.
> - 전월 사용실적 조건이 낮은 카드가 고객에게 유리하다.

신용카드를 사용할 때 주의할 점 중 하나는 전월 사용실적이다. 예를 들어 저번 달에 50만 원 이상 사용한 사람만 할인 혜택을 받을 수 있다. 즉, 카드를 꾸준히 쓰지 않으면 혜택은 없다는 말을 포함하는 것이다. 카드를 계속 쓴다는 것은 카드 노예가 된다는 뜻이기도 하다. 그래서 전월 실적이 낮은 카드를 사용하는 것이 좋다. 전월 실적을 쉽게 채우는 방법의 하나는 통신료나 자동이체가 되는 것들을 카드로 연결하는 것이다. 그럼 전월 실적을 좀 더 쉽게 채울 수 있다.

이와 비슷한 개념 중 하나가 업종별 할인 한도다. 카드 중 연회비도 적은데 할인 혜택이 풍부한 카드가 있다면 이를 의심해보자. 마트 10% 할인이라고 해서 30만 원어치를 샀는데 실제 할인은 1만 원밖에 안 된 경우가 많다. 그 이유가 마트 할인 한도가 한 달에 만 원이기 때문이다. 이렇듯 카드사는 전월 실적과 할인 한도로 고객을 눈속임한다. 카드를 발급받기 전에 혜택과 전월 실적, 할인 한도를 꼼꼼히 살펴보자.

또한, 현금서비스와 카드론은 절대 하지 말자. 신용등급 하락으로 바로 이어진다. 선세이브, 리볼빙도 카드 노예로 만드는 기법이다. '세상에 공짜 점심은 없다'는 문구를 생각하자. 굳이 돈 없는 나를 위해서 이번 달 카드요금을 뒤로 미뤄주겠다는 데는 이유가 있다. 무이자 할부라고 해도 할부로 사지 말고 일시불로 사자. 무이자 할부로 구입하면 할인이나 포인트가 발생하지 않는다. 그리고 신용도에도 좋은 영향을 미치지 않는다.

신용카드 추천 대상
- 소비 부분이 특정 업종에 쏠려 있는 사람
- 기본적인 소비가 크고, 소득이 낮은 사람
- 스스로 소비를 절제할 수 있는 사람

체크카드 혜택 골라먹기

체크카드의 장점은 신용카드의 반대다. 먼저 소득공제율(30%)이 높아 연말정산 시 유리하다. 또한, 통장 잔액만 인출되어서 강제로 소비절제가 된다. 반면에 혜택이 신용카드에 비해 낮고, 발급 시 가입혜택이 없다. 그래서 소득보다 소비가 큰 사람은 신용카드를 쓰는 것이 더 혜택이 클 수도 있다.

> **체크카드 추천 대상**
> • 소득이 높아 소득공제를 많이 받아야 하는 사람
> • 카드 사용금액이 적고, 업종을 골고루 사용하는 사람
> • 스스로 소비를 절제할 수 없는 사람

체크카드의 가장 큰 장점은 연회비가 없거나 5,000원 수준이라서 여러 장을 만들어도 된다는 점이다. 할인 폭은 작지만 범위가 넓거나 할인 폭은 크지만 범위가 좁은 카드를 모두 보유해도 부담이 없다. 라벨지에 할인 혜택을 모두 작성하고, 카드에 붙여서 사용한다면 할인 혜택을 쏙쏙 빼먹을 수 있다.

체크카드도 전월 사용실적을 요구한다. 예를 들어 우리 썸타는 체크카드는 전월 실적이 50만 원이면 다음 달 인천공항 라운지를 무료로 입장할 수 있다. 라운지 입장료가 3만 원 수준인 것을 보면 꽤 쏠쏠한 혜택이다.

또한, 소득공제율이 30%로 높아서 연봉의 2% 이상의 생활비는 체크카드로 사용하는 것이 좋다. 연봉이 낮은 편이라면 한 해를 기준으로 연봉의 25%까지 신용카드를 쭉 사용하고, 그다음부터는 체크카드를 사용하는 것이 전월 실적을 충족시켜서 할인 혜택을 고스란히 받는 것이 좋다.

소비 절제가 안 되면 현금

소비가 절제가 안 되는 사람은 신용카드, 체크카드 모두 소용이 없다. 어차피 돈이 나가는 것이 눈에서 보이지가 않기 때문에 소비가 무절제해진다. 여행 가서 카드로 결제하는 것과 환전해간 돈으로만 여행을 다니는 것은 소비에서 엄청난 차이가 난다.

눈으로 돈이 사라지는 것을 목격해야 시각적 충격이 전해진다. 그러면서 돈을 아껴야겠다는 생각이 번쩍 들게 된다.

그리고 현금을 사용하면 소상공인에게 도움이 된다. 카드수수료가 적게는 2% 수준인데 만 원어치 물건을 사면 200원이 수수료로 나간다. 문제는 만 원짜리 물건을 팔아서 500원이 남는 장사를 하는 사람은 수익의 40%를 카드사에 줘야 한다. 박리다매하는 곳일수록, 마진이 적게 나는 장사를 하는 영세상인일수록 카드수수료는 생계를 위협하는 수준으로 다가온다.

현금을 사용하고 현금영수증을 발급받으면 나는 소득공제에 유리해서 좋고, 상인은 수수료 부담이 없어서 좋다. 게다가 절약까지 할 수 있으니 절약하고 싶다면 현금을 들고 다니는 연습을 해보자.

요새는 OO페이

인터넷으로 물건을 살 때 카드나 휴대폰, 은행이체로 결제하려면 여러 단계를 거쳐야 해서 불편하다. 카카오톡으로 모임 식사비를 1/n으로 나눠서 낼 때도 일일이 이체하려니 불편하다. 그래서 요새는 네이버페이, 카카오페이, 삼성페이 등 페이가 인기를 얻고 있다. 간단하게 비밀번호만 몇 개 누르면 별다른 인증절차 없이 결제할 수 있기 때문이다.

특히, 쇼핑에서는 네이버페이가 앞서고 있다. 네이버페이로 카드나 은행계좌를 연결해놓으면 네이버페이로 쇼핑이나 예약 결제가 되고, 카드 혜택도 받고, 페이 적립금도 챙길 수 있어서 할인 혜택이 2배가 되는 효과가 있다. 카카오페이의 경우는 카톡으로 입금계좌만 지정해도 바로 송금할 수 있어서 편리하다는 장점과 카카오은행, 체크카드와 연계해서 사용할 수 있다는 장점이 있다. 삼성페이, 은행페이 등도 나오고 있지만 현재로써 우리에게 유리한 페이는 네이버페이와 카카오페이다.

개인적으로는 쇼핑할 때 네이버페이를 적극적으로 활용한다. 구입을 해도 적립금이 생기지만 리뷰를 달아도 적립금이 생긴다. 그리고 쇼핑을 할 수 있는 범위가 넓어서 사용처가 무한대에 가깝다. 물건을 샀으면 리뷰를 성실하게 달아서 적립금을 차곡차곡 모으자. 1원이라도 결제 시 할인에 사용할 수 있어서 일정 금액 이상 모으려고 기다릴 필요도 없다.

자동차 싸게 사서 알뜰하게 타는 법

차를 사면 돈이 모이지 않는다. 버스, 지하철 요금만 내다가 덜컥 차를 사고 나면 처음의 기쁨도 잠시, 그때부터는 돈 먹는 하마가 된다. 비싼 휘발윳값을 매달 내야 하고, 자동차세도 1년에 두 번이나 내고, 매년 보험료를 내야 한다. 거기에 정기적으로 오일과 타이어도 갈아줘야 하고, 어디라도 고장이 나면 몇십만 원씩 수리비가 나간다.

이건 눈에 보이는 손실이고, 차를 사면 눈에 보이지 않게 나가는 손실도 생긴다. 주차하기 위해 그동안 낸 적이 없던 주차비를 내고, 차가 생기니 한 달에 한 번 가볼 여행도 드라이브 겸 한 달에 두세 번을 나가게 된다. 가면 기름값뿐만 아니라 먹는 것, 자는 것도 다 돈이 된다. 거기다 그동안 열심히 걷던 사람이 이제 잘 걷지 않고, 앉아서 이동하니 운동량이 급격히 줄어든다. 먹는 양은 그대로인데 운동량이 줄면 배가 나오게 된다. 그래서 헬스를 끊고, PT를 받는다.

'이건 손실이 너무 큰데…. 그래도 차가 필요하다고!'

가급적 차를 늦게 사는 것이 좋지만 직장에 따라서 차가 빨리 필요할 수도 있다. 어차피 사야 할 차라면 좀 더 저렴하게 사는 것도 나쁘지 않다. 세상에 차는 두 종류의 차가 있다. 신차와 중고차, 차를 사게 된다면 이 두 갈림길에 서게 된다. 어떤 차를 사는 것이 좋을까?

신차를 산다면 디젤차를 사자

신차를 살 때 휘발유, 디젤, 하이브리드, LPG, 이 4가지 중에서 고민하게 된다. 각각의 장단점이 있다. 우선 장단점을 보자.

구분	가솔린(휘발유)	디젤(경유)	하이브리드	LPG
장점	차 가격이 저렴하다. 소음이 적다.	연료가 약간 저렴하고, 연비가 좋다.	구매 시 세제 혜택 (최대 570만 원) 혼잡통행료/공영주차장 요금 감면, 소음이 적어 조용하다.	연료가 저렴하다. 차 가격이 저렴하다. 소음이 적다.
단점	기름값이 많이 든다.	차 가격과 부품이 좀 더 비싸다. 진동과 소음이 큰 편이다.	차 가격이 비싸다 (1,000만 원 정도). 배터리 수명 부담	장애인/국가유공자만 구입 가능 (경차, RV 예외)

장단점을 보면 더 깊은 고민에 빠진다. 어떤 것이 더 좋고 나쁜 건지 모호할 정도로 장단점이 뚜렷하다. 간단하게 결정해주자면 주행거리가 짧은 사람은 휘발유차를 구입하는 것이 좋다. 주행거리가 1년에 2만km를 훌쩍 넘는 사람은 차량 가격이 비싸도 기름값을 많이 절약할 수 있어서 디젤이나 LPG 차를 사는 것이 좋다. 그런데 LPG 차는 경차, RV를 제외하고 일반인이 살 수 없다. 주로 도시 내에서 차를 타고 다닌다면 경차 LPG를 사는 것도 좋은 방법이다. 차량 가격도 저렴하면서 LPG로 저렴한 유지비가 들고, 소음도 적다면 금상첨화다. 디젤차는 차량 가격이 가솔린차보다 대략 200만 원 정도 비싼 편이고, 진동과 소음이 있는 편이지만 연비가 좋아서 유류비 절약에 도움이 된다. 진동과 소음을 싫어하는 사람이라면 하이브리드차를 사면 된다. 연비가 월등히 좋지만 비싼 휘발유를 쓰기 때문에 실제로 들어가는 유류비는 디젤과 비슷하다.

결론을 짓자면 신차로 추천하는 차는 1위 경차 LPG, 2위 준중형 디젤, 3위 하이브리드 자동차다. 경차 LPG는 가격도 저렴할 뿐만 아니라 경차로 인한 혜택을 온전히 받을 수 있다. 취등록세 감면(7% 정도), 고속도로 통행료, 공영주차장 50% 감면, 자동차세 감면, 경차사랑카드 발급(리

터당 250원 환급)이라는 엄청난 혜택으로 유지비를 줄일 수 있다.

여기에 약간의 꿀정보가 있는데 LPG 자동차는 단점보다 장점이 많다. 우리나라 택시가 LPG인 이유를 생각해보면 된다. 조용하고, 차량 가격 저렴하고, 유지비 적게 드니 얼마나 좋은가? 그런데 일반인이 못 산다는 단점이 있다. 이를 해결하는 방법의 하나가 장기렌트를 60개월 간 하고 나서 인수하는 방법이다. 그러면 신차를 LPG로 이용할 수 있다. 사회초년생의 경우 보험료가 상당히 비싼 편인데 장기렌트를 통해서 60개월간 운전경력을 인정받고 나면 나중 인수할 때 보험료가 저렴해진다. 프로모션, 차종, 선수금, 옵션에 따라서 월 렌트료가 달라지므로 가장 유리하게 계산해서 어떤 방법이 본인에게 더 유리한지 따지고 구입하자. 보통 장기렌트로 LPG 차가 아닌 일반 차를 사는 것이라면 비용적인 면에서는 그다지 크게 유리한 편이 아니다.

신차 더 싸게 사는 방법
1. 신용카드로 결제해서 차 가격의 1% 캐시백 받자.
2. 대리점으로 직접 가지 말고, 외부 영업사원을 통해서 사자(할인 폭이 더 크다).
3. 할부보다는 계약서를 가지고 은행에 가서 신차구입대출을 받자. 이자가 더 저렴하다.
4. 연말에 사면 할인이 가장 크다. 전시차도 할인된다.
5. 일반차량은 흰색, 고급차량은 검은색으로 사자. 인기차종을 사야 중고가격을 높게 받을 수 있다.

중고차를 산다면 LPG 자동차

중고차를 산다면 일반인이 구입 가능한 5년 된 LPG 차를 사는 것을 가장 추천한다. 디젤자동차는 5년 이상 되면 소음과 진동이 생기기 마련인데 은근히 신경이 쓰이고, 부품값이 비싼 편이다. LPG 차는 가솔린 차와 부품이 똑같아서 수리비도 똑같다.

중고차로 가장 많이 알아보는 차가 경차와 준중형 자동차다. 찾는 사람이 많다 보니 차량 가격도 비싼 편이다. 경차나 준중형을 중고로 사느니 그냥 신차로 구입하는 편이 더 나을 수 있다. 중형차나 비인기 차종, 비인기 색상을 산다면 찾는 사람이 적기 때문에 가격을 더 저렴하게 살 수 있다.

무조건 무사고 차를 찾는 경우도 있는데 무사고 차는 가격이 비싸다. 무사고보다는 단순 교환 이력이 있는 차를 사는 것이 차에 문제도 없으면서 가격을 저렴하게 구입할 수 있다. 삼박자라고 불리는 사고 이력을 가진 차, 침수차, 엔진에 문제가 있는 차 등은 구입 후 문제가 생길 수 있으므로 꼭 피하자. 차를 볼 줄 모른다면 인터넷에 중고차 구입 때 차량정비기사가 하루 동안 동행해주는 서비스(10만 원)가 있다. 10만 원만 투자하면 이상한 차를 사는 위험을 없앨 수 있으니 아까워 말고 이 서비스를 이용하자.

중고차는 싸게 사는 것보다 제값을 주더라도 잘 관리가 된 차를 사는 것이 현명하다. 싸게 사봤자 수리비가 더 나오면 그 이상 손해다. 소모품이나 오일류, 타이어 등을 제때 잘 교환해준 차는 앞으로도 큰 문제 없이 잘 탈 확률이 높다. 이런 차들은 해당 자동차 인터넷 카페에 가서 구입할 수 있다. 특정 차종을 살 예정이라면 인터넷 카페에 가입해서 눈팅을 하고 기다리다 보면 좋은 매물을 발견할 수 있다. 자동차 카페에 매물을 내놓는 사람들의 경우 차 관리를 잘하는 편이고, 썬팅, 블랙박스, 네비게이션, 타이어, 휠 등 비싼 부품이 장착된 경우가 많아 추가로 차를 꾸밀 필요가 없고, 직거래다 보니 중고시세보다 좀 더 저렴하게 차를 살 수 있다.

다만, 중고차 매장에서 차를 사면 구입 가격의 10%는 카드/현금영수증 적용으로 소득공제가 가능하다. 예를 들어서 1,000만 원에 샀다면 신용카드로 살 경우 소득공제 15만 원, 체크카드/현금영수증 30만 원 효과가 있다.

중고차 잘 파는 방법
1. 직거래로 팔면 좀 더 비싸게 팔 수 있다.
2. 비싸게 팔려고 스트레스받지 말고, 적당한 가격에 빨리 파는 것이 좋다.
3. 실외, 실내를 깨끗이 세차하고 팔자.
4. 햇살 가득한 야외, 자연을 배경으로 사진을 찍으면 선호도가 높아진다.
5. 주행거리가 많은 자동차는 중고업체보다 수출업체에 팔자.

보험료를 줄이자

같은 자동차여도 보험사가 어디냐에 따라서 보험료가 다르다. 보험사마다 차종 따라 사고율을 다르게 책정하기 때문이다. 귀찮더라도 여러 보험사에 조회해서 가장 저렴하게 보험료를 말하는 보험사로 가입하자.

보험은 다이렉트보험으로 가입해야 비용이 가장 절감된다. 요새는 전화도 아닌 앱 또는 인터넷으로 다이렉트보험을 가입한다. 인건비가 없어서 그만큼 보험료도 줄어든다.

참고로 사고가 나면 보험료가 할증된다. 차가 여러 대일 경우 동일증권으로 묶으면 사고가 난 차만 보험료가 할증되고 나머지는 할증되지 않는다. 그렇게 하지 않으면 다음 재계약 시 여러 대 모두 보험료가 할증된다.

운전경력이 적다면 본인 이름으로 차를 사지 말고 운전경력이 있는 가족 이름으로 차를 산 다음 실운전자를 본인으로 등록하면 운전경력을 인정받을 수 있다. 3년 무사고를 기록한 다음 명의를 변경하면 저렴한 보험료로 가입할 수 있다.

내가 사고를 내도 내 차 수리비를 지원해주는 자차특약은 보험료 상승의 주범이다. 내 자동차 가격이 저렴하거나 운전경력이 적다면 자차 가입을 하지 않는 것이 보험료를 낮추는 방법이다. 만약 차 사고가 나면 어떡하냐고? 자기 돈으로 수리하는 것이 가장 속 편하다. 보험료가 비싼 편인데 할증까지 되면 정말 감당이 되지 않기 때문에 자차를 가입해도 웬만큼 큰 사고가 아니면 자차처리를 하지 못하는 경우가 많다.

보험료 할인이 되는 특약 조건들
1. 운행거리 줄여서 할인받기(연 1만km 이하 시 약 20%)
2. 안 쓰는 요일 정해서 할인받기(약 8%)
3. 블랙박스 달고 할인받기(개인용 4%)
4. 무사고 할인받기(3년 무사고 약 10%), 1년간 사고 3건 시 100% 할증
5. 다자녀 할인(5%), 7세 미만 자녀(7%)
6. 대중교통 출퇴근 시(10% 할인, 주말운전자)
7. 서민 우대 특약(연 소득 4,000만 원 이하, 약 5%)
8. 운전자 범위 좁히기, 연령제한 높이기

유지비를 줄이자

차는 배기량(cc)와 연식에 따라서 자동차세가 달라진다. 경차의 경우 10만 원 미만으로 매우 저렴하지만 신형 중형차의 경우 100만 원을 넘는다. 매달 8만 원이 넘는 자동차세를 내는 셈이다. 자동차세를 적게 내고 싶다면 배기량이 낮은 경차, 준중형차를 사거나 연식이 오래된 중고차를 사는 방법이 있다. 이미 늦은 사람이라면 1월에 자동차세를 연납 신청하자. 자동차세가 1월과 7월에 두 번 나오는데 1월에 한 번에 다 내면 10% 할인해준다. 이 정도면 무조건 연납신청하는 것이 유리하다. 적금이율이 3% 수준인걸 생각하자.

주차는 가급적 사설주차장보다 공영주차장에 대는 것이 좋다. 비용이 2배 정도 차이 나기 때문이다. 내비게이션으로 검색할 때 근처 공영주차장으로 검색하는 습관을 들이자. 자주 가는 곳이 있다면 무료로 차

를 댈 수 있는 곳을 익혀두는 것도 좋은 방법이다. 외국에 가기 위해 인천공항을 가야 할 일이 있다면 공항에 주차할 것이 아니라 운서역 등 공항철도역 근처에 차를 대고 공항에 가면 주차비를 절약할 수 있다. 불법주정차 알림서비스도 신청해두면 좋다. 단속반에 찍히고 나면 문자가 오는데 5분 안에만 차량을 이동해놓으면 과태료를 물지 않는다.

자동차 소모품은 직접 갈아보자. 와이퍼, 에어컨 필터는 초보자도 쉽게 교체할 수 있다. 에어컨 필터의 경우 카센터에서 갈면 2만 원 정도지만 구입해서 갈면 2,000원밖에 들지 않는다. 통신사에 따라서 엔진오일 무료교환, 무료세차를 해주는 경우도 있으니 적극적으로 활용하자.

기름값을 줄이는 방법
1. 트렁크 가볍게 하기
2. 급발진, 급정거 삼가기
3. 주유 눈금 한 칸 이상 유지하기(산화 방지, 비싼 주유소 안 들어가게)
4. 기온이 낮은 아침, 맑은 날에 주유하기
5. 기름은 20L로 넣어 달라고 하기(정량 감시단으로 착각)
6. '오피넷' 앱으로 최저가 주유소 찾아서 가기
7. 도착 전에 미리 에어컨 끄기(곰팡이 방지, 연비 절약 : 처음에는 에어컨을 최대로, 나중 약하게)

알뜰하게 국내·해외여행 한 번 더 다녀오는 법

'절약한다고 해서 여행을 모르겠는가? 그 설레는 마음을!'

아무리 절약한다지만 젊은 날 여행조차 안 가면서 돈을 모은다는 것은 슬픈 일이다. 돈을 모으더라도 남들과 같은 추억이 있다면 좋지 않을까? 가성비 좋은 여행을 다녀온다면 돈도 절약하고 좋은 추억도 남기는 일거양득의 효과를 얻을 수 있다.

국내여행 저렴하게 다녀오기

대학생 때는 내일로 열차티켓을 끊으면 5일 동안 마음껏 전국을 누빌 수 있었지만, 직장인들은 나이제한 때문에 내일로 티켓을 구입할 수 없다. 그래도 좋은 방법들이 있다. '힘내라청춘' 할인상품을 구입하면 KTX를 최대 40%까지 할인해서 탈 수 있다. 혼자나 둘이 가는 여행이라면 KTX 할인을 노리자. 물론 무궁화열차를 타거나 버스를 타는 방법도 있지만, 여행에서는 시간이 돈이다. 교통비를 조금 더 주더라도 당일치기를 해서 숙박요금을 아끼는 것이 더 이득이다. 힘내라청춘은 만 25~33세까지 이용할 수 있다. 4명이라면 KTX 4인 동반석을 구입하자. 최대 30%까지 할인이 가능하다.

개인적으로 자주 사용하는 방법은 일일투어다. 여행사에서 특정 여행지를 당일치기로 구성하는데 버스로 태워주고, 자유시간 주고, 다시 버스로 돌아오는 방식으로 가이드 없는 자유여행이라 편하다. 국내여행은 제철만 되면 교통체증과 주차난으로 골머리를 앓는다. 일일투어를 활용하면 저렴한 비용으로 이런 스트레스 없이 버스에서는 잠을 자고, 편하게 쉬다가 여행할 때만 집중할 수 있어서 여러모로 이익이다. 진해 벚꽃여행의 경우 서울 출발 시 2만 원 정도다. 대중교통보다 비용이 저렴하다.

가족여행이나 단체여행이라면 운전하는 것이 편리하지만 아까 말했던 교통체증이 심각하다. 이럴 때 KTX+셰어링카 조합이 가장 좋다. KTX로 4인 동반 할인을 받고, KTX역 주차장마다 비치된 셰어링카를 필요한 시간만 빌려서 관광하고 난 다음 다시 반납하고 KTX를 타고 집으로 돌아오면 저렴하면서도 짧은 이동시간으로 여행만족도를 높일 수 있다.

숙박비 줄이는 방법
1. 휴가철 바닷가, 계곡 근처는 피하고 인근 도시에서 숙박하면 저렴
2. 에어비앤비 등 공유숙박앱 활용하기
3. 소셜커머스 땡처리 특가 활용(비수기)
4. 게스트하우스는 저렴하고 위치가 좋은 장점이 있어 강력 추천. 여행자들과의 만남을 좋아하고, 파티를 즐긴다면 당신은 게스트하우스 스타일!

항공권 할인! 해외여행의 시작!

〈저가항공사 프로모션〉

항공권을 얼마나 저렴하게 사느냐가 여행의 가성비를 좌우한다. 항공권을 저렴하게 구입하면 그만큼 아낀 돈으로 좋은 숙소와 식사를 할 수 있다. 그래서인지 저가항공사 티켓이 인기다. 특히, 프로모션 할인이 종종 있다. 이때를 잘 노리면 제주도 갈 비행기값으로 외국을 다녀올 수 있다. 하지만 당첨확률이 낮으므로 특별한 전략이 필요하다.

먼저 프로모션 시작 전에 로그인을 해두고 기다린다. 막상 시간이 되어서 로그인하려면 접속장애로 로그인되지 않는다. 한참을 기다린 끝에 로그인되어봤자 좋은 티켓은 다 동나고 사라진다. 그래서 미리 로그인을 해두는 것이 좋다.

그다음 어디를 가고 싶은지 여행지 순위를 정하고, 날짜를 정해두자. 1순위 어디, 2순위 어디, 3순위 어디, 이렇게 한 후에 순위별로 여행 가능한 날짜가 되면 바로 예약한다. 여기서 하나의 팁을 주자면 남들이 다 가고 싶어 하는 여행지를 1, 2, 3순위로 두면 안 된다. 모두 처음에는 그리로 쏠리기 때문에 남들이 약간 덜 선호하는 여행지를 1, 2, 3순위로 두면 내가 원하는 날짜에 프로모션 티켓을 구할 수 있다. 저렴하게만 갈 수 있다면 꼭 인기 여행지로 갈 필요는 없다. 그런 곳은 다음에 가면 된다.

꼭 프로모션이 아니더라도 저가항공사를 이용하면 항공권을 저렴하게 구할 수 있다. 어떤 항공사의 경우 저렴한 좌석으로 구하면 위탁수화물(캐리어)비용을 추가로 받는다. 덕분에 배낭이나 기내용 캐리어로 여행하다 보니 기념품을 많이 못 사게 되어서 쇼핑 욕구를 막아주기도 한다. 기념품을 사줘도 지인들은 그 기념품이 좋은지 잘 모른다. 차라리 가볍게 가서 가볍게 돌아와야 돈을 아껴서 다음에 여행을 한 번 더 갈 수 있다.

〈마일리지 극단적으로 활용하기〉

항공사 마일리지를 잘 모으면 항공권을 공짜로 구할 수 있다. 마일리지를 모으려면 비행기를 자주 타야 한다고 생각하는데 꼭 그렇지도 않다. 요새는 신용카드 포인트를 항공사 마일리지로 많이 제공한다. 카드에 따라 1,000원당 3마일리지를 주는 곳도 있으므로 혼수장만, 차량구입, 이사준비 등 큰돈을 쓸 때 전략적으로 마일리지를 모으면 금방 모을 수 있다.

보통 동남아 여행을 가려면 4만 마일리지가 필요하다. 1,000원당 1마일리지 꼴로 적립하면 4,000만 원어치를 사용해야 한다. 동남아 항공권을 국적기로 저렴하게 구입하면 50만 원 정도 하므로 약 1.2%의 적립 효과가 있는 셈이다. 1,000원당 2마일리지면 2.4%, 1,000원당 3마일리지면 3.6%의 적립 효과가 있는 셈이다.

1.5만 마일리지만 모아도 제주도를 다녀올 수 있지만 마일리지를 한 번에 많이 모아 먼 곳을 다녀오는 것이 더 가성비가 좋다. 가급적 6만 마일리지까지 모아서 유럽을 다녀오도록 하자. 6만 마일리지를 모으면 유럽 이코노미석 또는 동남아 비즈니스석 중 한 가지를 택할 수 있다.

앞으로 여행 갈 일이 없는데 마일리지가 애매하게 쌓여 있다면 라운지입장, 초과수화물, 공항리무진, 기내쇼핑 등에 활용하자. 하지만 마일리지는 10년간 사라지지 않아서 잘 모아두는 것이 좋다. 정말 비행기를 탈 일이 없다면 가족 한 명에게 마일리지를 몰아주는 방법도 괜찮다.

여기까지는 아는 사람도 많다. 이제 마일리지를 활용한 꿀팁 하나를 풀자면 이원발권이다. 생소하게 들릴지 모르겠지만 이원발권&스탑오버 신공을 사용하면 1.5번 항공권 비용으로 1년에 2번 여행을 갈 수 있다.

구분	여름방학	겨울방학	총비용
이원발권	인천-오사카(1.5만) 오사카-인천(경유. 3.5만)	인천-LA(경유) LA-인천(3.5만)	8.5만
따로 예약 시	인천-오사카 (왕복 3만)	인천-LA(왕복 7만)	10만

예를 들어 인천-오사카(왕복 3만), 인천-LA(왕복 7만) 이렇게 두 번 여행을 가면 10만 마일리지가 들어간다. 그러나 오사카-인천(경유)-LA(편도 3.5만)로 1년 안에 스톱오버를 설정하면 마일리지를 절약할 수 있다.

스톱오버와 레이오버 알기

- 환승할 경우 스톱오버와 레이오버가 가능하다. 이를 잘 활용해서 경유지에서 잠시 여행할 수 있다.

- 스톱오버 : 환승기간이 24시간 이상부터 1년 이내로 설정 가능. 경유지에서 캐리어를 찾고 나와서 며칠 여행한 뒤, 공항으로 돌아와서 원래 목표하는 나라 여행 가능. 추가 요금 발생. 경유지 비자 확인하기

- 스톱오버 추천 여행지 : 두바이(스톱오버 패키지 제공), 홍콩(무비자 90일 가능), 방콕, 대만, 베트남

- 레이오버 : 24시간 이내 환승하는 항공편. 별도 신청을 하지 않아도 공항 밖으로 나갔다 올 수 있고, 짐을 찾아가도 되고 안 찾아가도 된다. 주로 자주 경유하는 공항들은 굳이 따로 갈 필요 없이 레이오버 몇 번만으로 여행할 수 있다.

- 레이오버 추천 여행지 : 볼거리가 비교적 많지 않은 국가, 쿠알라룸푸르, 자카르타, 싱가포르, 이스탄불, 모스크바

숙박비를 절약하는 노하우

숙박비를 절약하는 가장 기본적인 방법은 비행 출발, 도착 시각에 달려 있다. 해당 여행지를 밤에 도착하면 도착하자마자 잠을 자고 시작해야 하므로 숙박료가 발생한다. 동남아처럼 숙박료가 저렴하면 잘 자고 아침부터 여행하는 것도 좋은 방법이겠지만 유럽이나 호주, 미주의 경우 숙박료가 비싸므로 비행기가 오전 도착이 되게 고르면 하루 숙박비를 줄일 수 있다. 마찬가지로 돌아갈 때는 밤 비행기를 예약하면 마지막 날까지 여행을 잘하고, 숙박비를 줄일 수 있다. 즉, 밤 비행기로 2박 비용을 절약하는 셈이다. 단, 비행기 안에서도 꿀잠을 잘 수 있는 능력이 필요하다. 차라리 기내식을 안 주는 저가항공사의 경우 이런 꿀잠이 더 수월하다. 불가피하게 밤에 도착했다면 그날은 게스트하우스를 이용해서 숙박비를 최대한 줄이는 방법도 있다.

숙박을 예약할 때는 앱을 많이 이용한다. 일찍 예약하는 것이 가장 저렴하게 숙소를 잡는 방법이다. 그래도 숙박료를 줄이고 싶다면 숙박료를 구성하는 조건을 생각해보자. 교통, 시설, 조망, 조식 등이 있다. 이 모든 것을 갖춘 호텔이나 리조트는 매우 비싸다. 여기서 내가 감내할 수 있는 조건을 빼보자. 리조트 안에서 나올 생각이 없는 휴양이 목적이라면 교통을 빼면 좋고, 호텔서 잠만 자고 계속 돌아다닐 사람이라면 교통을 택하고, 조망을 포기하는 것이 좋다. 늦잠을 자는 사람이라면 굳이 못 먹을 조식을 빼고 비용을 낮추는 것이 좋은 방법이다. 본인의 경우는 보통 조망을 먼저 포기하고, 위치도 포기하는 편이다. 1존에 있는 호텔은 보통 비싸다. 1존으로 접근 가능한 지하철역 근처 호텔을 구하는 대신 시설과 청결의 평이 좋은 호텔을 구한다. 그러면 깨끗하면서도 교통 좋은 호텔을 저렴하게 구할 수 있다.

가족 단위로 단체여행을 간다면 호텔보다는 에어비앤비 등의 숙박 공유앱을 활용하는 것이 훨씬 저렴하다. 호텔의 경우 한 방에 4인이 들어가려면 꽤 높은 등급의 객실을 예약해야 한다. 그럼 당연히 비싼 비용을 낼 수밖에 없다. 반면 일반 집을 빌리는 공유숙박은 비교적 넓은 집을 여러 명이 지낼 수 있으므로 숙박비를 낮출 수 있다. 세탁기나 조리도구를 사용할 수 있어서 식비나 세탁비도 줄일 수 있고 여러모로 가성비가 좋다.

여행용 신용카드를 만들자

신용카드 중 호텔 객실 업그레이드 기능이 있는 경우도 있다. 호텔도 객실 등급에 따라 여러 방으로 나뉜다. 해당 신용카드로 예약하고 체크인 시 업그레이드를 말하면 객실을 업그레이드해준다. 일반적으로는 한 단계를 업그레이해주지만 해외의 경우 몇 단계나 올려줄 때가 종종 있다. 스탠다드룸이 주니어 스위트룸으로 바뀌는 매직을 겪으면 여행이 더 재미있어진다.

그 외에도 국내/해외 항공권 동반자 무료, 국내/해외호텔 1박 무료, 공항철도 무료 등의 서비스가 있어서 연회비가 아깝지 않다. 여행이 계획된 해는 여행용 신용카드를 만들어서 본전 이상을 뽑는 방법도 있다.

연회비가 30만 원 수준인데 받은 혜택이 100만 원이 넘으니 충분히 남는 장사였다.

여행용 신용카드의 가장 큰 무기는 공항라운지 무료입장이다. 공항라운지는 면세구역으로 들어가면 이용할 수 있다. 면세구역에서 하릴없이 있으면 쇼핑의 늪에 빠지게 된다. 면세점에 가지 말고(가더라도 인터넷 면세점을 가자. 훨씬 더 저렴하다) 라운지에 가면 음식, 음료, 술, 디저트가 무한으로 제공된다. 여기서 배를 채우고, 편히 쉬다가 비행기를 타면 된다. 만약 저가항공사를 이용한다면 기내식이 제공되지 않기 때문에 라운지에서 배불리 먹고, 비행기 안에서 잠을 푹 자는 것이 최상의 궁합이다. 보통 라운지 이용횟수가 많을수록 신용카드 연회비도 비싸므로 본인이 올 한 해 사용할 횟수에 맞는 신용카드를 만들자.

전설의 라운지 카드

다이너스카드는 연회비 5만 원으로 동반 3인까지 가족카드가 발급되어서 4인 가족이 단돈 5만 원에 1년간 라운지를 무제한으로 사용했다. 라운지 입장가격이 1인당 3만 원 정도인데 4인 가족이 한 번만 라운지를 사용해도 12만 원이었으니 정말 가성비 최고의 카드인 셈이다.

이러한 소문이 알려져서일까? 그 뒤로 동반 1인만 가족카드가 발급되다가 이제는 가입 불가인 카드가 됐다. 다이너스카드 외에도 가성비 좋은 PP카드들이 사라지고 리뉴얼되어 나오면서 예전처럼 라운지만을 위한 환상의 카드는 거의 사라지게 됐다.

환전으로 절약하고, 무료 여행자보험까지 들기

여행하게 되면 아무래도 환전을 하게 된다. 신용카드를 쓰면 되겠지만 해외수수료도 만만치 않기 때문에 가급적 환전하게 되는데 가장 최악의 환전은 동남아시아 화폐를 예약 없이 공항 환전소에 가서 하는 것이다. 환전만 잘해도 거의 10만 원 가까이 절약할 수 있다.

우선 환전은 사이버환전을 한다. 은행이든 공항환전소든 사이버환전을 해야 수수료가 저렴하다. 은행앱을 켜서 사이버환전을 택하고, 일정 금액 이상(600달러 정도)을 환전하면 달러의 경우 수수료를 90%까지 감면시켜주고, 여행자보험도 무료로 가입시켜준다. 저가형 여행자보험이기는 하지만 보장금액이 적을 뿐 범위는 비슷하다. 공항에서 따로 여행자보험을 들려면 2~3만 원은 금방이다.

환전은 가급적 달러로 하자. 세계에서 공통으로 쳐주는 기축통화는 달러가 유일하다. 즉, 어떤 나라를 가더라도 달러로 바꾸는 환율이 가장 저렴하다는 뜻이다. 우선 달러로 바꾸고 현지에 가서 그 나랏돈으로 바꾸는 것이 환전수수료가 적게 든다. 특히, 동남아시아의 경우 이중환전을 할 때 이득이 크다. 유로화, 위안화, 엔화 등으로 바꿀 때는 직접 바꿔서 가는 편이 낫다.

여행자보험 어디까지 받아 봤니?

여행자보험은 해외에 간다면 꼭 가입하는 것이 좋다. 외국에 가면 물이 맞지 않아서 탈이 나는 경우도 많고, 활동 증가로 부상위험이 커지기 때문이다. 비용이 부담된다면 실속형, 표준형, 고급형 중 실속형을 선택하자. 보장금액은 낮지만, 보장범위는 거의 같고, 웬만한 피해는 커버가 가능하다.

여행자보험 기능 중 가장 많이 활용하는 것이 휴대폰 파손 보상이다. 현지에서 스마트폰이 망가질 경우 국내에서 수리하면, 본인 면책금 1만 원만 내면 수리비를 지원해준다. 여행자보험에 이 약정이 들어 있는지 꼭 확인하고 떠나자.

쇼핑도 하고, 세금도 돌려받자

외국에 가면 쇼핑을 많이 하기 마련이다. 왠지 혼자 여행 온 것에 미안함에 가족들, 지인들 선물을 챙기다 보면 캐리어를 하나 더 사야 할 정도가 된다. 특히, 신혼여행을 가면 챙겨야 할 사람이 많아서 선물을 한가득 사게 되는데 이때, 택스리펀을 잘 활용하자.

면세점에서 사야만 부가세를 돌려받을 것으로 생각해서 공항면세점에서 비싼 값을 주고 물건을 사는데 그렇지 않다. 현지 매장에서도 일정 기준만 충족하면 세금을 돌려받을 수 있다. 특히, 현지 매장은 면세점보다 물건 가격이 저렴해서 택스리펀(5~25%)까지 받으면 알뜰 쇼핑이 될 수 있다.

나라별로 어떤 물건을 사야 이득인지는 블로그나 여행카페에 잘 소개되어 있으니 패스하고, 나라별로 어떤 조건이 있는지 확인해보자.

- 일본 : 5,000엔 이상 구입, 부가세 8%, 즉시환급제도 도입
- 대만 : NT $2,000 이상 구입, 부가세 5%(이 중 14% 수수료로 징수)
- 싱가포르 : 싱가포르 달러 $100 이상 구입, 부가세 7%, Tax Free 표시가 붙은 매장에서만 가능
- 영국 : 30파운드 이상, 부가세 20%
- 독일 : 25유로 이상, 부가세 19%
- 이탈리아 : 155유로 이상, 부가세 20%
- 스페인 : 90유로 이상, 부가세 18%

택스리펀을 받으려면 매장에서 환급신청서(확인증)을 받고, 공항 면세 전용 카운터에 가서 여권과 영수증을 보여줘야 한다. 환급받을 때는 현금보다는 카드로 받자. 수수료가 더 낮기 때문이다. 유럽여행을 갈 때는 EU 국가인지 아닌지 잘 계산해야 한다. EU 국가에서는 마지막 출국지에서 택스리펀을 받는다.

커피값만 줄여도 1억 원이 모인다

우리나라 사람들의 커피사랑은 남다르다. 아침에 출근할 때, 스타벅

스에 들려서 테이크아웃 커피를 들고 회사로 출근해야 오늘 하루를 힘차게 지낼 수 있다고 생각한다. 물론 커피 한 잔으로 출근에 기운을 불어넣는 것은 좋지만 매일 그럴 수 없다. 한 잔에 5,000원짜리 커피를 매일 2잔씩만 사서 마셔도 30만 원이다. 1년이면 360만 원이고, 10년이면 3,600만 원, 30년이면 1억 원을 쓰게 된다.

그렇다고 커피를 포기할 수 없다. 좋은 커피를 마시면서도 비용을 줄일 방법이 많다. 우선 출근할 때는 텀블러에 커피를 담아서 오자. 그러면 출근할 때마다 커피값을 절약하게 되니 하루에 5,000원을 벌게 된다. 그리고 카페에 가서 텀블러로 받으면 300원 정도의 할인을 받을 수 있다.

아침에 다이어트 커피를 만들어 먹는 방법도 있다. 방탄커피라고 불리는 버터와 커피의 조합인데, 커피 위에 버터를 얹으면 커피에서 고소한 향이 나면서 풍미를 더 좋게 해준다. 그리고 마시고 나면 포만감도 주기 때문에 다이어트 커피로도 불린다.

직장에서 점심을 먹고 들어올 때 테이크아웃 커피를 사 오는 경우가 많다. 그러지 말고 사무실에서 커피를 내려서 먹는 것은 어떨까? 요새는 자동으로 원두를 갈아주는 커피머신도 얼마 하지 않는다. 여기에 8만 원짜리 제빙기 하나만 있으면 아이스커피도 뚝딱이다. 굳이 돈 주고 커피를 사 먹을 이유가 사라진다.

저녁이나 주말에는 카페를 갈 수밖에 없다. 텀블러를 잘 챙기는 방법도 있지만 자주 가는 카페를 정해서 도장을 모으거나 앱을 설치해서 공짜 커피를 이벤트로 받는 방법, 신용카드로 할인되는 카페 가는 방법, 통신사에서 제공하는 무료커피 또는 사이즈업 받기, 리필을 활용하는 방법 등을 잘 활용하면 커피값을 줄일 수 있다.

개인적으로는 1군 브랜드 카페보다는 2군, 3군 급의 카페를 즐겨 간다. 가격도 저렴해서 사주는 사람도 얻어먹는 사람도 부담이 적고, 커피맛의 차이도 크게 나지 않는다. 테이크아웃할 때는 패스트푸드점의 커피도 맛이 좋고 저렴해서 좋다.

카페 선불카드를 구입하면 혜택이 2개
몇몇 카페의 경우 선불카드(5만 원 정도)를 구입하면 음료 한 잔을 무료로 제공한다. 그리고 선불카드는 신용카드로 구입이 가능한데 선불카드 사용 시 현금영수증 혜택을 제공한다. 즉, 신용카드(15%)로 구입했는데 소득공제는 현금영수증(30%) 처리가 되어서 소득공제율이 2배가 된다. 단, 이때 신용카드로 구입했던 실적은 포함되지 않는다.

냉장고 파먹기로 식비 다이어트하기

냉장고 파먹기로 한 달 50만 원 절약하기

가계부를 쓰다 보면 가장 많이 지출하는 비용이 식비다. 엥겔지수에서 식비가 소득에서 차지하는 비중이 클수록 소득이 낮은 사람이라고 하는데 소득이 높은 사람 중에도 식비가 차지하는 비중이 큰 사람들이 많다.

식비 중에서도 외식비가 차지하는 비용이 크다. 식재료는 얼마 하지 않지만 나가서 사 먹으면 몇 배에 해당하는 돈을 줘야 한다. 외식 한 끼 비용이면 집에서 다섯 끼도 해먹을 수 있다. 그래서 절약의 첫 단추는 외식을 줄이고 집에서 식사를 늘리는 것이다.

집에서 식사하면 자연스럽게 모임횟수가 줄어들고, 회비나 외식비를 아낄 수 있다. 아니면 커피만 마시는 모임으로 나가는 방법도 있다. 이제 식재료비가 곧 식비가 된다. 그럼 식재료비를 절약하는 방법은 어떤 것이 있을까? 식재료를 버리지 않고 모두 활용하는 것이다. 냉장고 속 식재료를 최대한 활용해서 음식을 만들어 낸다면 식재료비도 절약할 수 있다. 나는 이를 '냉장고 파먹기'라고 한다. 남은 식재료나 반찬을 활용해 한 끼라도 더 만들면 한 끼 식사비를 절약할 수 있다. 이 '냉장고 파먹기'를 하면 식비가 금방 100만 원에서 50만 원으로 줄어든다. 그러면 저축을 50만 원 늘릴 수 있고, 내 집 마련의 꿈이 더 앞당겨진다.

냉장고 파먹기를 제대로 가동하려면 식재료도 저렴하게 구입하는 것이 필수다. 필요한 재료만 사고, 가급적 세일하는 재료를 사고, 마트에서 장 보기보다는 동네 슈퍼를 자주 가서 필요한 재료만 사는 것이 좋다. 슈퍼를 자주 걸어 다니는 것만으로도 훌륭한 운동이 된다.

어떤 요리를 하느냐에 따라서 식비가 바뀐다. 다양한 재료가 들어가야 하는 요리는 과감히 포기하거나 재료를 단순화시킨다. 그리고 남은 채소나 고기를 활용할 수 있는 카레나 찌개를 만들면 버리는 식재료가 없어진다. 만능간장, 불고기소스, 볶음고추장 등 자주 쓰이는 소스들은 미리 만들어두면 조리시간도 줄이고 재료비도 줄일 수 있다.

그래도 고기가 먹고 싶다
- 고기는 비싸다. 그래도 고기를 먹고 싶다면 수입산을 먹자.
- 스테이크는 사 먹는 것이 아니라 집에서 굽는 것이다(재료비 4,000원).
- 저렴한 부위를 사서 많이 먹자(앞다리살, 목살, 설도, 갈비본살, 채끝등심).
- 다진 고기는 항시 보유하자(볶음밥, 고기볶음, 볶음고추장, 찌개, 국, 동그랑땡).

냉장고 정리하기

냉장고만 잘 관리해도 재료비를 절약할 수 있다. 냉장고 정리를 못하면 고기가 냉장고에 있는지 모르고 또 사는 경우도 있다. 유통기한을 적어두지 않으면 냉장고에 있다가 그대로 음식물 쓰레기통으로 갈 수도 있다.

먼저, 식재료를 넣는 칸을 정하자. 고기, 생선, 채소, 과일, 두부, 달걀, 소스, 단기 반찬, 장기 반찬, 냉동제품 등으로 분류를 해놓자. 그리고 통을 사서 라벨지를 붙여 놓은 뒤 통 안에 식재료와 유통기한을 적어두자. 그럼 냉장고 문을 열 때, 한눈에 유통기한을 파악할 수 있다. 그럼 유통기한이 임박한 재료들 위주로 요리하면 버리는 식재료를 막을 수 있다.

식재료는 사자마자 먹기 좋게 손질해놓고 보관하면 조리시간도 줄이고 필요한 만큼만 먹기 때문에 절약도 되고 다이어트에도 도움이 된다.

야식을 끊으면 돈이 굳고 살이 빠진다

야식은 인생을 불행하게 만드는 근원이다. 우선 야식비가 지출되면서 힘들게 모은 돈이 사라진다. 일주일에 두 번만 야식을 시켜도 한 달이면 16만 원을 저축할 돈이 사라진다. 그리고 뱃살이 나온다. 배가 나오고 살이 찌면 자신감을 잃게 되고 의욕이 사라지고 일의 능률이 떨어진다. 다이어트를 하기 위해 다이어트 식품을 사 먹거나 운동을 다니면 그 비용도 늘어난다. 그냥 8시 이후로는 음식을 먹지 않는 것이 좋다. 건강하게 잘 사는 것이 길게 절약을 하는 방법이다.

야식을 안 먹는 게 중요하다는 것을 알면서 우리는 왜 야식을 먹고 있을까? TV를 보면 밤에 먹방 프로, 요리 프로가 주를 이룬다. 저녁 식사가 소화되고 출출한데 야식을 주문하고 싶다는 유혹을 더 당기게 한다. 그래서 배달책자를 보거나 앱을 들여다보면 나도 모르게 주문을 하게 된다. 저녁에 TV를 보지 말고 책을 읽자. 마음의 양식을 배불리 먹게 되거나 잠을 빨리 잘 수 있다. 배달책자는 다 버리고 앱은 지우자. 보지 않는 것이 최선이다.

그래도 야식을 먹고 싶은 날이 있다. 한 달에 1회 정도로 정하자. 대신 야식을 먹기 전에 야식만큼의 칼로리를 소모하고 야식을 주문하는 것으로 규칙을 정하자. 1,000칼로리를 소모하려면 1시간은 넘게 달리기를 하거나 줄넘기를 해야 한다. 본인의 경우 30분 달리기, 30분 줄넘기, 30분 근력운동을 한다. 그냥 안 시키고 말겠다는 생각이 들었다면 훌륭한 판단이다. 야식을 먹기 위해서 1시간 넘게 운동을 했다면 그냥 맛있게 먹자. 그게 정신적으로 좋다.

야식을 못 참는 사람이라면 건강하면서도 저렴한 야식을 구비해두자. 배가 불러야 야식 욕구가 사라진다. 닭가슴살, 감자, 고구마, 오이, 토마토를 사다 놓고, 다양한 방식으로 조리해서 먹으면 야식이 된다. 아니면 남는 채소를 가지고 피자토스트를 만들면 훌륭한 건강 간식이 된다.

쇼핑, 해외직구 알뜰하게 하는 법

쇼핑의 고수들은 많지만 진정한 승자는 안 사는 사람이다. 안 사면 100% 할인이다. 한두 번 필요한 물건이라면 사지 말고 빌려 쓰고, 없어서 약간 불편하다면 그냥 그 불편함을 즐기자. 인생의 행복이 꼭 편리함에서 오는 것은 아니다.

해외직구 편

그래도 꼭 필요한 물건이라면 최대한 저렴하게 사보자. 가격이 좀 나가는 물건이라면 해외직구를 통해 구입하면 저렴하게 살 수 있다. 우리나라 가전제품이 외국에서 더 저렴하게 팔리는 경우가 많다. 판매구조가 달라서 벌어지는 자연적인 현상이니 내수 차별이라고 회사를 욕하지 말자. 우리나라는 마트 등에서 팔리지 않은 물건은 공장에서 다시 가져가야 한다. 즉, 마트는 물건을 못 팔아도 공장으로 반품시키면 되기 때문에 할인에 목을 맬 필요가 없다. 반대로 미국의 경우는 마트로 물건을 전시할 때 이미 공장에서 물건을 사 온다. 어떻게 해서든 마트가 팔아치워야 재고가 사라진다. 즉, 재고를 없애기 위해 할인에 목숨을 건다. 이런 단점이 있는 대신 물건을 공장에서 싸게 사 올 수 있다.

해외직구에는 해외직배송(해외 쇼핑사이트에서 구입, 배송료 비쌈, 국제배송 제한), 구매대행(업체가 대신 구입해주나 수수료가 비쌈)과 가장 많이 사용되고 있는 배송대행(현재 배송대행지가 받아주고 다시 국내로 배송, 수수료가 저렴)이 있다. 해외직구를 하기 위해서는 개인통관고유부호를 발급받아야 한다. 관세청사이트에서 바로 발급받을 수 있다.

배송대행지를 어디로 선택하느냐에 따라서 세금 혜택을 받을 수도 있다. 캘리포니아(부피무게 면제, 할인), 델라웨어(화장품 면세), 뉴저지(의류, 신발 면세), 오리건(전 품목 면세)주가 인기가 높은 편이다.

팁을 주자면 결제는 원화가 아닌 현지통화(달러)로 하는 것이 이중수수료(3~6%) 부과를 막을 수 있다. 그리고 해외직구라고 해서 무조건 싼 것이 아니고 주요 세일기간을 노려야 할인을 극대화할 수 있다. 1/1 신년세일, 2/14 발렌타인데이, 7/4 독립기념일, 9월 1주 월 노동절, 11월 4주 목 추수감사절, 11월 4주 금 블랙프라이데이, 12/25 크리스마스를 기억하자.

해외 관세 절세방법
- 해외직구의 경우 국제배송비+관세+부가세 10% 발생
- 관세율 : 신발, 의류(13%), 전자기기(8%), 악세사리/시계(8%), 화장품(6.5%), 유모차(5%)
- 면세한도 : 목록통관 시 미국 200달러, 기타 국가 150달러
  일반통관 시 150달러, 배송비, 현지 TAX 포함가
  *주의 : 미국은 201달러 구입 시 201달러 전액 관세 부과
- 목록통관 : 수입신고 과정을 거치지 않음, 의류, 화장품, 대부분의 상품, 일반목록 하나만 섞여도 모두 일반통관으로 분류
- 일반통관 : 의약품, 식품류, 농산물, 담배, 주류, 화장품 등
- 시차 두고 구입하기 : 주문날짜 기준이 아니라 한국도착일로 합산 과세하므로 한국 도착일이 다르게 시차를 두고 주문하기

상품권과 포인트로 더 싸게 사는 법

쇼핑 좀 할 줄 아는 사람은 상품권을 쓴다

상품권을 사면 현금이나 카드로 결제하는 것과 똑같은 가격인데 왜 상품권을 사냐고 묻는 사람들이 있다. 천만의 말씀. 상품권은 할인받아 사는 것이다. 만약 누군가에게 현금 10만 원과 상품권 10만 원 중 무엇

을 가지고 싶냐고 물으면 대부분 현금을 달라고 할 것이다. 왜? 현금은 어디서나 쓸 수 있지만, 상품권은 지정된 곳에서만 현금처럼 쓸 수 있기 때문이다. 그래서 상품권보다 현금이 더 가치가 있다.

만약 상품권을 선물 받은 사람이 다른 것을 갖고 싶다면 상품권을 현금으로 바꿔야 한다. 뭐든지 살 수 있는 현금을 얻으려면 상품권을 좀 더 싸게 팔아야 한다. 반대로 현금을 가진 사람은 상품권을 싸게 살 수 있다.

구두를 사고 싶다면 현금이나 카드로 결제하지 말고, 근처 구두상품권을 구해보자. 보통 백화점 근처에 구두방이나 상품권 판매처로 가면 구두상품권을 20% 이상 할인해서 살 수 있다. 구두상품권은 활용처가 좁기 때문에 할인이 크다.

인터넷으로 상품권을 주문해서 가는 예도 있다. 요새는 모바일상품권이 생겨서 거래가 편리하다. 커피 한 잔도 상품권이나 기프티콘을 할인해서 사고 카페로 가면 돈을 절약할 수 있다. 몇백 원이라 귀찮다고 생각하겠지만 모든 것을 이런 방법으로 구입하면 생활비가 10% 이상 절약이 된다.

사용처가 넓은 문화상품권, 대기업, 백화점 상품권은 할인 폭이 작지만 활용도가 높다. 할인해서 사면 보통 5% 정도 할인이 가능하다. 인터넷에서 중고거래로 저렴하게 나오면 얼른 사들이자.

가장 쏠쏠한 방법은 온누리상품권이다. 평소에는 5% 할인, 30만 원 한도로 구입이 가능하지만 명절에는 10% 할인, 월 50만 원 한도로 구입이 가능하다. 이것만 잘해도 생활비가 10%나 줄어든다.

> **깨알TIP : 상품권은 60%만 쓰자.**
> 상품권은 보통 60%만 쓰면 40%는 현금으로 돌려준다. 그럼 가급적 60%만 사용해서 실질 할인율을 더 끌어올리자. 10% 할인받은 상품권을 정확히 60%만 사용하면 실질 할인율은 16.7%가 된다.
>
> | 할인율 | 정가 | 구입액 | 사용액 | 환불액 | 실질할인율 |
> |---|---|---|---|---|---|
> | 10% | 100,000 | 90,000 | 60,000 | 40,000 | 16.7% |
> | 8% | 100,000 | 92,000 | 60,000 | 40,000 | 13.3% |
>
> 상품권 금액 단위가 클수록 좋다. 예를 들어 1만 원권 5장의 경우 4만 원을 넘게 결제해야 잔액 환불이 가능하나 5만 원권의 경우 3만 원만 결제해도 잔액 환불이 가능하다.

포인트도 돈이다

포인트 모으기는 귀찮은 일이다. 잘 모이지도 않고 금액도 얼마 되지 않아서 적립하기도 쓰기도 귀찮다. 일일이 모으면 짠돌이처럼 보이기도 해서 안 모으는 사람들이 꽤 된다. 하지만 포인트를 적립하지 않는 일은 잔돈을 버리는 일이다. 포인트만 잘 모아도 생활비를 꽤 절약할 수 있다.

모아도 티 안 나는 이 포인트를 잘 모으려면 전략이 필요하다. 우선 한 곳을 집중적으로 모으자. 대기업 포인트는 여러 업종에서 모을 수 있어서 포인트가 쉽게 모인다. 그리고 앱을 다운받고 심심할 때마다 출석체크, 이벤트하면 생각보다 빨리 모인다.

인터넷쇼핑 포인트는 이중, 삼중으로 적립할 수 있다. 구입할 때 1번, 택배 수령해서 1번, 후기로 1번, 총 1번 구입에 포인트 3번 적립할 수 있다. 택배수령앱은 모르는 사람이 많은데 택배인증버튼을 클릭하면 포인트를 적립해준다. 어차피 오는 택배 포인트니 적립해두자.

그중에서도 쇼핑으로 포인트를 모으기에는 네이버페이가 가장 모으기 쉽고 활용도가 높다. 대부분 쇼핑사이트와 연동이 되어서 네이버페이로 포인트를 받을 수 있고, 웬만한 물건들은 네이버페이로 살 수 있다. 그리고 네이버페이 전용카드를 사용하면 체크카드는 최대 1.2%, 신용카드는 최대 3%까지 적립할 수 있다.

포인트는 현금으로 바꿀 수도 있다. 기업이나 은행 포인트를 은행머니나 포인트로 바꾼 뒤, 적금으로 넣을 수 있다. 그리고 나중에 적금을 찾으면 현금이 된다. 이외에도 포인트를 가지고 세금이나 관리비를 내는 방법도 있다. 포인트를 잘 활용하면 현금과 다름없이 활용할 수 있으니 꼭 모으자.

> **여기저기 흩어진 포인트 하나로 모으기**
> 1. 카드 포인트 통합조회 사이트(www.cardpoint.com) 접속하기
>   흩어진 포인트를 하나로 모을 수 있다. 얼마 안 모인 줄 알았겠지만, 막상 모아보면 포인트가 꽤 되므로 주기적으로 모아서 상품권이나 할인을 받는 데 사용하자.
> 2. 가족회원 가입으로 포인트 빨리 모으기
> 3. 계열사, 제휴 가맹점 집중적으로 활용하기
> 4. 모바일 포인트 지갑앱을 활용해서 하나로 관리하기

우리 집 통신비 할인 노하우

통신사 포인트 100% 활용해서 30만 원 절약하기

알고 보면 여러분은 통신사 VIP 고객일 확률이 매우 높다. 알뜰폰을 쓰고 있지 않다면 말이다. 물론 나라면 알뜰폰을 쓰겠지만 본인이 3대 통신사 고객이라면 혹시 내가 VIP는 아닌지 확인해보자.

월정액 요금이 8만 8,000원 이상이거나, 2년 이상 90만 원을 납부했거나, TV인터넷을 포함해 연간 100만 원이 넘는 요금을 쓰고 있다면 VIP에 해당한다. 통신사마다 조금은 다르겠지만 이 정도 수준이면 대부분의 직장인 사용자들은 VIP이라고 봐야 한다.

그럼 우리는 VIP 혜택을 최대한 받아서 사용해야 한다. 알뜰폰을 안 쓴 이유는 우리가 이 혜택을 받기 위해서라고 생각하고 혜택을 알뜰히

챙겨보자. 우선 가장 큰 VIP 혜택은 영화관 무료다. 통신사마다 다르지만 연 6회 무료 예매를 할 수 있다. 앱으로도 가능하므로 영화관에서 바로 영화를 고르는 일이 가능하다. 영화관 6회 무료면 7만 원에 해당하는 할인이다.

도서 8,000원 할인, 오픈마켓 4,000원 할인, 공연 50% 할인 또는 6회 무료, 야구장 6회 무료입장, 커피 사이즈업, 버거세트 1회 무료, 커피/도넛/아이스크림 1회 무료, 외식 할인, 대중교통 4,000원 충전무료, 주유할인, 세차 연 4회 무료 등의 혜택이 있다.

통신사 VIP가 아니더라도 챙겨야 할 혜택이 많다. 편의점 10% 할인, 커피 사이즈업, 영화 3,000원 할인, 피자 15% 할인, 제과점 10~15% 할인, 외식 5~20% 할인, 놀이공원 40% 할인, 무료세차 연 3회, 렌터카 할인 등이 있으니 받을 수 있는 혜택은 최대한 받자.

이렇게 통신사 혜택을 받는 것이 귀찮다면 알뜰폰을 쓰자. 월 2만 원이면 통화 100분, 문자 100건, 데이터 10GB 요금제를 사용할 수 있다. 통신사 대비 월 3만 원이 절약된다.

새 휴대폰을 좋아하지 말자. 기능에 별 차이 없다. 조금 더 좋은 카메라와 화질, 몇 가지 기능은 더 있지만 전화, 문자, 인터넷, 카톡만 하는 우리에게 굳이 최고 성능의 스마트폰은 사치다.

알뜰폰을 쓰거나 가족할인을 받자

스마트폰은 1년 지나면 보조금 제한이 풀려서 저렴하게 구입이 가능하다. 뽐뿌 같은 사이트에 가면 오프라인매장보다 더 저렴하게 살 수 있는 특판 스마트폰이 나온다. 이렇게 구입하거나 중고 스마트폰을 구입한 다음에 알뜰폰 유심을 사서 등록하면 통신료만 연 36만 원이 절약된다.

매장에서 스마트폰을 사면 보통 2년 약정할인을 받고, 할부로 구입하는 경우가 많은데 할부이자가 연 6% 이상으로 꽤 높은 편이다. 구입 후에 직영대리점에 가서 할부금을 다 정리하자. 적금을 깨서라도 정리하는 것이 더 유리하다.

만약 가족끼리 한 통신사로 몰아서 가입하면 할인 혜택이 꽤 커진다. 스마트폰, 인터넷, TV를 가급적 한 곳으로 모으자. 가입 기간 및 인원 수가 충족되면 기본료 50% 할인 등의 대박이 기다리고 있다.

통신사는 주기적으로 바꾸자

통신사를 주기적으로 바꾸자. 기존 통신사를 유지하는 것보다 다른 통신사로 넘어갈 때 혜택이 크다. 인터넷, TV만 해도 3년 약정으로 가입하면 50만 원 정도의 혜택을 받을 수 있다. 우리 가족 휴대폰 통신사와 같이 넘나들면 가족할인과 가입혜택을 모두 받을 수 있다. 대략 연간 50만 원 이상의 비용이 절약된다.

🪙 부동산 수수료를 줄이는 방법

우리가 월세, 전세를 구하거나 집을 살 때 가장 흔하게 쓰는 방법이 부동산을 통해 구입하는 것이다. 나의 경우 집을 사고팔고, 세를 얻고 놓는 작업을 근 50회 넘게 한 것 같다. 그렇게 부동산 수수료가 차 한 대 가격 정도 들었다. 물론 자기 집이 있다면 필자만큼 수수료가 많이 들 일은 별로 없겠지만 2년마다 전세를 옮겨야 하는 처지거나, 투자를 해야 하는 사람은 이 수수료가 신경 쓰이는 금액이 분명하다.

서울 기준 매매의 경우 5,000만 원~2억 원은 수수료 상한요율이 0.5%로 한도가 80만 원이고 2~6억 원 사이는 0.4%가 상한요율이다. 임대차의 경우 5,000만 원 이하는 한도액 20만 원, 1억 원 이하는 한도액 30만 원, 1억 원에서 3억 원은 0.3%, 3억 원에서 6억 원은 0.4%의 부동산 수수료가 발생한다.

이런 법을 안다면 가급적 전세를 구할 때 500만 원이라도 깎아서 2억 원보다는 1억 9,500만 원, 6억 원보다는 5억 9,500만 원 이렇게 계약을 해야 중개수수료가 적게 든다.

중개사무소를 거치지 않고 집을 구하면 불안하지는 않을까? 물론 불안할 수도 있다. 중개사무소에 대해서 잘 모르는 경우라면 말이다. 하지만 중개사무소라고 해서 내가 부동산 사기를 당했다고 전액 보상해주지 않는다. 건당 1억 원의 보증보험은 들어 있지만, 만약 그 사기꾼이 한 건에 10명의 피해자를 발생시켰다면? 1인당 1,000만 원의 보상밖에 받지 못한다. 부동산을 너무 믿지 말자.

제일 편하고 좋은 방법은 법무사를 활용하는 것이다. 등기부등본을 떼보고, 전세권을 설정하고, 매매작업을 법적으로 문제없이 깔끔하게 처리하는 데 들어가는 법무사 비용은 30만 원 이내다. 집 가격이 비싸든 저렴하든 30만 원에 이 일을 처리할 수 있는데 많은 돈을 주면서 부동산에 맡길 필요가 없다. 물론 부동산에 일을 맡겨도 당일 법무사가 일을 처리해서 돈이 또 들어간다. 그냥 집 사고 팔 사람, 집주인과 세입자를 직접 구할 수만 있다면 이 중개수수료가 절약된다. 요새 직방, 다방, 피터팬방구하기, 지역부동산 카페 등을 활용하면 직거래로 매매, 전세, 월세를 쉽게 구할 수 있다.

중개사무소를 활용할 때는 중개사무소를 활용해서 집을 수수료보다 더 저렴하게 사거나 수수료보다 더 집을 비싸게 팔 수 있을 때다. 시세보다 저렴하게 사주고 비싸게 팔아줄 수 있는 능력 있는 중개사무소라면 충분히 수수료를 주고도 아깝지가 않다.

법무사 비용도 아깝다면 직접 셀프등기를 하는 것을 추천한다. 법무사 수수료 30만 원이 절약된다. 구청과 등기소를 왔다 갔다 하는 불편함이 있지만, 하루 일당이라 생각하고 직접 하면 쏠쏠한 수입이 된다. 이 경험이 나중 경매 투자에 도움될 수도 있으니 시간의 여유가 있다면 직접 해보는 것도 추천한다.

STEP 2. 절약신공으로 6개월 만에 1,000만 원 모으기

출산·육아비용 줄이기

출산과 육아비용은 쓰려면 한없이 쓸 수 있는 비용이다. '우리 아이를 위해서라면!'이라는 이유가 만능은 아니다. 무작정 좋은 육아용품, 유모차, 음식이 아이를 위한 것이라는 핑계를 멈추자.

진짜 아이를 위한다면 합리적인 물건을 사고 절약해서 아이에게 건물을 선물해주자. 그게 아이가 바라는 가장 좋은 선물이다. 그렇지 못하다면 절약하는 습관이라도 물려주자. 그러면 아이가 어른이 됐을 때 돈으로 고생 안 하고 부를 이룰 가능성이 더 커진다.

여기에 출산·육아비용을 줄일 수 있는 여러 방법을 소개하니 본인이 줄일 수 있는 부분은 비용을 줄여서 자녀 이름으로 적금통장 하나 더 만들어주자. 나라면 여기서 절약하는 비용으로 자녀 이름 주식을 사줄 것이다. 98년생 아이에게 삼성전자 주식을 300만 원어치 사서 줬다면 20년 뒤인 2018년에는 2억 원이 되어 있었을 것이다. 유모차 가격만 아껴도 자녀에게 전셋집을 하나 해줄 수 있다. 아끼자. 아끼는 만큼 부자가 될 가능성이 생긴다.

국민행복카드를 신청하자

임신 확인 후 산부인과에서 임산부 전산등록을 하면 카드를 발급한다. 단태아 50만 원, 다태아 90만 원, 임신/출산 진료비 지원, 의료·쇼핑·교육·육아·교통 등 할인 혜택을 제공한다.

보건소 활용하기

산부인과를 주로 많이 가지만 보건소로 가면 무료 검진 혜택이 다양하다(산전검사, 기본검사). 그리고 12주까지 엽산제, 20주부터는 철분제를 제공한다. 출산준비교실, 예방접종혜택도 받을 수 있으니 보건소를 적극적으로 활용해보자.

구립 산후조리원

일반 산후조리원은 가격거품이 심하다. 1,000만 원 넘는 산후조리원을 갔다더라는 말이 종종 들려온다. 이러지 말고 구립 산후조리원을 예약해서 들어갈 수만 있다면 품질 대비 저렴한 가격으로 만족도를 올릴 수 있다. 2주 200만 원 수준이라 매달 선착순 예약으로 경쟁이 치열하다.

의사 권유로 제왕절개 시

생명보험 특약으로 보험료 청구가 가능한 경우도 있으니 보험약관을 확인해보자.

출산지원금 신청

주소지의 주민센터에서 신청, 지역에 따라 첫째 포함 유무를 따지거나, 금액이 다르다. 아이사랑 홈페이지에서 확인할 수 있다.

셀프 돌잔치

일반 돌잔치 비용은 조촐하게 해도 풍선 20만 원, 돌상 20만 원이나 든다. 하지만 직접 한다면 돌상을 5만 원에 대여하고 액자, 소품, 헬륨풍선 40개 4만 원, 한복대여 2만 원으로 할 수 있다. 직접 성장 동영상 편집해서 상영하면 11만 원에 셀프 돌잔치를 할 수 있다. 이렇게 절약한 돈으로 아이에게 주식을 선물해주자. 돌반지보다 수익률이 더 높을 것이다.

육아비를 줄이는 자잘한 팁들
- 셀프 모빌 만들기
- 아이가 안 먹는 타사 분유 교환하기
- 신생아가 있으면 전기요금 1년간 30% 할인(월 16,000원 한도)
- 도서관 활용 : 연회비 1만 원에 장난감, 도서 대여 가능
- 아동복 공유서비스 : 인터넷에서 서로 사고팔고, 교환 가능
- 육아용품 중고거래 네트워크 가입하기(동네, 인터넷 카페 등)
- 다자녀 혜택 챙기기
- 인구보건협회에서 금융바우처 1만 원 받고 아이 통장 만들기

🪙 셀프 인테리어로 1,000만 원 아끼기

내가 셀프 인테리어를 배운 것은 우연히 19평짜리 소형 아파트를 사면서였다. 도배, 페인트, 문고리 교체, 욕실 교체(업체), 싱크대 리폼, 후드 교체, 조명 교체, 도어락 설치, 에어컨 설치를 하는 데 300만 원밖에 들지 않았다. 그런데 집은 아주 예뻐져서 월세를 5만 원 더 받을 수 있었다. 300만 원에 월세가 5만 원이 오르면 연간 60만 원이고 투자 수익률은 20%가 된다.

주변에서 신혼집 또는 노후집을 리모델링하기 위해 인테리어 업체에 문의를 많이 하는데, 정말 바가지 쓰는 행동이다. 인테리어 업체 사장은 인테리어를 하지 않는다. 양복을 입고, 사진을 보여주고, 테마를 정하면 다시 일감을 조명, 도배, 욕실, 싱크대, 미장업자들에게 일을 분배하고 스케줄을 짜준다. 그리고 자신이 지출한 비용의 2배를 청구한다. 3,000만 원이 리모델링 비용이라면 업자들에게 일일이 일을 맡기면 1,500만 원에 일할 수 있다. 여기서 자신이 직접 하면 인건비를 1,000만 원가량 줄일 수 있다.

즉, 본인이 하면 3,000만 원이 아니라 500만 원에 인테리어를 할 수 있다. 2,500만 원을 줄이는 마법이다. 물론, 약간 어설플 수 있다. 하지만 인테리어를 할 수 있는 기술을 익히게 된다. 집수리를 스스로 할 수 있다는 이야기다. 나중에 경매, 임대투자를 할 때 남보다 수익을 더 낼 수 있는 유리한 위치에 있게 된다. 셀프 인테리어를 해서 임대를 놓는 경매 투자자는 무조건 수익을 낼 수 있는 막강한 조합이다.

그럼 어디서부터 셀프 인테리어를 해볼까? 가장 쉬우면서도 인건비 절약이 많이 되는 것부터 해보자. 가장 추천하는 것은 셀프 도배다. 도배는 일반적으로 3명의 인부가 필요하다. 풀 바르는 사람, 잡아주는 사람, 붙이는 사람 이렇게 3인 1조로 움직이는데 인건비만 하루 50만 원이 넘는다. 도배지는 10만 원이면 사는데 말이다. 그냥 혼자 하자. 도와주는 가족이 한 명 더 있다면 더 없이 편하고 좋다. 풀 바른 벽지를 가장 좋은 것으로 사서 하면 집 전체를 하는데 20만 원이면 충분하다. 도배만 해도 인건비 100만 원을 절약할 수 있다. 도배지는 합지벽지와 실크벽지가 있는데 거실을 고급스럽게 할 때가 아니면 시공이 편한 합지벽지를 많이 한다. 요새는 합지벽지도 예쁘게 잘 나와서 거실도 합지벽지로 하는 경우가 있다.

구분	합지벽지	실크벽지
겹쳐 붙일 경우	상관없다.	나중에 뜨고 벌어진다.
가격	저렴하다.	비싸다.
디자인 색상	실크벽지에 비해 단조롭고, 질감이 가벼우나 최근 많이 좋아졌다.	화려하고, 질감이 좋다.
용도	방, 천장	거실 벽면

거실 아트월의 경우 타일이나 나무를 사면 비용이 많이 들므로, 고급 시트지를 붙이면 대리석 효과를 줄 수 있다. 생각보다 감쪽같고 스티커형식이라 간편하고, 비용이 저렴하다. 아트월을 시공하면 200만 원,

시트지로 붙이면 15만 원이다.

장판은 기술이 단순하고 힘이 많이 든다. 즉, 인건비가 많이 드는 작업이다. 도배업자에게 맡기면 쓰리룸 기준 도배장판 합 200만 원은 부른다. 재료만 사서 직접 하자. 도배, 장판 50만 원에 해결할 수 있다. 이때, 걸레받이나 몰딩도 하는데 재료만 사서 만능 톱으로 자르고 타카, 본드로 붙이면 반나절 만에 다 할 수 있다. 비용은 둘 다 해도 15만 원 이하로 든다. 업체에 맡기면 최하 50만 원 이상 줘야 한다.

싱크대는 교체하는 경우가 많은데 간단히 리폼을 해보자. 타일은 덧방작업(타일 위에 타일을 붙이는 것)을 하고, 문짝은 시트지를 붙여보자. 문고리는 최신 것으로 바꾸면 새로운 싱크대로 재탄생한다. 후드도 좋은 것을 사도 10만 원에 교체할 수 있다. 그러면 30만 원이면 새로운 싱크대가 된다.

욕실은 덧방작업에 배관교체가 들어가므로 욕실업체에 맡기는 것이 속 편할 수 있다. 150만 원 정도 하고, 욕실 2개를 동시에 하면 200만 원을 주면 된다. 만약 좀 더 절약하고 싶다면 변기, 욕조, 수전, 타일, 세면대는 직접 사놓고, 인력시장에서 타일업자를 보내달라고 하면 인건비 20만 원만 주고 일을 맡길 수 있다. 그러면 절반 가격으로 작업이 가능하다.

베란다나 방, 거실 벽면을 페인트로 시공하는 경우도 많다. 페인트는 장비만 좋으면 일반인도 전문가처럼 꾸밀 수 있다. 스프레이 형식으로 입자를 고르게 뿌리는 훅기는 넓은 면적을 고르게 분포하기가 좋고, 롤

러는 천장을 쉽게 페인트할 수 있다. 미세한 곳은 붓으로 칠한다. 마스킹테이프로 주변을 잘 막고, 색이 잘 받도록 젯소작업을 1회 해주고, 페인트를 칠하고 말리고를 2회 반복해주면 색이 예쁘게 나온다. 페인트가 주는 색감은 벽지보다 밝고 예쁘기 때문에 사진으로 찍으면 집이 정말 화사하다.

조명도 인터넷으로 사면 정말 예쁜 조명을 저렴하게 살 수 있다. 직접 달면 된다. 누전차단기만 잘 내렸다면 걱정 없다. 블로그 30분만 읽어보면 달 수 있으니 허튼데 돈 쓰지 말고, 예쁜 조명을 사는 데 쓰자.

문고리 교체, 도어락 교체, 콘센트 교체는 매우 단순하고 저렴하지만 집을 완전히 달라보이게 해준다. 도배와 같이 이뤄지면 새집처럼 보이기 때문에 꼭 하자.

셀프 인테리어를 할 때 중요한 점은 집을 망칠까 봐 걱정하는 것이다. 그러나 걱정하지 말자. 망치면 그때 기술자를 불러서 처리해도 된다. 어차피 들어갈 돈에서 손실 보는 돈은 재료비뿐이니까 과감하게 해보자. 실패해도 기술을 얻을 수 있고, 성공하면 절약까지 할 수 있으니 실제로 손해 보는 것은 없다.

🪙 연말정산으로 월급 한 번 더 받기

연말정산이란?

우리는 다달이 월급을 받을 때마다 소득세를 낸다. 그런데 월급을 자세히 보면 기본급뿐만 아니라 각종 수당이 붙어 있다. 그래서 우리가 매달 내는 소득세는 실제 소득보다 덜 내고 있다. 이제 연말이 지나고 나면 1년 총소득을 알았으니 기본급, 수당, 보너스에 대한 모든 소득에 대해서 최종 세금을 매기는 것이다. 그래서 연말정산을 하면 세금을 당연히 더 내게 된다. 못 돌려받는다고 화내지 말자. 당연한 일이다.

다만 우리나라는 근로자에게 소득공제와 세액공제라는 혜택을 주고 있다. 대부분의 근로자 연봉은 어느 범위 내에 정해져 있고, 상당 부분을 먹고 살기 위해 쓰기 때문에 세금을 감면해주는 제도다. 월급의 대부분이 카드값, 교육비, 월세, 대출이자로 나가고 나면 실제로 모은 돈은 얼마 없게 된다. 그만큼 경제 활성화에 힘썼기 때문에 세금도 줄여주는 것이 맞다.

소득공제는 연봉을 깎아주는 방식이다. 예를 들어 신용카드로 300만 원 소득공제를 받았다면 연봉 4,000만 원인 사람이 연봉 3,700만 원인 것으로 보고 300만 원에 대한 소득세를 돌려주는 것을 말한다. 고소득자일수록(연봉 4,600만 원 초과) 소득공제로 받는 것이 유리한데 연봉이 높아질수록 세율이 올라가기 때문이다.

* 소득공제종류 : 신용(15%)/체크카드/현금영수증(30%), 인적공제, 기본소득공제, 청약저축, 대출이자

소득공제 팁
- 주택청약종합저축 활용 : 월 20만 원까지 납입, 40% 공제, 최대 96만 원 공제 가능, 무주택자일 경우만 해당
- 주택담보대출 활용 : 구입 3개월 내 대출, 1주택자, 기준시가 4억 원 이하, 고정금리, 15년 이상, 비거치식일 경우 최대 1,800만 원까지 소득공제
- 전세대출 활용 : 전용 85㎡ 이하, 무주택자, 주택청약종합저축액+전세대출원리금상환액 40% 공제, 300만 원 한도
- 신용카드는 연봉 25%까지 사용, 이후 금액은 체크카드와 현금영수증 활용하기, 전통시장&대중교통은 40%까지 공제, 공제 한도 600만 원(기본 300만 원+전통시장 100만 원+대중교통 100만 원+도서공연 100만 원), 소득 적은 가족에게 몰아주기

과세표준구간별 세율

과세표준 구간	세율	산출세액 계산
1,200만 원 이하	6%	과세표준의 6%
1,200만 원 초과 ~ 4,600만 원 이하	15%	72만 원 + 1,200만 원 초과 15%
4,600만 원 초과 ~ 8,800만 원 이하	24%	582만 원 + 4,600만 원 초과 24%
8,800만 원 초과 ~ 1억 5,000만 원 이하	35%	1,590만 원 + 8,800만 원 초과 35%
1억 5,000만 원 초과 ~ 5억 원 이하	38%	3,760만 원 + 1억 5,000만 원 초과 38%
5억 원 초과	40%	1억 7,060만 원 + 5억 원 초과 금액의 40%

세액공제는 소득 과세표준구간에 상관없이 자신이 낸 금액을 일정 비율로 돌려준다. 예를 들어 월세소득공제는 자신이 낸 월세의 10%를 세금에서 돌려받게 된다(연봉4,800만 원 이하는 12%). 그래서 세액공제는 저소득자에게 유리한 방식이다. 최근에는 세액공제 항목이 계속 늘어나는 추세로 연금저축, 의료비, 기부금, 보험료, 교육비, 월세 등이 세액공제에 해당한다.

세액공제
- 소득이 높다면 연금계좌공제 활용, 과세표준 5,500만 원을 기준으로 12%, 15% 세액공제(납부 한도 : 연금저축 400만 원+퇴직연금(IRP) 300만 원)
- 보험료는 100만 원까지 12% 공제(최대 12만 원)
- 의료비는 소득이 낮은 배우자가 지출하기, 가족합산(연봉 3% 초과액부터 15% 공제)
- 본인 대학원 수업료 15% 공제
- 월세는 12% 공제(연 소득 5,500만 원 이하) 10% 공제(연 소득 5,500~7,000만 원)
- 기부금은 15% 공제, 종교단체 기부금은 근로소득금액의 10% 한도까지

연말정산 간소화 서비스로 간편하게

예전에는 연말정산을 받으려면 이를 입증할 수 있는 자료를 본인이 다 모아야 했다. 하지만 이제는 신용카드 사용 및 전산등록으로 대부분

의 정보가 국세청에 보관되어 있다. 그래서 연말정산 시즌이 되면 홈텍스라는 사이트에 들어가서 공인인증서로 로그인만 하면 대부분의 연말정산 기록을 쉽게 다운받을 수 있다. 그래서 여기에 있는 PDF 파일을 몇 개 다운받아 출력하고, 등본 정도의 서류만 회계담당자에게 주면 알아서 처리된다.

편리하지만 연말정산에서 매번 실패하는 이유기도 하다. 과연 모든 자료가 국세청 기록으로 들어갔을까? 스스로 챙기지 않으면 돌려받지 못하는 돈들이 많다. 월세의 경우 임대차계약서와 통장사본을 제출해야 인정받을 수 있고, 청약통장의 경우도 은행에 가서 무주택확인증을 받지 않으면 전산등록이 되지 않는다. 그런데 주변에서는 잘 가르쳐주지 않는다. 귀찮고 얼마 되지 않기 때문이다. 물론 물어보는 사람도 별로 없다.

내 돈은 내가 아는 만큼 돌려받는 것이 세금의 영역이다. 재테크 초보일 때는 절약/저축, 중수로 가면 투자/대출/수익률, 고수로 가면 세금으로 귀결된다. 굳이(!) 애국자가 되지 말자. 수고스럽더라도 돌려받아서 가족들을 위해 작은 선물을 하나씩 해보자.

[보너스트랙]
소소하지만 확실한 용돈 벌기

1. 취미사진으로 돈 벌기

- 스톡사진 : 광고나 출판업계에서 사용하는 대중적인 사진
- 전 세계시장 8조 원 규모(2013년 기준)
- 일본의 한 작가는 나뭇잎 사진으로 20억 원을 벌었음
- 고가시장과 저가시장으로 구분되나 저작권 강화로 저가 사진 성장이 급증
- 수익체계 : 기본 한 장에 12,000원에 판매되어 작가에게 1,000~2,000원 정도 지급, 전 세계 대상으로 판매하므로 초보자도 월 500장 판매 가능
- 수익률 높이는 방법 : 한 사이트에 독점으로만 올리면 수익배분율이 높아짐, 트렌드에 맞는 사진 올리기
- 사진규격 : 스마트폰보다는 DSLR 카메라가 적합
- 실천방법 : 출퇴근 시간을 이용, 일상의 사진들을 찍자. 꽃, 하늘, 도시, 노을, 유행하는 음식 찍기
- 장점 : 출퇴근 시간이 지루해지지 않는다. 스트레스 해소

2. 영상으로 돈 벌기

- 학생들 희망직업순위 1위가 1인 크리에이터
- 대부분 취미로 영상을 찍고, 편집해서 올리나 수입이 되지는 않는 편
- 전업으로 영상을 꾸준히 올리고, 구독자가 10만 이상 되어야 전업을 고려할 수준이 된다.
- 은퇴 후 농사, 요리, 바둑 등의 콘텐츠를 해보는 것도 추천
- 내가 좋아하는 주제를 꾸준히 올리는 것이 중요
- 영상도 저작권이므로 여행을 다녀온 영상을 판다면 수익 창출이 가능

3. 강아지 돌봐주고 용돈 벌기

- 애견호텔비용 : 소형견 3만 원, 대형견 5만 원
- 펫시터서비스 : 주인을 대신해 반려동물을 케어해주는 돌보미
- 위탁 펫시터(내 집) : 사람을 잘 따르고 수시로 케어가 필요한 강아지 위주
- 방문 펫시터(의뢰인 집) : 먹이 주거나 산책, 고양이 위주
- 자격요건 : 반려동물 키운 경력, 반려동물관리사 자격증 우대
- 해야 할 일 : 산책, 목욕, 사진 및 영상 전송
- 비용 : 1일 소형견 1만 원, 대형견 2만 원 정도
- 등록방법 : 애완동물 커뮤니티 사이트 활용

4. 블로그에 광고 달기

- 블로그 가입형
  장점 : 활성화하기 쉽다. 초보자도 이용이 쉽다.
  단점 : 광고수익이 적다.
- 블로그 설치형
  장점 : 광고수익이 높은 편이다.
  단점 : 노출이 어렵다. 프로그래밍 지식이 필요(디자인)
  컨셉잡기 : 대중성(맛집, 상품 후기) vs 전문성(마니아, 정보)
  수익체계 : 블로거 체험단 활동(협찬을 받고 후기 리뷰), 블로그 기부금
  깨알팁 : 외국사 홈페이지에 영어로 블로그 쓰고 광고 달기
  (전 세계를 대상으로 광고수익 가능, 영어공부 가능)
  꾸준히 글을 쓰는 것이 중요, 이웃과 교류, 전문성 키우기, 독창성 갖기, 욕심내지 않기

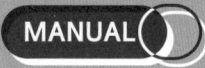

STEP 3.
보험을 믿느니 차라리 대출을 믿자

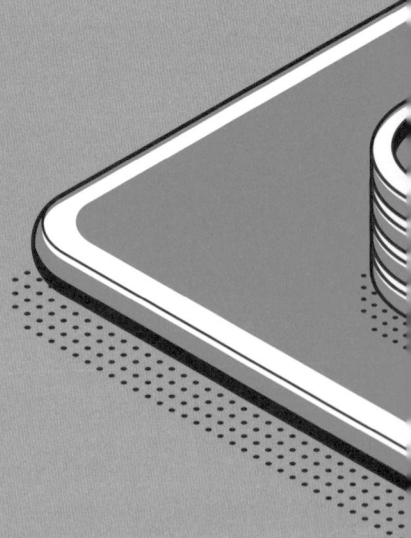

STEP 3.
보험을 믿느니 차라리 대출을 믿자

없는 것이 더 나은 연금보험

'보험은 왜 생겼을까?'라는 생각에 질문을 던지면 어떤 보험에 들고 말아야 할지에 대한 답이 나온다. 보험은 예기치 못한 악재가 벌어졌을 때, 큰 손실을 막기 위해서 만들어진 것이다. 공장에 불이 나서 재산상 큰 손실을 막기 위한 화재보험이나 열심히 일하는 가장의 갑작스러운 사망으로 가족의 생계가 어려워지는 상황을 막기 위한 생명보험, 큰 병에 걸려 치료비를 마련하기 어려운 사람을 위한 질병보험 등이 진정한 의미의 보험이라고 볼 수 있다.

그런데 요즘은 보험으로 투자를 한다. 투자는 투자고 보험은 보험이지 보험이 투자가 될 수 없다. 보험회사가 투자 전문가가 아니기 때문이다. 투자는 투자를 가장 잘하는 기관에 돈을 맡기면 된다.

그러면 보험회사는 왜 연금보험, 변액보험이란 투자 상품을 만들어내는 것일까? 고객의 돈을 불려주겠다는 정의감 때문일까? 정체된 보험 판매에 새로운 돌파구를 위해서일까? 아마 후자일 가능성이 더 클 것이다. 거기에 방카슈랑스라고 은행창구를 통해서 보험을 판매하면 상품에 대한 신뢰도와 매출급증을 기대할 수 있다. 그런 이유에서 수많은 사람이 투자 성격의 보험상품을 구입했다. 그리고 많은 사람이 중도해지 또는 투자 손실로 돈을 잃었다. 그렇게 주변에서 돈을 잃는데도 세액공제라는 무기로, 높은 수익률이라는 미끼로 꾸준히 팔려가고 있다.

유혹적인 빛 뒤에는 항상 어두운 그림자가 있다. 근로자에게 세액공제 혜택을 주지만 공무원연금, 군인연금같이 연금고수령자는 종합소득세로 혜택보다 손실이 더 클 수도 있고, 중도해지 시에는 대부분 원금을 못 돌려받을 수도 있다. 높은 수익률이라지만 기본이 보험이기 때문에 보험사업비를 떼고 남은 돈에서 이자를 주는 구조다. 즉, 실제 이율은 그렇지 못하다. 게다가 그 보험사업비를 초반에 과도하게 떼어가서 고객들이 중도해지를 해도 돌려받을 돈이 없게 만든다. 은행 3년 적금 중도해지율이 48%인 점을 생각해볼 때, 보험사의 이런 상품은 정말 환상적인 사업임이 분명하다.

간단하게 생각하자. 보험사는 자선사업이 아니다. 고객과의 확률게

임을 통해서 수익을 내는 기업이다. 위험도가 높은 고객은 받지 않고, 위험이 낮은 고객을 넓히면 수익이 난다. 그리고 상품구조를 복잡하게 만들어서 고객이 이 가격이 적당한지 산출하지 못하게 만들면 더 비싸게 팔 수 있다. 이런 사업상품을 만드는 데 수많은 천재가 동원된다. 그렇게 수익을 내서 직원들 월급을 주고, 수당을 주고(월 납입료의 3~7배), 임대료, 주주 배당을 하고도 이익을 남긴다.

보험료 산정식

보상금액 × 1/n(사고확률) + @(회사이익) = 납입보험료

이런 비슷한 사업모델을 가진 업종이 있다. 바로 카지노 업계다. 잭팟금액에 확률을 넣고, 회사의 이익을 더하면 게임비가 나온다. 고객이 게임을 하면 할수록 확률에 수렴해지므로 돈을 벌 수 없다. 그래서 카지노 업체 수익보고서를 보면 매년 안정적인 수익을 기록한다.

이런 게임에는 가입자로 들어가지 않는 것이 가장 좋다. 일부러 사고를 낼 작정이 아니라면 말이다. 아니면 가입자가 유리한 확률을 가지고 있거나 필수적으로 가입해야 하는 보험만 드는 것이 최선이다.

🪙 보험가입이 유리한 경우

보험에 가입하는 것이 유리한 사람들이 분명 존재한다. 영화 소재처럼 생명보험에 가입하고 몇 년 뒤 자살을 기획하는 사람이 아니더라도 보험을 가입하는 것이 유리한 사람들이 있다. 몇 가지의 경우를 보고 자신은 여기에 해당하지 않는지 한번 살펴보자.

질병유전을 가지고 있는 사람들

질병의 원인에는 여러 가지가 있지만 유전도 한몫하고 있다. 부모가 가진 질병을 자녀가 앓는 경우를 흔히 볼 수 있다. 그래서 부모가 가진 질병을 자녀는 질병이 발현되지 않았더라도 조심하고 경계하며 살아야 한다. 이런 경우 보험에 가입해두면 심리적인 불안과 금전적인 리스크를 해결해줄 수 있다. 질병에 걸리든 안 걸리든 고객이 유리하다.

하지만 보험사는 부모의 질병 기록까지 조회할 수 없다. 당사자의 부모가 친부모인지 재혼부모인지 양부모인지 조회가 되지 않는다. 그래서 가입거절을 할 수 있는 명분이 없다. 대신 질병이 나타나는 시기를 아무도 알 수 없기에 언제 가입하는지가 중요하다. 질병기록이 뜨면 가입이 거절되기 때문에 가급적 빨리 가입하는 것이 좋다.

질병발생이 급증하는 상품

보험사는 수익이 나는 상품은 절대 판매를 중단하지 않는다. 그럼 왜 보험판매를 중단하려고 할까? 보험사가 손실을 입기 때문이다.

그럼 이상한 점이 생긴다. 그렇게 똑똑한 사람들이 상품구조를 만들었는데 왜 손실이 난다는 걸까? 이유는 하나다. 해당 질병 또는 사고 발생률이 급증하기 때문이다. 이런 경우 기존의 보험을 없애고 새로운 구조로 보험상품을 만들어 판매하는 것이 유리하다.

새로운 구조는 단순하다. 고객들이 보험료를 더 내고, 덜 받게 하는 것이다. 대표적인 예가 암보험이다. 10년 전만 해도 암보험료는 매우 저렴했다. 만 원 이하 상품이 넉넉했고, 보장도 넉넉했다. 그런데 암 발생률이 급증하기 시작했다. 보험사가 상상한 것보다도 더 빨리 증가하고 있다. 그래서 보험사가 손실이 발생하자 판매를 중단하고 보험료를 올리고, 보장을 줄이는 암보험 시즌 2를 출시했다. 그리고 또 손실을 봤다. 암 발생률이 계속 증가하기 때문이다. 그래서 또 판매를 중단하고 암보험 시즌 3가 나온 상태다. 그 사이 보험료는 3배 이상 상승했고, 보장은 절반 이하로 줄었다.

만약 예전에 가입한 암보험이 있다면 꼭 붙들고 쭉 가야 한다. 이런 비슷한 사례의 보험이 많은데 의료실손보험이다. 진료비, 수술비 대부분을 보상해주는 보험인데 의료비가 증가하고, 나이롱환자 증가, 8만 원이 넘는 도수치료 등 비싼 의료서비스들이 등장하면서 보험사의 수익이 망가지기 시작했다. 그래서 보험료가 상승하고, 도수치료는 제외 또는 옵션을 들게 하거나, 가입자 만기를 100세에서 80세로 낮추는 등의 상품이 나오고 있다.

80세 만기와 100세 만기는 엄연히 다르다. 우리가 젊어서는 병원에 잘 가지 않지만 노후에는 병원의 신세를 많이 지기 때문이다. 특히, 80세 이후는 병원의 혜택을 크게 보는 때인데 이때가 되면 보험적용이 되지 않는다고 생각하면 된다. 수입은 적고, 의료비는 과하게 나오는 시기므로, 가지고 있는 보험 중 100세 만기 상품이 있다면 꼭 유지하도록 하자. 당신이 보험사와 게임에서 이긴 것이다.

상속세를 줄이려는 경우

생명보험이라 불리는 정기보험은 상속에도 도움이 된다. 2억 원 한도까지는 상속세를 줄이는 용도로 많이 쓰인다. 대신 가입자와 수령자, 피상속인이 잘 설정되어야 한다. 가입자와 보험금 수령자는 자녀, 피상속인(사망자)은 부모로 되어 있으면 사망보험금이 자녀에게 입금되고, 이는 상속세가 발생하지 않는다. 주로 상속받은 자산이 부동산일 경우 상속세를 낼 현금이 없어 난감할 경우가 많은데 이렇게 받은 보험료로 상속세를 납부하면 수월하게 해결할 수 있다.

💰 보험료 절약하는 방법

필요한 보험만 가입하자

일반적으로 필요한 보험은 확률이 높은 의료실손보험과 암보험이다. 이 두 가지가 있으면 어느 정도 질병은 다 보장이 된다. 물론, 특수한 질병에 걸릴 확률이 존재하고 이에 대한 보장이 안 되긴 하지만 확률이 희미한 질병까지 보험에 의존하면 안 된다. 차라리 나머지 것들은 모아둔 자산을 처분해서 치료비를 댄다고 생각하고, 보험은 심플하게 가야 한다. 여기에 본인이 걸릴 확률이 높은 보험들이 있다면 특약으로 추가하거나 따로 가입하면 된다.

최고의 타이밍에 가입하자

너무 일찍 보험에 가입하면 병원에 가지도 않는데 애꿎은 보험료만 발생한다. 반대로 너무 늦게 가입하면 질병기록, 연령 등의 이유로 보험 가입이 거절된다. 그럼 언제 보험을 가입해야 가장 유리할까?

보험사 직원이 말하는 가장 좋은 타이밍은 지금이라고 하지만 진짜로 가장 좋은 타이밍은 40세 직전으로 본다. 몸이 서서히 고장 나기 시작하는 나이는 40대부터다. 질병기록이 나타나면 실손보험 등 가입이 안 되기 때문에 이때 가입하는 것이 좋다. 꼭 40세에 가입할 필요는 없고, 본인의 건강 등에 따라서 가입 시기를 일찍 당기면 된다. 갑자기 찾아오는 병도 있지만 많은 병은 이미 전조증상이 있다. 본인이 병치레가 잦다면 미리 보험을 가입해서 심리적, 경제적 안정을 취하는 것이 좋다. 50세 이후부터는 치아에 많은 돈이 들어간다. 임플란트 하나만 해도 100만 원이기 때문에 금전적인 부담이 있는 사람들은 50세 이전에 치아보험에 가입하는 것이 좋다.

늦게 가입하면 보험료가 오른다고 겁 주는 경우가 많은데 요새 많은 보험들, 특히 보험사 손실이 심했던 암보험과 의료실손보험은 대부분 갱신형 상품이다. 어차피 나이가 먹으면 보험료가 오르는 구조로 늦게 가입했다고 해서 손해를 보는 것이 없다.

다이렉트보험, 우체국보험으로 가입하자

어차피 가입해야 할 보험이라면 저렴하게 하자. 보험료는 말을 잘한다고 해서 깎아주지 않는다. 그래도 할인받아 가입하고 싶은 것이 고객의 마음이다. 다이렉트보험으로 가자. 보험가입했다고 선물과 친절함을 제공해주는 정은 없지만 보험설계사 인건비가 빠지기 때문에 보험료가 조금 더 저렴하다.

우체국보험도 괜찮다. 우체국이라는 곳이 수익을 내는 곳이 아닌 국가기관이므로 좀 더 저렴하고, 보험처리도 유연하다. 보험가입만큼 중요한 것이 보험처리다. 보험처리에서 골머리를 앓는 경우가 있는데 여러모로 생각해보면 우체국이 편하다.

자체보험통장을 만들자

개인적으로 추천하는 것은 자체보험통장이다. 본인도 의료손실보험, 암보험 외에는 자체보험통장을 만들어서 활용하고 있다. 매달 소득의 5% 정도는 따로 통장을 하나 만들어 보험통장이라고 부르고 있다. 비상금통장으로 불리기도 한다.

일반적으로 비상금통장은 일정 금액을 집어넣고 더는 돈을 넣지 않지만, 보험통장은 매달 수입의 5%를 넣는다는 점이 다르다. 내가 아프지 않다면 여기 돈이 계속 늘어난다. 그러다가 일정 금액 이상 되면 그대로 통장에 돈을 모셔두는 것이 아니라 소형아파트 등을 구입해서 임대소득을 발생시킨다. 그럼 내 자체 보험통장은 스스로 돈을 벌어오는 통장이 된다. 보험사가 말하는 변액보험이 되는 셈이다. 혹시 의료비로 돈을 사용하게 되면 이 통장에서 돈을 꺼내 쓴다.

확률값을 생각했을 때는 애꿎은 돈을 보험사에 주느니 보험통장에 돈을 넣는 것이 더 이득이다. 이렇게 조절하다 보면 은퇴 시기에 이 통장에 돈이 꽤 쌓이게 되고, 노년에 의료실손, 암 치료 비용이 아닌 나머지 비용을 이 통장에서 활용하면 된다.

보험도 공동구매하자

뭐든지 공동구매하면 개별로 살 때보다 저렴하다. 보험도 특판이나 공동구매를 노리면 저렴하게 구입할 수 있다. 대표적인 것이 직장단체보험이다. 직장에서 실손의료보험, 생명보험, 암보험 등을 단체로 가입하는 경우가 있다. 비용이 저렴하고, 질병기록이 있어도 가입이 되는 등 고객에게 유리하다. 그러므로 이런 기회가 있다면 가입해두는 것이 좋다.

다만 직장단체보험도 단점이 존재한다. 은퇴 후에는 이 보험이 사라진다는 것이다. 60세에 보험을 가입하려면 가입이 거절되는 경우가 많다. 그래서 초반에는 이 보험을 활용하다가 어느 정도 나이가 되면 민간보험으로 갈아타는 것이 좋다.

최근에는 직장보험을 민간보험으로 전환하는 제도를 도입한다고 한다. 이런 제도가 도입된다면 보험료를 줄일 수 있는 최고의 방법이 될 것으로 보인다.

💰 월세 말고 빚내서라도 전세

대출이 나쁘다는 생각을 버리는 것이 재테크 초보를 벗어나는 길의 첫 단계다. 대출을 많이 받으라는 것은 아니다. 다만 빚에는 좋은 빚과 나쁜 빚이 있다는 점을 명심하길 바란다. 나쁜 빚은 여러분이 잘 알고 있는 도박 빚, 고가 물건을 사기 위해 지는 빚, 생활비가 부족해서 지는 빚 등이다. 이런 빚들의 공통점은 빚이 정말 빚으로 남는다는 점이다. 빚을 져서 그 돈으로 수익을 발생시키는 것이 아니라 산 물건은 사라지고, 빚은 남고, 이자는 매달 발생하는 최악의 빚이다. 이런 빚은 정말 피해야 한다. 이자를 갚는 만큼 저축할 돈이 사라지고, 빚을 다 갚을 때까지 종잣돈은 모을 수가 없게 된다.

좋은 빚은 수익을 주는 빚이다. 예를 들어 빚을 져서 작은 원룸을 구입했다고 치자. 은행이자가 매년 1,000만 원이 나가지만 월세가 매년 3,000만 원이 들어온다면 이자를 갚고도 연간 2,000만 원의 이익이 발생한다. 만약 빚을 져서 원룸을 사지 못했다면 2,000만 원의 추가 수익을 기대할 수 없다. 이렇게 추가 수익을 내기 위해서 빚은 사용되어야 한다. 예를 들어서 택시기사가 2,000만 원의 빚을 져서 택시를 사고, 매달 400만 원을 번다면 꽤 좋은 선택이 된다. 택시는 보통 4년마다 교체하는데 1년에 500만 원, 1달에 40만 원 정도의 빚으로 360만 원의 초과 수익이 생기기 때문이다.

단, 좋은 빚이 나쁜 빚이 될 수도 있다. 수익이 날 줄 알았는데 안 나는 경우가 발생할 수도 있다. 원룸에 공실이 늘어서 이자도 못 갚는 수준의 월세만 들어오거나 택시영업이 잘 안 되면 좋은 빚인 줄 알았던 빚이 나쁜 빚으로 바뀌게 된다.

그래서 빚을 사용할 때는 사업판단을 잘해야 하고, 안정적인 투자에만 활용되어야 한다. 그래서 빚을 활용할 수 있는 투자처가 마땅치가 않다. 변동성이 심한 주식을 빚내서 한다면 이는 문제가 있다. 빚을 내서 식당을 차리는 것도 매우 위험하다. 자영업만큼 잘 망하는 업종도 없기 때문이다.

그래도 가장 안정적인 좋은 빚은?

제일 추천하는 빚은 전세자금대출이다. 월세를 내야 하는 상황이라면 차라리 빚을 져서 전세를 구하자. 요즘 전월세 시장의 추이를 보면 같은 집이라도 전세대출이자가 월세의 절반도 안 되는 경우가 많다. 이를 역으로 말하면 투자자 입장에서는 전세를 놓는 것보다 월세를 놓는 것이 유리하고, 세입자 입장에서는 빚을 내서라도 전세로 들어가는 것이 더 유리하다.

특히 저소득층, 신혼부부들은 전세대출이자가 더 저렴하므로 귀찮더라도 이를 적극적으로 활용해서 불필요한 지출을 막자. 게다가 전세자금대출의 가장 큰 무기는 대출이자와 원금이 소득공제가 된다는 점이다. 이런 것을 생각하면 실제 내게 되는 대출은 더욱 줄어들게 된다. 국가에서 전세를 장려할 때 전세를 살면 된다. 월세도 10~12% 세액공제를 해주지만 실질적인 혜택은 전세가 더 크다. 다만, 전세자금대출은 집주인 동의가 필요하고 공인중개사를 통해서 계약해야지만 대출이 승인 가능하다.

전세자금대출 정보

1. 버팀목 전세자금(국민주택기금)

가. 조건
- 세대주, 세대원 모두 무주택자
- 수도권 3억 원 이하, 지방 2억 원 이하, 전용 85㎡ 이하
- 소득 부부합산 5,000만 원 이하(신혼부부, 혁신도시 6,000만 원)

나. 한도
- 수도권은 전세금 70%까지, 1억 2,000만 원 한도 내
- 지방은 8,000만 원까지 가능

다. 특징
- 소득이 낮을수록 대출이율도 낮아짐
- 조건이 까다로운 편

3. 일반 전세자금 대출
- 금리가 버팀목 대출보다 높은 편
- 조건이 덜 까다롭고 한도가 높다.
- 전세금의 최대 80%까지 대출 가능

🪙 투자 고수는 대출을 활용한다

대부분은 대출을 꺼린다. 대출이라고 하면 나쁜 빚이라고 생각하거나 빚 때문에 고생한 사람들의 이야기를 떠올리게 된다. 하지만 누구나 알게 모르게 빚을 지고 있다. 자동차를 할부로 구입하는 것도 빚이고 통신요금, 스마트폰 구입도 빚인 경우가 많다. 집을 살 때도 은행의 대출을 받아 사고, 신용카드 쓰는 것도 빚이다. 실제로 성인 중 빚을 안 지고 사는 사람은 거의 없다. 우리가 못 느끼고 있을 뿐이다.

이렇게 대출은 누구나 쓰고 있다. 대출을 만들지 않으려고 애쓰기보다는 대출을 건전하고 잘 활용하는 방법을 배우는 것이 앞으로 인생을 위해 더 나은 판단이다. 재테크 고수 중 대출을 쓰지 않는 사람은 거의 없다. 대출을 통하면 부를 쌓는 속도가 몇 배로 빨라진다. 최근 몇 년간 전세 끼고 집을 샀던 사람들이 대출을 극대화해서 부를 쌓은 사람들이다. 갭 투자에 대해서 긍정적인 시각, 부정적인 시각은 다 제외하고 대출 측면에서만 보면 그들은 대출을 극대화한 사례다. 이게 무슨 소리냐는 말을 할 수도 있겠지만, 세입자의 전세보증금은 일종의 무이자 대출이다. 무이자로 돈을 빌려서 집을 사고, 집 가격이 오르면 돈을 버는 것이 갭 투자다. 최근 몇 년간은 전국의 아무 아파트나 사도 가격이 무섭게 오르는 시기였다. 2년짜리 무이자대출을 통해 부를 일군 이들이 많다. 간단한 원리다. 1억 원짜리 아파트를 전세 9,000만 원을 끼고 단돈 1,000만 원만 주고 산다. 그다음 1년 뒤에 아파트 가격이 1,000만 원이 오르면 실제로는 1,000만 원을 투자해서 1,000만 원을 벌었으니 100% 수익률로 볼 수 있다.

물론 나는 거기에 참여하지 않았다. 이 투자법에도 문제점이 하나 있다. 전세가가 하락하는 경우다. 전세 가격이 하락하면 다음 세입자를 구할 때 하락한 가격만큼 집주인이 감당해야 한다. 갭 투자자는 집이 몇 채씩 있으니 집을 한두 채 팔아서 전세 하락을 방어할 수 있다고 생각하는데 여기서 오류가 하나 있다. 부동산 불황이 오면 전셋값 하락은 전국이 동시에 오고 매매조차도 쉽지 않다. 집이 팔리지 않으니 돈을 줄 수가 없고, 돈을 주지 못하면 세입자가 경매로 집을 넘길 수 있다. 경매물량이 늘어나면 기존 집 가격은 더 내려가고 팔리지도 않는다. 그 순간이 오면 무섭게 수익을 낸 만큼 무섭게 손실을 낸다. 부동산은 주식처럼 한순간에 정리가 쉽지 않다. 세금 문제다. 그래서 빠른 대처도 쉽지가 않다.

잠시 갭 투자에 대해서 설명했듯이 대출을 통한 투자는 높은 수익률을 주지만 높은 손실을 안겨주기도 한다. 그래서 많은 사람이 대출로 투자하다가 손실을 많이 봤다. 내가 만나본 대부분의 투자자들은 투자 지식이 단편적이고 시야가 좁았다. 부동산 투자자가 부동산 불황이 오고 있는지도 예측을 못 하는 경우가 부지기수고, 주식을 하면 안 되는 시기에도 주식으로 수익률을 내려는 미련한 사람들이 대부분이었다.

내가 초보자에게 추천하는 대출활용법은 월세 투자다. 공실이 쉽게 나지 않는 교통요지에 수익률이 10%쯤 나오는 물건을 대출받아서 사면 월세를 받아 대출이자를 쉽게 갚을 수 있다. 반대로 대출이자보다 월씬 높은 월세가 들어온다. 공실만 나지 않는다면 주거용 월세는 크게 떨어지지 않으므로 리스크도 적은 편이다. 대신 큰돈을 벌 수 있는 구조는 아니다. 그래서 부동산 매매가가 크게 오르는 시기에는 별로 인기가 없다. 아파트 가격이 핫하면 원룸이 인기가 없는 원리다.

그래도 대출을 쓸 때 가장 중요한 것은 꾸준히 수익을 내줄 수 있는 안정적인 투자인가를 확인하는 것이다. 그러면 대출을 써도 좋다. 한 번에 큰 수익은 못 내도 안정적인 회사에 투자해서 꾸준한 수익을 올려 세계 2위 부자가 된 사람이 있다. 워렌버핏이다. 그가 그 자리에 오를 수 있었던 것은 급등하는 주식들을 사지 않아서 폭락 때 피해를 받지 않았기 때문이다. 부자가 되는 방법은 정말 다양하다. 땅, 주식, 갭 투자, 채권, 경매, 유튜브, 공매 등 방법은 많은데 오래간 사람은 거의 없다. 다 한때 그 순간만 돈을 벌고, 그 돈을 유지했는지 잘 사는지 잊힌 사람들이 너무 많다. 우리가 재테크를 하는 이유는 한탕을 하려는 것이 아니라 꾸준하게 돈을 벌어서 끝까지 살아남기 위해서임을 잊지 말자.

신용등급을 높이면 이자가 줄어든다

빌리는 돈이 똑같은데 같은 이자를 낼 거란 생각을 하면 오산이다. 1억 원을 연 3% 이자로 돈을 빌린 사람은 월 25만 원의 이자만 내면 되지만 연 6%의 이자로 빌리는 사람은 월 50만 원의 이자를, 연 9%의 경우는 월 75만 원의 이자를 내야 한다. 즉, 얼마나 많은 돈을 얼마나 저렴하게 빌릴 수 있는지도 능력이다.

국가들도 마찬가지다. 잘 사는 선진국은 국가채권을 발행해서 저렴한 이자를 주고도 외국에서 돈을 쉽게 구할 수가 있지만, 개발도상국은 높은 이자를 주고 채권을 발행해야 돈을 빌려올 수 있다. 열심히 돈을 벌어도 비싼 이자를 주고 나면 실제로 돈을 버는 것은 투자자들이다.

사업자가 돈을 제일 저렴하게 빌릴 방법은 집을 담보로 돈을 빌리는 것이다. 이게 가장 저렴하다. 사업을 하거나 프리랜서의 경우 수입이 일정치가 않기 때문에 은행에서 직장, 연봉을 보고 돈을 빌려주는 신용대출은 비싼 이자를 물리고, 대출금액도 얼마 해주지 않는다. 이런 경우 빚을 내서 투자하는 것은 금물이다.

반대로 직장인의 경우 직장에 따라 신용대출이 저렴하게 나오는 경우가 있다. 한도도 넉넉하게 나온다. 이를 가지고 투자에 모자란 돈을 충당할 수 있다. 이자가 저렴해서 투자 수익으로 이자를 내고도 돈이 남는다.

하지만 같은 직장, 같은 연봉이어도 서로의 이자가 차이가 나는 경우가 있다. 신용등급이다. 우리는 카드, 휴대폰, 할부 등을 사용하면서 알게 모르게 신용점수를 쌓아가고 있다. 이 신용점수가 높을수록 이자는 더 저렴해지고, 빌릴 수 있는 돈은 더 커진다. 그래서 신용을 잘 쌓아두면 언젠가 도움이 된다.

신용이 좋을 때는 모르겠지만 신용이 나빠지면 불편한 일이 생긴다. 우선 OO은행이라는 1금융권에서는 돈을 빌릴 수가 없고, OO저축은행 같은 2금융권, 또는 OO캐쉬 같은 3금융권에서 비싼 이자를 물고 돈을 빌려야 한다. 몇 금융권이냐에 따라서 이자가 10배 이상 차이가 난다. 신용이 더 나빠지면 휴대폰 개통도 안 되고, 은행거래 자체가 제한이 걸리기도 한다.

신용등급을 올리자. 방법은 간단하다. 돈을 일부러라도 빌리고 잘 갚으면 된다. 간단하게 생각해보자. 단돈 만 원을 종종 빌리지만 꼬박꼬박 안 잊고 잘 갚는 친구와 돈을 단 한 번도 빌린 적이 없는 친구 중 누구에게 돈을 빌려줄 때 안심이 될까?

신용카드를 좋아하지 않더라도 신용거래 기록이 있는 것이 좋다. 통신요금, 관리비, 보험료 등은 카드로 자동이체를 걸어두면 연체할 일도 없고, 자동으로 신용거래 기록이 쌓여서 신용등급이 오른다. 신용등급을 꾸준히 체크하자. 요새는 토스, 신용정보회사, 신용회복위원회 등에서 무료로 신용등급을 알려준다. 등급이 떨어졌을 경우, 유료 구입을 해서라도 어디에서 신용등급이 떨어졌는지 확인해보자. 단돈 만 원 아까워하다가 남보다 이자 100만 원을 더 내야 할 수도 있다.

혹시 본인이 신용불량자가 될 위기라면 채무자 구제제도를 적극 활용하자. 갚을 수 있을 것 같다면 개인 워크아웃을 신청하고, 채무가 재산보다 많고 직장이 있다면 개인회생, 억울한 사연으로 아주 상황이 안 좋다면 개인 파산·면책 신청을 하고 새로 시작하는 것이 좋다.

신용등급을 올리기 위해 해야 할 것
- 주거래은행 활용하기
- 적금, 펀드 나눠서 여러 개 만들기
- 신용, 체크카드 사용하기(한도 50% 이내)
- 신용카드는 일시불 결제하기

신용등급을 올리기 위해 하지 말아야 할 것
- 절대 연체하지 않기(이자, 공과금, 휴대폰 요금)
- 대출은 1금융권부터 가기
- 소득대비 부채 2배 넘지 않게 하기
- 카드론, 현금서비스, 할부결제 안 하기

채무자 구제제도
- 개인워크아웃 : 연체 90일 이상, 은행, 카드 대출만 가능, 소액신청 가능, 이자 및 원금 60%까지 탕감, 상환기간 연장
- 개인회생 : 전 재산보다 채무가 많을 경우, 빚 종류 무관, 채무 1,000만 원 이상, 소득이 있어야 가능
- 파산·면책 : 자신의 채무를 변제할 수 없는 경우 경제적으로 재기할 기회를 부여, 전액 탕감

STEP 3. 보험을 믿느니 차라리 대출을 믿자

🪙 신용대출 가장 저렴하게 받기

신용대출의 경우 직장이 안정적일수록 연봉이 높은 직업일수록 빌릴 수 있는 한도도 커진다. 그리고 이자도 저렴하다. 직장이 불안정하고 연봉이 낮으면 빌릴 수 있는 한도도 낮고, 이자도 비싸다. 신용대출을 활용하지 않는 것이 좋다. 기분은 나쁘지만 어쩔 수 없다. 은행도 장사하는 곳이니까 내가 소득을 늘리고 자산을 늘릴 때까지는 참고 은행 돈을 써야 한다. 나도 예전에는 그랬다. 적금 하나 가입해도 앞에 있는 은행원이 고마웠던 시절이 있었다. 신용카드가 나오지 않는 시절도 있었다. 지금은 VIP실에서 업무를 본다. 힘들고 서러웠던 기억을 불만으로 표출하지 말고, 세상을 이겨나가는 원동력으로 쓰자. 그게 나와 사회에 이롭다.

신용대출을 쓸 수 있는 사람은 적극적으로 써보자. 보통 연봉의 1.2배 정도 한도로 대출이 가능하다. 4~5%대로 돈을 빌려 10%의 수익을 발생시킬 수 있다면 신용대출을 적극 활용하는 것이 맞다. 공무원이라면 공제회대출도 적극 활용하자. 공제회대출도 연봉만큼 나오는 편인데 은행신용대출과 별개로 또 돈을 빌릴 수 있다. 이자도 신용대출치고 저렴한 편이다. 연봉 5,000만 원 기준 은행과 공제회 신용대출을 모두 합치면 1.5억 원 정도 가능하다.

신용대출을 받을 때는 은행을 너무 여러 곳을 가지 않는 것이 좋다. 여러 곳에서 신용조회가 동시에 이뤄지면 신용등급이 떨어질 수 있다.

2곳 정도를 해보거나 그 이상 할 경우 가조회를 해본다. 은행마다 한도도 다르고 신용등급을 책정하는 방식도 다르다. 그리고 이자도 다르다. 어느 은행의 경우 특정 직업에 대해서 특판으로 저금리 대출을 해주는 경우도 있고, 신입사원에 대해서 해주는 은행도 있어서 자신이 특판 대상이 되는지 먼저 알아보고 가는 것이 좋다.

은행에서 마이너스대출을 권유하더라도 스스로 거부하자. 일시금으로 돈을 빌리고 갚아야 이자에 이자가 붙지 않는다. 마이너스통장으로 만들면 빌린 돈 이자를 적극적으로 갚으려는 생각이 사라진다. 필요한 돈만 빌리도록 하자.

그리고 조건이 비슷하다면 주거래 은행에서 신용대출을 받는 것이 좋은데 은행 자체 내에서도 신용점수를 부여하기 때문이다. 자신의 은행으로 월급통장을 사용하는지, 청약통장이나 적금통장이 몇 개인지, 자동이체는 몇 건이 있는지 등 우대금리를 할인받기 위해서는 여러 실적이 필요하다. 그래서 가급적 주거래 은행으로 신용대출을 받으면 우대금리 적용이 편해서 타 은행보다 저렴하게 대출이율을 적용받을 수 있다.

제일 중요한 것은 자신의 연봉이나 신용등급이 오르면 대출 연장할 때 가만히 있지 말고 금리 인하 요구를 해야 한다. 소득이 오른 작년도의 원천징수영수증을 제출하면 연봉이 상승한 만큼 금리를 인하해주거나 대출한도를 늘려준다.

STEP 3. 보험을 믿느니 차라리 대출을 믿자

> **의외의 꿀팁 : 신차구입대출**
> 자동차를 살 때 업체가 소개시켜주는 캐피탈을 통해 할부로 구입하는 경우가 많다. 연 6~8%대의 이자를 굳이 물어가며 신차 구입을 해야 할까? 이럴 때는 은행의 신차구입대출을 적극적으로 활용하자. 캐피탈은 2금융권이라 이자가 비쌀 수밖에 없다. 하지만 은행은 1금융권이라 4~6%대의 금리로 대출이 가능하다. 자동차 계약서를 들고 은행에 가면 신용도에 따라 금리가 결정되고, 잔금 시 은행에서 대출을 해준다. 물론 신차구입대출도 신용대출이라는 점은 잊지 말자.

번외편 : 마이너스 통장의 무서움

직장을 갖게 되면 마이너스통장을 만드는 경우가 많다. 필요해서 만든다기보다 은행에서 만들어준다고 해서 여기 돈을 쓰지 않으면 나가는 이자가 없으니 그냥 만들어 보는 예가 많은데 호기심에 만들었다가 낭패를 보는 경우가 많다.

지인의 경우 자동차를 한 대 사기 위해서 마이너스통장을 개설했는데 2년 뒤에 보니 마이너스통장 한도를 막기 위해서 타고 다니는 자동차를 중고로 팔았다. 이게 무슨 일인가. 마이너스 통장은 한번 쓰면 중독되는 경우가 많다. 월급통장을 마이너스통장으로 개설하기 때문에 언제든지 갚을 수 있을 것처럼 느껴지고, 내 통장 돈 뽑듯이 필요할 때마다 조금씩 빼기 때문에 돈을 빌리는 게 습관이 된다. 그리고 이자는 월 복리로 매월 이자에 이자가 또 붙는 시스템이다. 1억 원을 빌려서 연 30%

이자, 연 복리면 2,700억 원을 갚아야 하지만 월 복리로 빌리면 30년 뒤에는 약 9,000억 원을 갚아야 한다. 즉, 월 복리에 걸리면 답이 없다.

일시급으로 지급되고 매달 이자를 갚다가 1년 뒤에 원금을 갚는 일반적인 신용대출은 대출이 단리다. 이자를 강제로 갚기 때문에 이자에 이자가 붙지 않는다. 그런데 마이너스 통장은 이 신용대출보다 0.5% 정도 이율도 높고, 월 복리다. 쓰는 만큼 빚이 불어난다. 마이너스 통장은 정말 조심해서 쓰자. 추천하지 않는다.

주택담보대출 가장 저렴하게 받기

집을 사려면 꼭 알아야 하는 개념이 주택담보대출이다. 집의 가치만큼 돈을 빌려주고, 만약 돈을 갚지 못하면 집을 경매로 넘겨 빌린 돈을 회수해간다. 집 가격이 너무 비싸기 때문에 정상적으로 돈을 모아서는 집을 살 수가 없는 상황이다. 그래서 많은 이들이 주택담보대출을 통해 내 집 마련을 하고 있다. 경제가 안 좋을 경우는 이 집을 담보로 돈을 빌려 생활비를 쓰거나 가게를 차리는 사람이 늘어난다. 그래서 주택담보대출 중 생계형 비율이 몇%인지를 보면서 경제 상황을 판단하기도 한다.

우선 주택담보대출을 이해하려면 몇 가지 용어를 기억해야 한다. 은행에서 이 용어로 여러분에게 설명해줄 것이다. 모르면 그냥 고개만 끄

덕이다가 제일 비싼 금리로 대출받는 것이다. 호객이 되지 말고, 무식하고 용감하게 은행원과 싸우지 말고, 용어를 배우자.

LTV는 주택의 시세 대비 몇%까지 대출이 나오느냐를 말한다. 예를 들어 LTV 70%라고 하면 KB시세 기준 70%까지 대출을 받을 수 있다는 것이다. 10억 원짜리 아파트면 7억까지 대출이 나온다는 것인데 물론 7억 원까지 다 나오지 않는다. 은행에서 당신이 돈을 못 갚을까 봐 하나의 안전장치를 더 걸어뒀다.

그것이 DTI다. 연소득대비 원금과 이자를 갚는 비율이 몇%냐는 것이다. 연봉이 5,000만 원인 사람이 연간 대출원금과 이자를 3,000만 원씩 갚는다고 보자. 이게 정상적일까? 주택대출을 갚기 위해 손가락 빨면서 살고 있다는 것을 의미한다. 그래서 제도적으로 DTI 60%까지만(계속 바뀌고 있다) 대출이 나오게 하는 것이다. 그럼 대출을 갚는 기간이 길수록 갚는 원금이 줄어드니까 DTI 제한을 피할 수 있게 된다.

그런데 최근에는 DTI를 빠져나갈 구멍이 많아서 DSR이라는 기준을 뒀다. 연 소득 대비 주택담보대출만 계산하는 것이 아니라 신용대출까지 다 합쳐서 계산한다. 그렇게 되면 기존의 DTI보다 대출한도가 더 줄어들게 되어 실제로 본인이 받을 수 있는 대출한도가 얼마 되지 않게 된다.

이에 대해서 아파트 가격 상승기에는 불만을 가진 사람들이 많았다. 자신이 집을 사서 재산을 늘리겠다는데 국가가 방해하는 것으로 생각하는 사람들이 많아진다. 하지만 이런 제도적 장치는 주택가격이 하락할 때, 경제가 큰 피해를 받는 것을 막아준다.

2008년 미국발 금융위기가 온 이유가 이 주택담보대출이었다. 2007년까지 미국 주택가격이 자고 나면 오르는 시기였다. 마치 대한민국의 2016~2017년처럼 말이다. 어차피 집을 사면 가격이 오르니까 은행은 시세의 120%까지 대출을 해줬다. 10억 원짜리 집을 산다고 하면 12억 원을 대출을 해주는 신기한 세상이었다. 어쨌든 그 당시에는 어차피 집 가격이 오르니까 상관없었다. 문제는 오르는 것도 한계가 있기 마련이라 어느 시점부터 집 가격이 오르지 않고, 서서히 그리고 급격히 집 가격이 내려가기 시작했다. 집을 산 사람들은 빚을 갚지 못해 길거리에 나앉았고 미국의 은행들은 망했다. 그리고 그 채권에 투자한 다른 나라 은행들도 큰 손실을 봤다. 이게 2008년의 일이다. 최근 몇 년간 우리나라의 아파트 가격이 급등했다. 미국의 사례를 생각하며 무리한 대출을 받아 집 사는 일을 피해야 한다.

주택담보대출을 공부해야 하는 이유는 종류가 굉장히 많아서 자신에게 가장 잘 맞는 대출을 골라야 하기 때문이다. 그 이유는 특정 조건에 대해서 낮은 금리로 돈을 빌려주기 때문이다. 1%만 저렴하게 대출을 해줘도 엄청난 돈의 차이가 난다. 집이기 때문이다. 예를 들어서 3억 원을 빌렸다면 1%의 차이는 연간 300만 원이다. 1%만 저렴하게 빌려도 생활비가 월 25만 원이 더 생기는 것이다. 아래의 주택담보대출 순위를 보고 자신에게 맞는 대출을 받도록 하자.

소득공제를 1,800만 원 받는 주택구입대출 꿀팁

대출을 받지 않고도 집을 살 수 있더라도, 근로자라면 대출을 받아 집을 사는 것이 유리한 이유가 있다. 대출이자에 대해서 소득공제가 연간 1,800만 원까지 된다는 점이다. 과세표준 6,000만 원(세율 24%)인 사람이 소득공제 1,800만 원을 받으면 과세표준 4,200만 원(세율 15%)가 된다. 연말정산 시에 엄청난 돈을 돌려받을 수 있다.

대신 기준이 까다로우니까 주택구입할 때, 은행원에게 꼭 고정금리, 비거치식, 15년 이상 조건으로 해달라고 말을 하자. 은행원은 당신이 소득공제를 받든 말든 상관없기 때문이다. 단, 1주택자일 경우에만 소득공제가 해당한다.

주택구입대출 조건에 따른 소득공제한도

상환기간	상환방법	공제한도
15년 이상	고정금리+비거치(원금과 이자 둘 다 갚음)	1,800만 원
	고정금리+거치(이자만 갚음)	1,500만 원
	변동금리+비거치	1,500만 원
	기타	500만 원
10~15년	고정금리 또는 비거치	300만 원

중도대출해지 수수료를 생각하자

아마 대출을 받을 때 설명을 들었을 수도 기억이 안 날수도 있겠지만, 주택구입대출을 받아서 약속된 기간보다 빨리 갚게 되면 수수료를 내게 된다. 갑자기 돈을 벌어서 빚을 다 갚고 싶은 마음이 드는 일이 생길 수도 있고, 사자마자 얼마 안 되어서 집을 팔면선 대출을 갚게 되는 사례가 생길 수도 있다.

중도해지수수료는 대출조건에 따라서 1~2%이다. 만약 5억 원을 대출받았다면 500만 원에서 1,000만 원이 대출 수수료가 발생하므로 집을 파는 것이 아니라면 굳이 대출을 미리 갚을 필요가 없다. 보통은 최대 30년 대출이라고 하더라도 매년 30%씩 갚아도 해지수수료를 물지 않다가 3년 이후에 대출을 해지하면 수수료가 발생하지 않는 경우가 많다. 그래서 3년 이후에 대출을 갚거나 매년 대출금의 30%를 갚아 나가면 된다.

하지만 3년 이내 집을 팔면서 대출금을 강제로 갚아야 하는 경우가 있다. 이럴 때 해지수수료를 조회해서 수수료가 크다면 매수자가 대출을 승계하는 조건으로 집을 팔면 된다. 내야 할 수수료는 200만 원인데 매수자에게 100만 원 집을 깎아주고 대출승계조건을 넣으면 서로가 좋다.

🪙 이자를 줄여주는 대출 갈아타기

대출과 의리를 갖지 말자. 한번 받은 대출을 끝까지 지킬 필요가 없다. 당장은 이 대출을 쓰고는 있지만 더 좋은 대출이 나오면 바로 갈아타겠다는 의지가 필요하다. 대출금리 1%만 절약해도 오피스텔 하나 운영하는 수익이 나온다. 좋은 대출이 나오면 바로바로 넘어가도록 하자.

대출을 갈아타기 가장 좋은 시기는 금리가 내려가고 있는 시기다. 경제가 나빠지면 경기를 활성화시키기 위해서 금리를 내린다. 그럼 당연히 예전에 받은 대출보다 지금 나온 대출이자가 더 저렴하다. 이럴 때는 중도해지수수료를 물지 않는 선에서 계속 대출을 갈아타주는 것이 좋다.

반대로 주택담보대출이나 전세자금대출을 받을 수 있는 사람이 금리가 비싼 신용대출을 받는 경우다. 신용대출은 절차가 편하다는 장점이 있지만 담보대출보다는 이자가 비싸다. 게다가 주택담보대출이나 전세자금대출을 받으면 소득공제를 받을 수도 있다. 이렇게 좋은 혜택을 스스로 놓치지 말자.

본인이 1금융권(OO은행, 농협중앙회 등)이 아닌 2금융권(저축은행, 지역농협, 새마을금고, 신협, 캐피탈 등)에서 돈을 빌리고 있지는 않은지 확인해보자. 1금융권인 은행들은 한국은행에서 돈을 저렴하게 빌려오지만 2금융권은 돈을 자체 조달해야 해서 비싸게 이자를 받는다. 또한 2금융권 대출기록이 있으면 1금융권 대출이 어려워질 수 있으므로 가급적 1금융권에서만 돈을 빌리고, 2~3금융권 대출은 지워버리자.

STEP 4.
재테크하기 전 준비운동

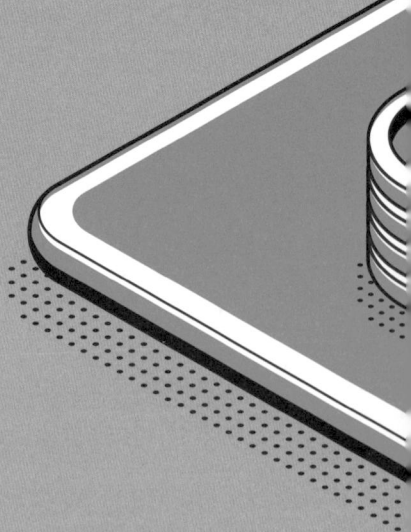

∨

STEP 4.
재테크하기 전 준비운동

🪙 세계 경제 흐름 예측하는 방법

수많은 재테크의 고수들을 만나보면 상당수가 사기꾼이었다. 나머지 상당수도 그냥 운이 좋아 얻어걸린 사람이었고, 정말 소수만 제대로 식견을 갖춘 사람이었다. 그 소수 사람의 공통점이 있다면 한 분야의 재테크만 잘하는 것이 아니라 주식, 부동산, 사업 등 다양한 분야에서 돈을 잘 번다는 점이다.

즉, 돈을 아는 사람들은 사업의 관점에서 주식과 부동산을 투자했고, 거의 실패를 하지 않았고, 뭘 해도 다 돈을 잘 벌었다.

그들이 주식과 부동산, 채권, 사업을 넘나들며 성공하는 이유는 주식을 해야 하는 시기와 말아야 하는 시기, 부동산을 해야 하는 시기와 말아야 할 시기를 기가 막히게 잘 알고 있다는 것이다. 정말 단순하게 주식을 하는 시기와 채권을 하는 시기는 정반대다. 이 둘만 잘해도 꾸준히 수익을 낼 수 있다. 그런데 이걸 대부분 사람이 잘 모른다.

이 시기를 이해하는 방법은 세계경제 흐름을 이해하는 방법밖에 없다. 너무 고수의 영역이지만 이를 이해하지 못하고 재테크를 한다는 것은 산불이 나는 것도 모른 채 숲에서 나무를 캐는 것과도 같다. 호재와 악재를 예측하고 미리 대비하고 투자하는 것이 손실을 보지 않으면서 꾸준히 돈을 버는 비법이다.

세계경제를 예측하는 것은 어렵지만 흐름을 파악하는 것은 그리 어렵지 않다. 가장 기본적인 3가지만 알면 어느 정도 파악은 할 수 있다.

금리, 유가, 환율이다.

금리는 우리나라 기준이 아닌 미국을 기준으로 한다. '미국기준금리'라고 네이버에 치면 현재 몇 %인지 잘 알려준다. 우리가 알아야 할 것은 금리가 몇 %냐보다는 금리가 오르고 있는지 내리고 있는지 수준만 알면 된다. 금리가 올라간다는 것은 경기가 좋아지고 있다는 신호고, 금리가 내려간다는 것은 경기가 나빠진다는 신호다. 금리는 한번 방향을 정하면 10년 정도 가는 긴 호흡이기 때문에 금리의 오르고 내리는 방향이 바뀐다는 것은 큰 흐름이 바뀐다는 의미다.

두 번째는 유가다. 유가는 오르고 내리는 것이 매우 빠른 편이다. 석유는 쓰면 사라지는 물건이기 때문에 오늘 썼어도 내일 또 필요한 재료다. 전 세계의 공장과 발전, 자동차가 존재하는 한 석유는 계속 필요하다. 경기가 좋아지면 공장 가동률이 늘어나고, 전기가 더 필요하므로 발전소 가동률이 늘고, 운송이 늘어나므로 자동차 이동거리가 증가한다. 즉, 석유 수요가 늘어나서 자연스레 유가가 오른다. 반대로 경기가 나빠지면 석유 수요가 줄어들어서 유가가 낮아진다. 그래서 정치적인 요소로 유가가 오르내린 것이 아니라면 세계경기가 좋아지고 나빠지는 것을 바로바로 파악할 수 있는 것이 유가다.

세 번째는 환율이다. 국가 화폐 간의 교환비율이 환율이다. 즉, 어느 나라의 돈이 더 귀하고 가치 있는가에 따라서 환율이 시시각각 변한다. 우리나라 경제위기가 왔을 때 1달러가 1,500원을 돌파했다가 우리나라 경제가 좋을 때는 1달러가 1,000원 수준을 유지한다. 즉, 달러와 원화의 환율을 가지고, 우리나라 돈의 가치가 얼마인지, 경제가 잘 돌아가는지, 혹시 외국인들이 달러를 빼내고 있는지 등을 확인할 수 있다. 최근에는 미국금리가 오르면서 환율이 내리는 경우도 발생하는데, 금리가 환율에 영향을 주기도 한다. 그래서 금리가 유가와 환율 모두에 영향을 줄 수도 있는 가장 큰 영향력을 가지고 있다고 보면 된다.

금리, 유가, 환율은 기본이다. 미국의 정책, 우리나라의 정책, 일본과 중국의 외교정책, 최근의 과학기술, 전 세계적으로 공장이 늘어나고 있는 곳의 분위기, 세계기후 등 우리나라뿐만 아니라 외국의 이야기와 변화에 대해서도 잘 체크해야 한다. 처음에는 불가능하다고 생각하겠지만, 외국뉴스를 보면서 하나씩 이해하다 보면 전 세계의 흐름이 이해가 갈 때가 온다. 그럼 본격적으로 투자를 시작해도 되는 시기가 온 것이다.

이렇게 세계경제를 공부하기 좋은 시기는 저축을 열심히 하면서 목돈을 모으는 시기다. 목돈을 모으는 시기에 다른 데 관심을 가지면 막상 목돈을 모으고 나서 투자를 제대로 할 수 없다. 3년 정도는 한 분야를 열심히 공부해야 투자할 수 있는 자격이 생긴다. 혼자서 이런 흐름을 이해하기 어렵다면 이런 흐름을 읊어주는 사람의 블로그를 종종 방문해서 참고하는 것도 도움이 된다. 필자의 블로그, 카페, 유튜브를 통해서 정보를 참고할 수도 있다.

🪙 금리 보고 투자처 정하는 방법

금리가 오르고 내리는 것에 따라 투자해야 할 곳과 말아야 할 곳이 바뀐다. 금리가 오르면 경기가 호황, 금리가 내리면 경기가 불황이다. 호황에 투자하기 좋은 것과 불황에 투자하면 수익이 나는 것은 엄연히 다르기 때문이다.

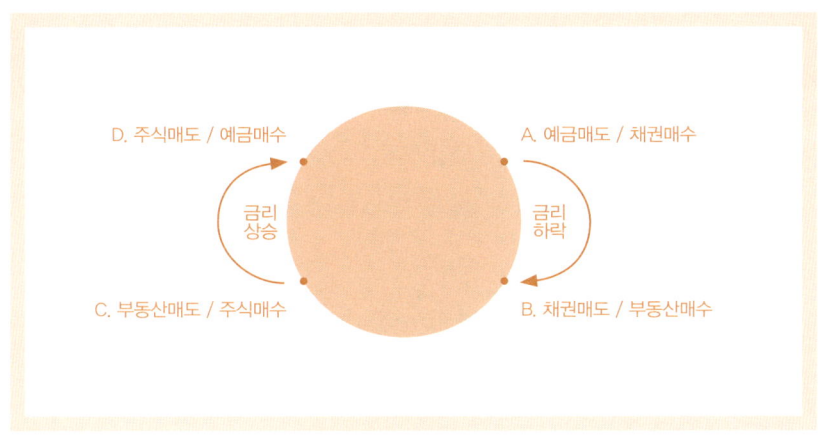

코스톨라니 모형

이를 잘 정리한 것이 코스톨라니 모형이다. 금리가 내리고 오르는 시기에 따라서 어떤 것을 팔고 사야 하는지를 잘 알려주고 있다. 인쇄해서 지갑에 꽂고 주기적으로 체크를 해보자.

금리가 정점을 찍고, 경기가 나빠지는 A 시기에는 예금 만기가 되는 대로 그 돈을 가지고 채권에 투자하는 것이 좋다. 채권은 금리가 내릴수록 가격이 올라서 높은 수익률을 주기 때문이다. 금리가 내리는 시기에는 경기가 좋지 않기 때문에 일반적으로 주식과 부동산시장이 좋지 않다.

금리가 내리고 내려서 바닥을 다지는 시기에는 부동산에 투자하는 것이 좋다. 대출금리가 낮아 임대투자를 하면 높은 수익률을 낼 수 있다. 그리고 서서히 경기가 좋아지면 금리도 오르기 시작하는 C 시점이 된다. 이때, 분위기를 타는 부동산을 팔아서 수익을 내는 것이 좋다. 어차피 금리가 오르면 임대수익률이 떨어진다. 이때, 경기가 호황이 오므로 부동산은 더 오를 수 있지만, 경기가 호황일 때는 주식이 가장 좋은 투자처다. 부동산을 매도해서 주식에 투자한다. 금리가 계속 오르다가 한도까지 오르면 경기가 꺾이기 마련이다. 금리가 어깨쯤 올랐다고 판단될 때, 주식을 팔고 예금에 돈을 넣는다. 이미 금리가 올라서 예금으로도 꽤 높은 수익률을 낼 수 있다. 2007~2008년도에는 연 7~8% 이자를 주는 예금이 흔했다. 그리고 경기가 하강하면 다시 채권으로 순환되는 투자 모형이 코스톨라니 모형이다.

물론 이 모형이 딱 들어맞지는 않을 수도 있다. 우리나라는 부동산에 대해 규제가 많아서 단기간에 사고팔기가 쉽지 않을뿐더러 주식이 오르는 시기에 부동산도 같이 폭등하는 경우가 많았다. 또한, 금리가 언제가 꼭지인지 바닥인지를 예측할 수 없다. 그래서 모형에서도 어깨에 팔거나 사고, 발목에서 사고파는 것을 추천하고 있다.

금리가 바닥이었던 2016~2018년은 부동산이 정말 많이 올랐다. 이제 우리나라 금리가 올라가는 2019년부터는 코스톨라니 모형의 말대로 주식이 오를까? 이미 2017년부터 금리가 오르기 시작한 미국은 1년 동안 다우지수와 나스닥이 폭등했다. 과연 한국도 그렇게 될지 궁금하다.

환율에 웃고 우는 곳 찾기

환율이란 국가마다 화폐를 교환하는 비율이다. 미국의 1달러는 우리나라의 1원과 같은 가치를 갖지 않는다. 1달러로 음료수 한 캔을 살 수 있지만 1원으로는 아무것도 살 수 없다. 1달러는 우리나라 돈으로 보통 1,000원에서 1,200원 사이의 가치를 가진다. 어느 날은 1달러가 900원이었다가 경제위기가 닥치면 1달러는 1,500원의 가치를 지니기도 한다.

이렇게 환율이 왔다 갔다 하면 기업들은 좋을 수도 있고 나쁠 수도 있다. 예를 들어 열심히 수출해서 1억 달러를 벌어온 기업이 있다고 치자. 환율이 1,000원일 때는 1,000억 원을 번 것이 되지만 경제위기가 와서 환율이 1,500원으로 치솟으면 판매한 물건은 똑같은데 1,500억 원을 번 것이 된다. 500억 원의 공돈이 생긴 것이다. 실제로 IMF 때, 달러로 결제대금을 받았던 기업들은 큰 이익이 났었다. 반대로 이런 상황이 오면 수입업체나 외국에서 돈을 빌린 업체는 큰 타격을 받는다. 1억 달러어치 물건을 사려면 1,000억 원만 주면 됐는데 이제 1,500억 원을 줘야 살 수 있다. 재료비가 50%나 인상된 셈이다. 항공사도 마찬가지다. 대부분의 비행기는 달러대출을 받아 산 것인데 환율이 상승하면 갚아야 할 돈이 늘어나게 된다. 갑자기 빚이 50%나 증가하는 것이다.

이렇게 환율에 따라서 왔다 갔다 하면 피해를 보기 때문에 기업들은 환헤지라는 보험에 가입한다. 환율이 어느 범위 안에서만 왔다 갔다 하면 환율손실을 보전해주는 보험이다. 예를 들어서 1,000~1,250원까지는 보장이 되지만 그 이상 또는 그 이하로 내려가면 엄청난 손실이 발생하게 되는데, 2008년 금융위기 때 이 상품에 가입했던 우리나라 중소기업들이 큰 피해를 보고 줄줄이 도산한 적이 있었다.

이렇듯 환율은 어느 업종을 웃게도 하고 울게도 한다. 환율이 오르면 일반적으로 수출기업이 좋고, 수입기업, 달러빚이 많은 기업은 좋지 않다.

반대로 환율이 내리면 수출기업은 좋지 않고 수입기업, 달러빚이 많은 기업은 좋다. 그래서 수출을 주로 하는 나라는 환율이 약간 높은 상태를 선호한다. 그러면 무역에서 흑자가 쉽게 나고, 자국의 물건이 해외에서 잘 팔리기 때문이다. 그래서 국가가 환율을 조작하는 경우도 있는데 이러면 환율조작국으로 지정되고, 무역에서 불이익을 받을 수 있다.

경제위기가 오면 국내의 달러가 해외로 빠져나가므로 환율은 급등하게 된다. 우리나라의 경우 수출해서 버는 돈이 대부분인 국가라서 오히려 이때 기업들의 수익이 증가한다. 그래서 2009~2013년 사이 우리나라 자동차가 일본차를 제치고 미국에서 잘 팔렸던 이유다. 일본은 환율이 불리했고, 우리나라는 환율이 유리했다. 이 시기에 차뿐만 아니라 일본 전자제품, 반도체가 우리나라에 밀려 많이 도산했다.

경제가 좋아지면 외국에서 달러가 국내로 많이 들어오고, 달러가 흔해지면서 환율이 낮아진다. 그러면 아무리 수출을 잘해도 실제로 버는 돈은 줄어들고, 기업들은 이익이 나지가 않는다. 대신 수입물가가 줄어서 물가, 임금상승을 막아준다. 이렇게 환율은 오르고 내리면서 경제위기를 보호해주고, 경제호황에 물가 안정에 도움을 주고 있다.

세계경제 흐름을 보면 앞으로 환율에 어떤 일이 벌어질지를 예측할 수 있다. 시기까지 맞추기는 어렵지만, 경제위기가 올 것으로 예상된다면 달러예금에 가입해서 자산손실을 방어할 수 있다. 반대로 경제호황이 올 것으로 보이면 달러를 팔고 부동산, 주식 등의 자산을 적극 사서 불려 나갈 수도 있다.

수익률을 결정하는 세금

투자의 종점은 세금이다. 아무리 투자로 높은 수익률을 내도 결국 마지막에 세금을 얼마 내느냐에 따라서 수익률이 확 갈린다. 예전에 모 아파트를 산 적이 있는데 단기간에 가격이 많이 올라 주변에서는 축하했지만 홀로 고민이 깊었던 적이 있다. 세금이 55%나 되어서 막상 팔아도 남는 돈은 얼마 되지 않았다. 어쩔 수 없이 안 팔고 버티고 있었으나 결국 돈을 쓸 곳이 생겨 울며 겨자 먹기로 팔았던 기억이 있다.

특히, 부동산 투자할 때는 세금에 대해서 생각하고 사야 한다. 부동산의 경우 세금을 많이 내면 최대 차익(사고팔아서 남은 이익)의 70%까지 세금을 내야 하는 경우가 생긴다. A를 사고 난 다음 B를 사느냐, A를 팔고 나서 B를 파느냐 등 사고파는 순서에 따라서 엄청난 세금 차이가 발

STEP 4. **재테크하기 전 준비운동**

생하기도 하므로, 부동산 투자할 때는 얼마나 세금을 내야 하는지, 혹시 장기보유하면 세금이 얼마나 줄어드는지, 무엇을 먼저 사고, 먼저 팔아야 하는지를 알아야 한다.

주식도 차익에 대한 양도소득세가 발생할 수 있다. 대주주의 매매에 대해서 양도소득세가 발생해서 기존의 개인들은 양도소득세를 내는 경우가 거의 없었는데, 이제 종목당 3억 원 이상 보유하게 되면 대주주로 간주하고 양도소득세를 부과한다. 그러므로 아무리 좋은 주식이라도 한 종목에 올인해서 사지 말자.

세금에 대해서만 이야기를 해도 책이 한 권은 나올 것 같아 길게 말을 할 수는 없지만 몇 가지 팁을 주자면 다음과 같다.

1. 이익 본 것과 손해 본 것을 같은 연도에 판다

예를 들어 5,000만 원이 오른 아파트와 5,000만 원 내린 아파트를 같은 해에 팔면 5,000만 원-5,000만 원=0원이므로 수익이 발생하지 않는다. 그러므로 양도소득세를 낼 필요가 없다. 그런데 5,000만 원 오른 아파트를 올해 팔고, 손해 본 아파트를 내년에 팔면 5,000만 원 수익에 대한 양도소득세를 내야 한다. 주식도 마찬가지다. 수익 본 것을 팔 때, 손해 본 것도 같이 팔아서 세금이나 아끼자.

2. 기본공제를 받자

매년 기본공제로 250만 원을 공제받을 수 있다. 수익이 난 아파트가 두 채가 있다면 같은 연도에 팔지 말고, 한 해에 한 채씩 따로 팔면 각각 250만 원씩 기본공제를 받을 수 있다.

3. 장기보유를 하자

주택의 경우 장기보유를 하면 세금을 감면해준다. '장기보유특별공제'라고 하는데 보유기간에 따라서 공제율이 다르다. 다주택자라면 임대사업자를 내서 8년 이상 보유하자. 장기보유특별공제를 통해 양도소득세를 80%까지 감면받을 수 있다.

4. 세무상담을 받자

세무상담을 받지 않고 인터넷을 백날 뒤져봐야 소용없다. 지역마다 구입시기, 매도시기, 보유 수, 자산의 종류에 따라서 세금이 바뀌기 때문이다. 나에게 맞춤형인 상황을 인터넷으로 찾기는 매우 어렵다. 아프면 인터넷 검색보다는 병원 한 번 가는 것이 확실하듯이 세무사를 한 번 만나는 것이 더 좋다. 세무사에게 밥 한 번 살 정도의 돈을 주고 1억 원 이상을 절약할 수도 있으니 단골 세무사를 꼭 만들자. 요즘은 마을 세무사가 있어 무료 세무상담도 진행하니 부담없이 세무상담을 받는 습관을 들이자.

🪙 어려운 경제용어 공부하기

예전에 경제공부를 하기 위해서 경제신문과 뉴스를 보면 도대체 무슨 말인지 도통 모를 때가 많았다. 그래서 말귀를 알아듣는 데만 꽤 오랜 시간과 노력이 들었던 기억이 난다. 그런데 어느 정도 수준에 이르고서 느낀 점은 정말 쉬운 뜻을 어려운 단어로 말하고 있다는 사실이다. 경제 분야뿐만 아니라 전문성을 갖고 싶어 하는 업계일수록 사춘기 청소년들처럼 자기들만 알 수 있는 어려운 단어를 만들어 쓰고 있다.

리밸런싱(재조정), 펀더멘탈(실적), 캐파(생산량), 숏커버링(환매수), 스와프(교환), 로스컷(강제매도), 모멘텀(추세), 밸류(가치) 등 초보자가 들으면 못 알아들을 소리가 신문과 TV에서 난무한다.

왜 그런 걸까? 같은 말이라도 전문용어를 쓰면 지식이 있어 보인다. 쉬운 말보다 어려운 말로 상대에게 말하면 상대의 질문을 차단하고, 내 주장을 설복시킬 수 있다. 이런 상황에 아주 뼈를 때리는 명언이 있다.

"전문용어를 쓰며 설명하려는 사람은 상대를 설득시키려는 의지가 없다."

즉, 전문용어라는 권위의 힘을 빌려 내 주장을 관철시키려는 것이다. 상대를 설득하려면 쉬운 말로 이해할 수 있게 만들어줘야 한다.

그럼 경제용어를 쉽게 알 수 있는 방법은? 예전에는 모르는 단어를 지우고 앞과 뒤의 문장을 추론해서 뜻을 유추했었다. 하지만 요즘은 참 좋은 세상이다.

1. 모르는 단어가 나올 때마다 스마트폰으로 검색하자

백과, 블로그, 지식in, 뉴스에서 자세히 설명해주고 있다. 모를 때마다 검색하자. 막상 알고 나면 그렇게 어려운 뜻도 아니다. 그냥 영어식 표현으로 똑똑한 척하는 것이다 생각하고, 쉽게 쉽게 넘어가자. 우리는 투자하는 사람들이지 업계 용어를 사용해야 하는 사람들이 아니다.

2. 관련 분야 책을 사자

주식 투자를 하고 싶다면 주식의 기초를 알려주는 책을 사자. 부동산 투자를 하고 싶다면 부동산의 기초를 알려주는 책을 읽자. 이 분야 책을 5권 정도는 읽어야 어느 정도 시야가 들어온다. TV나 신문, 유튜브로 공부하는 방법도 있지만 가장 짧은 시간 안에 많은 기초지식을 넣을 수 있는 것은 책(기본서)이 제일 좋다.

3. 몰라도 그냥 넘어가 보자

막상 경제에서 어려운 단어는 모르고 지나가도 이해하는 데 크게 부담이 없다. 어차피 뒤이어서 부연설명이 나오기 때문에 비슷한 단어를 몇 번 들어보면 대충은 무슨 뜻인지 알게 된다. 물론 검색을 하거나 책을 통해서 배우면 좋지만 마냥 그럴 수 없다. 이렇게 흘리면서 듣다 보면 나도 모르게 이해가 되는 경우가 많다.

그래서 예전에 슈퍼개미가 알려준 방법으로 경제공부를 했었다. 경제TV를 틀어놓고 그냥 자라는 것이다. 자다가 잠시 깨거나 잠결에 들리다 보면 어느덧 다 이해가 되더라는 말을 듣고 이게 무슨 소리인가 싶었는데 이렇게 TV를 들으며 자고, 신문도 보고 하니 몇 개월 만에 금방 이해가 됐다.

4. 신조어가 계속 생겨난다

업계의 화두는 매주 하나 이상씩 생겨나기 때문에 새로운 용어도 계속 생겨난다. 예전에는 없던 단어가 올해 많이 쓰이기도 하고, 일 년이 지나고 나니 이제는 쓰이지 않는 용어가 되기도 한다. 그냥 유행어라고 생각하자. 그때그때 알아두면 좋지만 사라지는 용어들도 많다. 개인적인 경험인데 이런 경제 관련 신조어가 많이 생길 때일수록 그 시장의 끝물을 알렸던 기억이 난다. 끝물일수록 더 많은 자금을 끌어들여야 했기 때문에 전문용어가 난무했던 것이 아닐까?

투자가 보이는 다단계 원리

다단계, 피라미드라는 단어를 들어본 적이 있을 것이다. 재테크에서 다단계를 가르쳐주려는 것은 아니지만 알아야 할 필요성이 있으니 꼭 알고 넘어가자. 모든 재테크의 원리는 다단계를 포함하고 있다.

투자로 돈을 번다는 것은 기본적으로 누군가가 사서 더 비싼 가격으로 남에게 판다와 같은 뜻이다. 내가 1억 원에 산 아파트를 누군가에게 2억 원에 팔아야 하고, 2억 원에 산 누군가는 3억 원에 팔아야 돈을 번다. 이를 부동산에서는 폭탄 돌리기라고 부른다.

다단계에서도 마찬가지다. 시스템을 만든 사람은 가장 상위 등급에게 원가에 이윤을 붙여 만 원에 팔면, 상위 등급은 중간 등급에게 5만 원에 팔고, 중간 등급은 하위 등급에게 10만 원에 팔아 수익을 낸다. 가장 밑에 하위 등급은 이 말도 안 되는 제품을 10만 원에 팔거나 자기 밑에 노예 등급을 만들어 자신의 물건을 강매하는 수밖에 없다. 투자와 다단계의 원리가 결국 똑같지 않은가?

다단계에서 자기가 아래 등급을 만들지 못하면 결국 위에서 강매 받은 물건을 팔지 못하고 빚을 지게 되고, 이 판에서 떠나게 된다. 주식/부동산에서도 내가 산 가격보다 더 비싸게 팔지 못하면 손실을 보고 떠나게 된다.

최근에 가상화폐가 인기가 있었다. 이건 주식/부동산보다 더한 다단계 놀이였다. 10만 원짜리를 100만 원에 산 사람, 100만 원짜리를 200만 원에 산 사람, 다시 1,000만 원, 2,000만 원에 산 사람 그리고 가장 꼭지인 2,700만 원에 산 사람, 그리고 현재는 350만 원이다. 누군가는 꼭지에 사서 나머지 사람들에게 수익을 안겨줘야 한다. 그렇지 않으면 가상화폐는 투자 수단으로서 가치가 0인 상품이다.

투자가 끝물을 향해갈 때는 언론에서 떠들썩하다. 주식시장에 아기를 업은 할머니가 돈을 싸 들고 오면 주식의 끝물이라는 말이 있고, 군인과 교사들이 투자에 덤비면 그것도 끝물이라는 말이 있다. 가상화폐인 비트코인이 2,700만 원 할 때는 온 나라가 떠들썩했다. 식당 테이블마다 카페마다 주점마다 비트코인은 단골 소재가 됐다. 이 정도까지 팔았으면 더는 비싼 가격에 사줄 사람이 없다는 뜻이기도 하다. 이럴 때는 무조건 팔아야 한다.

지금은 없어졌지만 개인적으로 즐겨보는 프로가 'VJ특공대'였다. 여기서 주상복합이 뜬다고 취재를 하면 곧 얼마 안 가 폭락이 있었고, 주식이 뜬다고 모니터를 여러 대 띄워놓은 사람 집을 인터뷰하면 주식시장에 폭락이 있었다. 혼자서 뒷북특공대라고 불렀는데 대중의 관심이 정점에 다다르면 더는 돈을 싸 들고 비싼 값에 사줄 사람이 없음을 뜻한다.

그래서 투자자는 거품을 항상 무서워해야 한다. 내 주식이 내 집이 얼마 오르지 않았어도 시장이 거품일 때는 무조건 팔고 쉬는 것이 좋다. 대표적으로 금성백조기업 대표는 IMF직전, 2008금융위기 직전 건설시장이 거품이라 판단하고 기업 몸집을 급격하게 줄였다. 그래서 비슷한 중견 건설기업들이 줄도산할 때, 혼자 살아남을 수 있었다. '조금만 더 벌면 되는데'라는 욕심을 버리고 시장을 냉정하게 바라보는 눈을 가지자.

비트코인이 망한 이유 : 화폐, 안전마진

최초의 화폐는 조개껍데기였다고 한다. 조개껍데기가 가치가 있었던 것은 그 당시에 최고의 장신구였기 때문이지 먹을 수 있어서가 아니다. 그 이후로 금이 화폐의 역할을 했고, 자잘한 거래에서는 식량, 비단, 나무 등이 화폐의 수단이 됐다. 고대 국가들은 화폐를 발행해서 유통망을 장악하고, 세금을 걷고 싶어 했는데 서민들에게 화폐는 그리 신뢰할 수 있는 수단이 아니었다. 위조화폐가 난립했고, 이를 구분하기가 쉽지 않았다. 그리고 가장 큰 문제는 지금의 나라가 언제 망할지 모른다는 불안감이었다. 특히, 전쟁이 잦은 나라일수록 화폐의 가치는 추락했다. 하지만 나라가 망해도 금과 쌀은 영원했다. 그래서 달러가 등장하기까지 금이 세계의 기축통화 역할을 했다. 무역에서는 금이 항상 기준이 됐다.

비트코인이 망한 이유는 간단하다. 화폐가 아니기 때문이다. 화폐는 발급주체가 있어야 하고, 이를 신뢰할 수 있도록 유통구조와 감시구조를 갖추고 있어야 한다. 위조지폐를 만들면 바로 제재를 가할 수 있어야 한다.

그런데 비트코인은 발급주체도 없고, 유통구조도 여러 민간채널이고, 해킹은 수두룩 당하며, 감시구조와 법률이 없어서 제재할 수단도 없다. 게다가 가상화폐는 한 개도 아니고 수도 없이 많고 지금도 생겨나고 있다. 아무나 화폐를 만들고 위조지폐를 만들 수 있는 국가에서 그 화폐는 과연 가치가 있을까?

STEP 4. 재테크하기 전 준비운동

그런데도 사람들은 환호하고 열망했다. 그리고 가상화폐의 가격들은 불꽃처럼 올랐다. 만 원이 100만 원이 되고, 100만 원이 2,000만 원이 됐다. 그냥 사면 올랐다. 그래서 사람들은 열광했다. 자신의 힘든 인생을 천국으로 보내줄 수 있는 유일한 수단이라 믿었고, 의심보다는 욕심이 앞서서 투자했다. 투자한 이유는 오로지 하나다. 사면 가격이 오르기 때문이다.

그래서 반대로 물었다. 가격이 내리면 어떻게 할 것이냐고. 그랬더니 대부분은 그럴 리 없다고 했다. 블록체인, 과학기술을 말하며 희망이 있는데 왜 내리냐고 했다. 존재하지 않는 허상에 미래가치를 부여하면 그럴싸한 SF영화가 된다. 2,000만 원에 산 비트코인이 1억 원이 되는 상상을 꿈꾸었고, 그 상상의 힘으로 너무 많이 올랐다는 사실을 잊으려고 했다.

아주 비슷한 사례로 네덜란드에서 벌어진 튤립사건이 있다. 튤립이 부족해지자 투기꾼들은 튤립을 독점했고, 튤립의 가격은 세상모른 줄 치솟았다. 튤립 하나가 집 한 채와 교환되는 사태까지 벌어졌다. 급하게 오른 것은 급하게 내리기 마련이다. 결국 폭락은 끝없이 이어졌고, 현대사로 넘어와서도 두고두고 입방아에 오르는 에피소드가 됐다.

세계 2위 워렌버핏은 주식을 싸면 사고, 비싸면 판다고 했다. 이 주식이 싼지 비싼지를 판별하려면 이 주식이 가지고 있는 가치를 알아야 한다. 가치는 어떻게 알 수 있을까? 안전마진이 그 가치의 마지노선 역할을 한다. 예를 들어서 가지고 있는 빌딩이 3,000억 원인 기업은 주식시장에서 얼마에 팔려야 할까? 최소 3,000억 원의 가치가 있는 기업임은 분명하다. 사업을 안 하고 빌딩을 팔면 3,000억 원을 손에 쥘 수 있기 때문이다.

부동산의 안전마진은 어떻게 알 수 있을까? 부동산을 누군가에게 임대를 놓았을 때 수익이 발생한다. 그 수익률이 은행이자보다 높다면 부동산을 구입하는 것이 은행에 돈을 맡기는 것보다 가치 있는 일이다. 만약 임대수익을 낼 수 없는 부동산이라면 내가 이것을 가공해서 산 가격 이상으로 팔 수 있어야 한다. 그럴 수 없는 물건이라면 안전마진이 없는 물건이고 가격은 불안정해진다. 보통 가치가 없고 가격이 불안정한 것에는 꿈과 미래를 불어넣는다. 그럼 없던 가치고 살아나고, 희망으로 부푼 네버랜드가 된다. 그리고 이걸 순진한 투자자들에게 팔아넘긴다. 우리가 이걸 뉴스에서 부동산 사기라고 부른다. 속지 말자.

🪙 재테크의 원리 : 싸게 사서 비싸게 팔아라

개똥이라도 싸게 사서 비싸게만 팔면 돈을 벌 수 있다. 황금이라도 비싸게 사면 손해를 볼 수밖에 없다. 이것이 장사의 원리고, 재테크의 원리다. 장사의 관점에서 재테크를 보면 어떻게 해야 돈을 버는지 알 수 있다.

예전에 중고로 스쿠터를 산 적이 있었다. 두 번을 사고팔아 본 결과 같은 중고 스쿠터라도 어느 계절에 사느냐에 따라서 가격이 달랐다. 봄과 여름에는 중고가격이 올랐고, 찬바람이 부는 늦가을부터 겨울에는 중고가격이 뚝 떨어졌다. 겨울에 사서 5월경에 팔면 스쿠터를 타고도 돈을 벌었다. 만약 자본이 있었다면 스쿠터를 겨울에 100대가량 사고, 4~5월에 되팔면 단기간에 목돈을 만졌을 것이다. 스키용품은 여름에 사고, 수영용품은 겨울에 사라는 말처럼 인기가 없는 시기에 사면 저렴하게 살 수 있고, 인기가 있을 때 팔면 비싸게 팔 수 있다.

내 투자 스토리를 더하면 안전마진만 20만 원을 해야 하는 주식이 6만 원에 팔렸고, 건설이 안 좋아지자 2만 8,000원까지 내려갔다. 정말 아무도 찾지 않을 때는 주식도 싸지만 두려움이 앞선다. 혹시 내 판단이 틀렸을까 봐. 그래도 용기를 내서 더 사서 모았다. 몇 년이 지난 후, 건설경기는 다시 좋아지기 시작했고 그 주식은 15만 원까지 치솟았다. 그래서 전량 매각을 했다.

그 당시 아파트는 분위기가 좋지 않았다. 정부에서 빚내서 집 사라고 하던 시기였다. 집을 사면 바보라는 소리를 듣는 시기였다. 집을 내놔도 잘 팔리지 않고, 집을 산다고 하면 VIP 대접을 받던 시기였다. 이때, 아파트를 저렴하게 조금씩 사들였다. 집을 샀다고 하자 집에서는 바보라고 했다. 그래도 묵묵히 사들였다. 얼마나 싸게 샀는지 대출받아 집을 사니 월세를 받아 이자를 갚고 나면 임대수익률이 15%나 나왔다. 나에게는 임대수익률이 안전마진이었다. 여기서 가격이 더 떨어지면 임대수익률이 더 올라가니 집을 더 사들이면 된다.

몇 년이 지나자 아파트 경기는 꼭지까지 활황이 왔고 보유한 것들을 하나씩 정리했다. 집을 판다고 하자 더 오를 텐데 왜 파냐고 바보라고 했다. 그래도 묵묵히 팔아치웠다. 물론 더 오를 수도 있다. 하지만 내가 판단하기에 과열신호를 여기저기서 감지했다. 임대수익률은 1~2%를 밑돌고 있고, 주마다 1,000만 원씩 오르고, 사람이 3명만 모여도 아파트 이야기를 했다. 욕심을 버리면 팔아야 하는 시기가 맞기에 팔았다.

무언가를 싸게 사고 싶다면 주변과 반대로 가야 한다. 모두가 두려움을 가지고 있을 때, 안전마진만 보고 들어가야 한다. 반대로 비싸게 팔고 싶다면 욕심을 버리고 사람들이 사려고 혈안되고, 나도 팔기 아까울 때 팔아야 한다. 즉, 공포와 욕심 사이에 머물면서 이성을 차리면 손실을 줄이고 수익을 낼 수 있다.

🪙 30년 만에 2,700배가 되는 복리의 마법

복리는 인간이 만들어 낸 최고의 발명품이라고 아인슈타인이 말했다. 시간만 지나면 이자가 이자를 벌어오면서 인간에게 시간의 자유를 준다. 재테크에서 수익로봇, 수익파이프라는 이야기를 하는데 이것이 복리투자를 말한다.

잃지 않고 꾸준히 불린다면

위처럼 복리로 투자만 잘하면 20대에 목돈 잘 모으고 저축 잘하고 연 10% 수익률로 임대투자만 해도 60세에는 22억 원이라는 돈을 모을 수 있다. 투자한 돈이 10년 동안 2배씩 되기 때문이다.

위 그림은 아주 단순하게 표시한 것이고, 연 복리 10%로 투자하면 실제로는 7년마다 돈이 2배가 된다. 초반에 돈을 잘 모을수록 돈이 두 배가 된다. 14년이면 4배, 21년이면 8배, 28년이면 16배, 35년이면 32배가 된다. 시간이 뒤로 갈수록 돈은 눈덩이처럼 불어난다.

이것이 워렌버핏이 부자가 된 비결이다. 연 복리 30% 수익률로 30년만 투자하면 투자금이 2,700배가 된다. 1억 원만 잘 묻어두면 30년 뒤에 2,700억 원이 된다. 복리에서는 두 가지가 중요하다. 높은 수익률과 오랜 시간이다. 아무리 복리여도 수익률이 연 3% 정도로 은행금리 수준이라면 부자가 되기는 걸렀다.

72의 법칙을 간단히 적용해보면 72 나누기 연 복리 수익률(%)을 나누면 원금이 두 배가 되는 기간(년)을 알 수 있다. 예를 들어 연 복리 수익률이 10%면 72÷10=7.2년이 나온다. 연 3%라면 72÷3=24년이 나온다. 직장생활을 30년 이내로 한다고 볼 때, 수익률이 10%면 투자금이 16배가 되지만 수익률이 3%면 2배가 조금 넘을 뿐이다.

그래서 우리는 안정적으로 최대한 고수익을 내기 위해서 재테크 공부를 하는 것이고, 조금이라도 더 빨리 목돈을 모으기 위해 절약과 저축을 하고 있다.

반대로 대출의 늪에 빠지면 나올 수가 없는 것도 복리의 저주 때문이다. 만약 연 30% 복리로 30년간 사채를 썼다면 약 9,000배를 갚아야 한다. 사채는 연 복리가 아니다. 마이너스 통장처럼 월마다 이자가 붙는 월 복리기 때문에 빚은 더 빨리 눈덩이로 불어난다. 만약, 주 단위로 이자를 붙이거나 일 단위로 이자를 붙인다면? 아무리 돈을 벌어도 죽을 때까지 못 갚을 수 있다. 그래서 대출은 저금리일 때만, 꼭 필요할 때 신중히 빌려 쓰도록 하자.

🪙 부자가 되려면 현금파이프를 여러 개 만들어라

재테크에 실패하는 대부분 사람의 특징 중 하나는 한 가지로 부자가 되려고 하기 때문이다. 주식으로 돈을 번 사람은 주식을 하면 안 되는 나쁜 시기에도 주식을 손에서 놓지 못한다. 부동산으로 돈을 번 사람들도 부동산을 안 해야 하는 시기에도 부동산을 해서 애써 벌어 놓은 돈을 이 시기에 잃는다.

그런 이유는 자신이 제일 잘하는 것이 하나밖에 없어서다. 달걀을 한 바구니에 담지 말라는 말을 좀 더 넓게 봐야 한다. 바구니 안에 여러 현금파이프를 만들어야 한두 개가 위기가 와도 나머지에서 수익을 내줘 손실을 상쇄할 수 있다. 나 또한 보유하고 있는 현금파이프라인이 10개는 넘는다. 안정적으로 꾸준히 돈이 들어오는 시스템을 구축해야 나중 노후에도 문제가 없다.

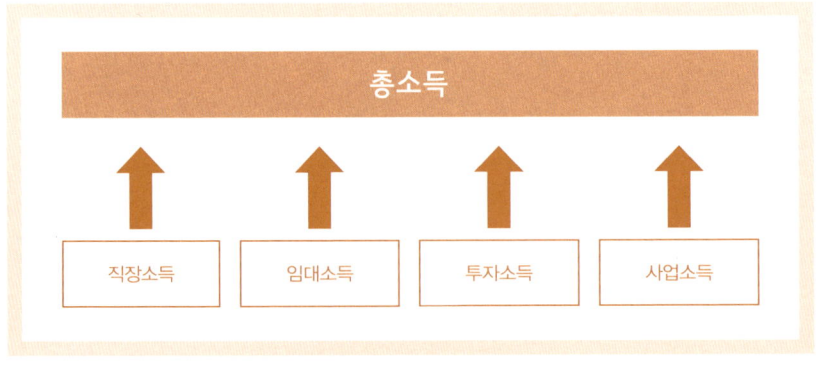

현금파이프라인 모형

처음에는 여러 파이프라인을 가질 수 없다. 직장소득이 유일하기 때문이다. 직장에서 일하면서 모은 돈이 어느 정도 목돈이 되고 나면 파이프라인을 하나 설치할 수 있다. 예를 들어서 목돈 5,000만 원을 모았다면 지방에 소형아파트나 오피스텔을 대출받아 살 수 있다. 그럼 월세를 받고, 대출이자를 내고 남은 돈(약 30만 원)은 다달이 현금이 들어오는 파이프라인이 된다.

파이프라인을 하나 설치했다면 이제 돈이 더 빨리 모이기 시작한다. 한 달에 저축하는 돈에 매달 30만 원씩 더 저축할 수 있는 돈이 생기기 때문에 다음 5,000만 원은 금방 모인다. 처음에 5,000만 원을 모으는 데 5년이 걸렸다면 다음 5,000만 원을 모으는 데는 3년도 걸리지 않는다. 당신의 경력만큼 월급이 올랐고, 절약 노하우가 생겼고, 파이프라인을 통해서 매달 돈이 들어오기 때문이다. 그래서 보통 5,000만 원을 모으는 데 5년 걸린 사람은 1억 원을 모으는 데는 8년밖에 걸리지 않는다. 돈이 모이는 속도가 가속이 붙는 것이다.

그럼 또 5,000만 원이 생겼으니 여기서 고민이 생긴다. 저번처럼 월세 투자를 하나 더 할지, 아니면 주식이나 펀드를 해볼지, 아파트 청약에 도전해볼지, 아주 투자하기 안 좋은 시절이라면 예금으로 갖고 있거나 채권을 사들일지 현재 상황에 맞게 하나 더 투자하자.

그럼 1억 원을 모으게 된 사람은 매달 60만 원의 현금이 들어온다. 그럼 보통 일반적인 직장인의 경우 5년 뒤에는 2억 원이 된다. 총 13년간 2억 원을 모으게 되는데 여기서 5년이 더 지나면 3억 원이 아니라 4

STEP 4. 재테크하기 전 준비운동

억 원 가까이가 된다. 5년에 5,000만 원, 8년에 1억 원, 13년에 2억 원, 18년에 4억 원 이렇게 돈이 급격히 불어나는 이유는 내 월급이 올라서가 아니라 파이프라인들이 같이 돈을 벌어주기 때문이다.

파이프라인을 하나씩 설치할 때마다 돈을 벌어오는 로봇이 만들어지는 것이다. 로봇은 24시간 쉬지 않고 돈을 벌어다 준다. 내가 할 일은 노후까지 열심히 로봇을 만드는 것이다. 로봇이 늘어나면 늘어날수록 돈을 쉬지 않고 들어오고, 어느덧 내가 일을 하지 않아도 총소득에 별 차이를 주지 않는 날이 오게 된다. 우리는 이때를 모두가 꿈꾸는 경제적 자유가 왔다고 부른다.

이런 수익로봇 이야기는 전혀 새로운 이야기가 아니다. 인류가 탄생하고 청동기 시절부터 우리는 수익로봇을 꿈꾸었다. 내가 일하지 않고 남의 노동력을 이용해 농사를 짓고 추수를 하고 배불리 먹고 사는 인생을 동양이든 서양이든 꿈꿨다. 그래서 전쟁을 통해 지배하게 된 식민지 국가의 사람들을 노예로 활용했다. 이들의 노동력을 통해서 식량을 계속 조달하고, 계속되는 전쟁을 통해 노예를 늘리고 식량을 늘렸다. 이런 시스템을 가진 대표적인 국가가 로마다. 이 노예제도는 최근 들어서야 사라졌지만, 경제적으로 노동자에게 인건비를 주고, 그 이상의 생산성을 만들어서 수익을 창출하는 시스템으로 이를 대체하고 있다. 미래에는 인공지능 로봇과 기계를 이용해서 수익을 내는 시스템이 도입될 것이다.

즉, 과거든 지금이든 미래든 수익로봇을 가진 사람은 경제적 지배계층이 되는 것이고, 없는 자는 그 시스템으로 들어가서 일을 해야 한다.

우리는 보통 경제적 지배계층을 사업가, 자본가, 건물주, 투자자라고 부르고 피지배계층을 노동자, 세입자, 채무자라고 부른다.

로봇은 아프지는 않지만, 고장 날 수 있다. 경제적 상황이 바뀌면 갑자기 돈을 못 벌어오는 상황이 생기는데 이럴 때는 로봇을 교체해줘야 한다. 낮은 수익을 내는 로봇을 돈을 잘 벌어오는 로봇으로 교체해주기만 하면 노후가 되어서도 꾸준한 수입원을 얻을 수 있다.

시간도 돈의 개념에 포함하라

시간이 돈이라는 말을 부자가 아닐 때는 모르다가 부자가 되어가면서 깨닫게 됐다. 예전에는 게임을 참 좋아했다. 돈 많이 벌어서 평생 게임만 하며 살고 싶었던 적도 있었다. 그런데 시간이 돈이라는 것을 깨닫고 난 이후부터는 게임을 할 수 있어도 하지 않는다.

아마 이 책을 읽는 대부분의 사람들은 시간을 돈으로 바꾸는 인생을 살고 있다. 나 또한 10년 넘게 지금도 시간을 돈으로 바꾸는 일을 하고 있다. 시간을 돈으로 바꾸고 있는 대표적인 일이 직장이다. 우리는 직장에 들어가서 근로자로 일하며 돈을 벌고 있다. 근무시간 동안 사업주를 위해 열심히 일해서 노동력을 바치고 그 대가로 월급이라는 것을 받는다. 즉, 대부분의 사람은 자신이 가진 시간을 노동으로 바꿈으로써 돈을 벌 수 있다.

하지만 이 방법은 가장 쉬우면서도 가장 품질이 떨어진다. 시간당 얼마를 버느냐는 곧 노동의 대가다. 어떤 이는 시간당 만 원을 벌기도 하고, 전문직에 있는 사람의 경우 시간당 10만 원을 벌기도 한다. 똑같은 한 시간을 썼는데 노동의 대가가 너무 다르다.

우리가 부자가 되려면 시간당 받는 노동의 대가를 늘리도록 힘써야 한다. 10시간 노동을 하는 한 시간에 만 원을 받는 사람이 한 시간에 2만 원을 받게 된다면 하루에 5시간은 자유를 얻게 된다. 이렇게 얻은 자유의 시간만큼 또 다른 노동에 투자할 수 있고 부가가치를 얻을 수 있다.

직장에서 근무하고 있다면 단순 반복되는 삶을 살 것이 아니라 이 노동을 통해 배운 것으로 자신의 가치를 올릴 방법, 연봉을 올릴 방법을 끊임없이 생각해야 한다. 좀 더 시간 대비 더 높은 노동의 대가를 받을 수 있다면 직장을 과감히 옮겨야 한다.

직장 내에서 가치를 올리는 방법을 찾는 동시에 남는 여가시간을 투자해서 새로운 수익모델을 찾는 것도 필요하다. 어차피 N잡러 시대다. 내가 잘할 수 있는 일을 여가시간을 통해 프리랜서처럼 더 하면서 수익을 극대화하는 방법도 있다. 직업이 두 개가 된다면 저축액은 2배가 아니라 3~4배가 된다. 직업이 두 개가 된다고 해서 생활비, 주거비가 2배로 드는 것은 아니기 때문이다. 저축액이 3배가 되면 돈이 모이는 속도가 3배 더 빨라지고, 복리의 법칙에 따라 수익로봇은 남들보다 9배 이상 차이가 날 수도 있다.

투잡으로 마땅한 일이 보이지 않는다면 재테크 공부를 하는 것도 좋다. 현금파이프를 잘 만들려면 재테크에 대해서 꾸준히 공부해야 한다. 아무리 돈을 잘 모아도 투자 사기를 당하거나 큰 손실을 보면 그동안의 노력이 허사가 되기 때문이다. 장기적으로는 노동시간을 늘리는 것보다 재테크 공부를 통해 고수익을 안겨주는 파이프라인을 만드는 것이 더 중요하다. 당장 수익이 안 난다고 초조해하지 말고, 목돈이 모일 때까지 재테크 공부를 하는 것도 나중을 위한 훌륭한 투자가 된다.

여가시간에 경제뉴스, 잡지, TV를 시청해보자. 당장 돈이 없어도 공부는 일찍 시작해야 한다. 투자하기 전까지 제대로 공부하려면 3년은 걸린다. 목돈이 모인 뒤 막상 투자하려고 하면 지식이 없어서 엉뚱한 데 투자하는 경우가 많다. 미리 공부를 해두면 목돈이 모였을 타이밍에 딱 맞게 훌륭한 투자를 할 수 있다.

🪙 사기꾼인지 알아내는 방법

아까처럼 재테크 공부는 못했는데 목돈을 먼저 모은 사람이 가장 위험하다. 이 돈을 빨리 불리고 싶은데 아는 것이 없다 보니 여기저기 사기꾼의 꼬임에 쉽게 빠져든다. 길거리에 있는 '12% 확정수익률 보장'이라고 써 있는 상가나 주택에 투자해서 이러지도 못하고 저러지도 못하는 상황에 빠지기도 하고, 지인이 추천하는 주식을 샀다가 크게 물리기도 하고, 요새 뜬다는 재테크에 뒤늦게 투자해서 끝물에 설거지 당하기도 한다. 어떤 이는 땅을 샀는데 길이 없어 건물도 지을 수가 없는 땅을 비싸게 산 것을 후회하고, 어떤 이는 썰물 때만 자신의 땅을 만날 수 있다. 이렇듯 세상에는 돈을 번 사람보다 사기를 당한 사람이 더 많다.

사기를 당해보면 어떤 것이 사기인지 가장 빠르게 알 수 있다. 하지만 비싼 대가를 치러야 하므로 굳이 그러지 말자. 가장 적은 수업료로 사기를 당하지 않는 방법은 꾸준히 경제공부를 하고, 뉴스에 귀를 기울이는 것이다.

경제공부를 하는 것은 '수학의 정석'을 공부하는 것만큼 꽤 고통스러운 일이다. 처음에는 무슨 말인지도 모르겠고 이해가 가지도 않는다. 만약 이때 쉽게 이해가 되는 투자가 있다면 당신을 꼬시는 사기일 것이다. 세상에 쉽게 돈 버는 법은 없다. 절대 믿지 말자.

난 신문을 보고, 경제TV를 틀어놓고 자며 잠결에도 공부를 했다. 그렇게 1년이 지나고 나니 그때 추천했던 수많은 투자상품은 사라졌고, 피해자들이 생겨났다. 그렇게 또 지나고 나면 또 무언가가 뜨고, 시간이 지나면 또 피해들이 생겨난다. 그렇게 몇 년이 지나면 신문이라는 것을 믿을 수가 없게 된다. 신문은 내 투자를 결정짓는 도움말이 아니라 그냥 소식을 전해주는 매체일 뿐이다. 어느덧 신문기사를 보고 사기인지 아닌지 판별하고, 뉴스 뒤에 감춰진 뜻을 이해할 수 있을 때쯤이 되면 투자 사기는 거의 당하지 않는다.

그런 의미에서 소식이 빠른 대신 깊이가 없는 뉴스나 신문보다는 깊이가 있는 경제주간지가 도움이 많이 된다. 일주일에 4,000원이면 엄청난 지식을 접할 수 있다. 1년 구독하면 10만 원에 해박한 경제지식을 얻게 된다. 이것만 꾸준히 구독해도 트렌드와 깊이를 모두 잡을 수 있다.

어느 정도 경제지식을 중무장했다고 하더라도 사기꾼을 만나게 된다. 그리고 사기꾼은 실제로 잘 구별이 되지 않는다. 하지만 이들의 특징을 어느 정도 알고, 이런 종류의 사람들 말을 듣지 말고 피해간다면 화를 피할 수 있다.

- 투자 구조가 복잡한 경우 : 사기일수록 돈을 버는 과정이 복잡하고 설명이 길어진다.
- 언변이 화려하고 유창한 경우 : 말을 잘하는 것과 돈을 잘 버는 것은 상관이 없다.
- 해외 거주, 해외 경력으로 포장하는 경우 : 해외의 사실을 내가 조회할 방법이 없다.
- 자신의 부를 과시하는 경우 : 전형적인 사기 수법이다.
- 시간을 주지 않고 몰아붙이는 경우 : 사기가 탄로 나기 전에 떠넘기려는 방법이다.
- 그 사람의 말 중 작은 것이라도 신뢰가 안 가는 거짓이 있는 경우 : 나머지도 거짓일 확률이 농후하다.
- 전문직이나 주변 누구도 투자했다고 부추기는 경우 : 의사는 병을 잘 고치는 사람이지 재테크를 잘하는 사람이 아니다. 연예인, 지인 또한 마찬가지다.
- 화제전환이 빠른 사람 : 사람의 정신을 흔들어 놓는 것이다.
- 욕심이 많은 사람 : 본인의 의사와 상관없이 큰 실수를 할 확률이 높다.

STEP 5.
월급으로
부자 되는 재테크

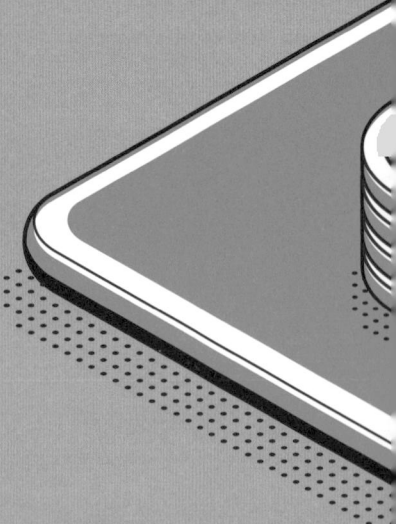

STEP 5.
Level 1. 임대업

🪙 **연 15% 수익, 아파트 급매+셀프튜닝+월세**

임대업이 1단계인 이유는 투자해서 손실이 날 확률이 가장 적기 때문이다. 그래서 첫 목돈을 모은 초보자라면 재테크 첫 단추로 임대투자를 추천한다. 월세 시세는 정해져 있어서 얼마에 사느냐가 곧 수익률이다. 세입자만 잘 받으면 최소 2년간은 신경 쓰고 살지 않아도 되기 때문에 가장 쉬운 재테크라고 할 수 있다. 그러면서도 부동산을 매입하고, 집을 수선하고, 세입자를 관리하는 과정을 통해 부동산에 대해 많은 것을 배우는 공부가 된다. 여기서 잘 배우면 더 수준 높은 임대투자자로

단계를 올릴 수도 있고, 이를 경험으로 부동산 매매와 경매 등으로 영역을 넓혀갈 수 있다.

내 경우는 약 7,700만 원으로 매입해서 보증금 500만 원, 월세 45만 원에 월세를 놓았다. 대출이 70%까지 나왔으니 실제로 투자한 돈은 리모델링비 300만 원까지 2,000만 원 정도였다. 리모델링을 하지 않은 집은 월세가 40만 원이었고, 리모델링이 된 집은 5만 원을 더 받을 수 있었다. 이를 계산해보면 300만 원 투자로 연간 60만 원의 초과수익이 발생하니 20% 수익을 주기 때문에 얼른 리모델링했다.

> 매입가 + 수수료 − 대출금 − 보증금 = 실투자금
> (월세−대출이자) ÷ 실투자금 × 100 = 투자 수익률(%)

리모델링하는 과정은 고되고 힘들었다. 정말 단순한 콘센트 교체, 도배, 싱크대 리폼, 페인트, 조명 교체, 욕실 리모델링이지만 모든 것이 새로웠기에 긴장해야 했다. 욕실 교체 빼고는 모든 것을 혼자 직접 했기에 비용을 많이 절약할 수 있었다. 물론 편하려면 업체에 맡기면 되겠지만 앞으로 목돈이 모일 때마다 한두 채씩 늘려갈 계획이었기에 기술을 배운다는 생각으로 직접 해봤다. 나중에 얘기하겠지만 이 기술은 추후 더 많은 것을 하는 데 강력한 무기가 됐다. 직접 모든 것을 다 고칠 수 있는 집주인은 집을 고치는 수리비가 거의 들지 않는다. 1,000원짜리 타일

하나 갈기 위해 기술자를 불러도 일당이 17만 원이나 된다. 간단한 기술은 익혀둬야 임대투자가 나를 위한 현금파이프가 될 수 있다.

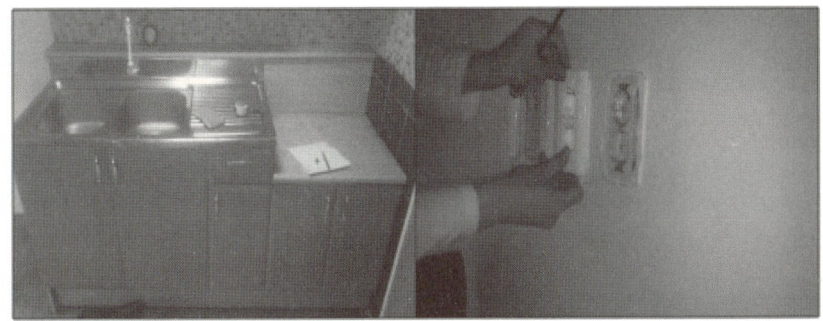

리모델링 전 모습

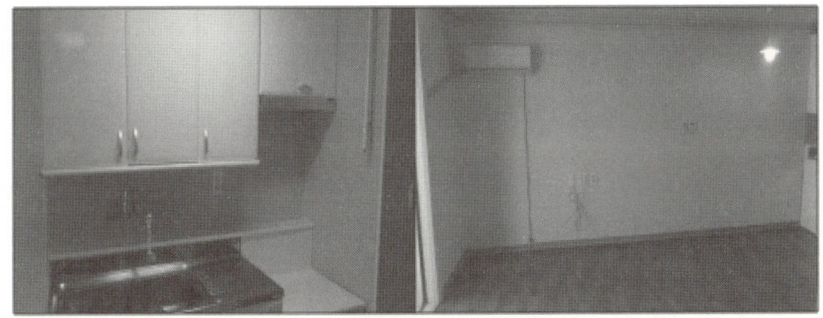

리모델링 후 모습

리모델링한 효과는 매우 뛰어났다. 약간 수선된 집보다 5만 원 더 싼 노후된 집을 택할 것으로 생각할 수 있지만 실제 사람들은 그렇지 않은 경우가 많다. 세입자로서는 돈을 조금 더 주더라도 예쁜 집에서 살고 싶어 한다. 그리고 이렇게 수선한 집은 사진이 예뻐서 시선을 끌게 된다. 나는 이런 수요를 노렸고, 부동산중개료를 아끼려고 직접 네이버 카페에 글을 올리고 2시간 만에 세입자와 계약했다.

그리고 한 달 뒤에 같은 아파트를 하나 더 매입했다. 이 두 아파트의 실제 수익률은 15%, 13%가 됐다. 당시 적금 이자가 4%도 안 되는 시대였기 때문에 은행 적금보다 3배 넘는 수익을 확보할 수 있었고, 이를 통해서 매달 50만 원 넘는 현금흐름을 확보했다.

물론 임대투자를 할 때 주의할 점이 있다. 공실이 나면 임대투자는 끝이다. 예를 들어서 지방의 공업도시 경우 그 지역 제조업이 무너지면 지역 임대사업은 그대로 망한다. 세입자가 있어야 수익률을 계산해볼 수 있는데 세입자가 없으면 은행 이자만큼 적자를 본다.

그래서 임대투자를 하려면 전국을 돌아다니면서 발품도 많이 팔고, 지도도 많이 보고, 직접 여러 집을 보면서 견문을 넓혀야 한다. 새 아파트, 헌 아파트, 빌라, 다가구주택, 달동네, 반지하, 옥탑방 등 종류를 가리지 말고 다 알아보자. 내가 살고 싶은 집이 아니라 수익률이 잘 나오는 집을 찾아야 한다. 공실이 나지 않을 것 같고, 투자 수익률이 10%가 넘는 집을 발견했다면 첫 목돈으로 투자를 진행해보자. 그리고 목돈이 모일 때마다 파이프라인을 하나씩 늘려가보자. 열심히 직장에서 일만 하는데도 월급 외에 또 다른 파이프라인에서 돈이 들어오는 재미를 느낄 것이다. 작은 파이프라인 10개만 설치하면 은퇴준비가 끝난 것이다. 3년에 한 개, 5년에 한 개라는 목표를 잡고 계속 파이프라인을 늘려보자.

> **아무에게도 알려주기 싫은 임대투자 노하우**
> - 최소 인구 50만 이상은 넘는 곳이어야 수요가 풍부하다.
> - 새 집보다는 헌 집이 투자 수익률이 높다.
> - 교통이 좋은 곳은 세입자를 구하기 쉽다.
> - 중심 상권이 가까워야 수요가 많다.
> - 대학가는 수요가 꾸준하고, 세입자 교체가 잦다.
> - 중개업소보다는 직방/다방 앱을 활용하면 한 달 월세가 절약된다.
> - 화이트톤, 화이트+그레이톤으로 집을 꾸미면 사진이 예쁘게 나온다.
> - 빌라보다는 소형 평수 아파트에 투자하는 것이 안정적이다.
> - 1층, 반지하는 투자에서 빼는 것이 좋다.
> - 너무 월세가 저렴한 곳은 투자하지 말자. 세입자 관리가 어렵다.

연 25% 수익, 매입형 셰어하우스

그다음 투자해본 것이 셰어하우스다. 셰어하우스라는 단어가 너무도 생소한 시절이라 어디 물어볼 곳도 없이 혼자 헤쳐나가야 했다. 집주인에게는 높은 수익을 세입자에게는 저렴한 가격에 양질의 숙소를 구할 수 있다는 점이 너무 매력적이었고, 좋은 일로 돈 벌고 싶다는 생각에 시작했다.

셰어하우스 타깃은 20대가 좋다. 20대는 대학가에 가장 많다. 대학을 졸업해도 대학원을 다니거나 직장을 구해도 기존에 살던 대학가에서 계속 사는 경우가 많기 때문이다. 대학가는 물가가 저렴하고, 자신이 잘 아는 곳이라 마음이 편하고, 교통 좋은 곳이 많아서 대학가를 타깃으로 셰어하우스 입지를 찾았다.

학생 수 대비 기숙사 수용인원이 적은 곳, 주변 원룸 월세가 비싼 곳, 대학 가까운 곳에 아파트가 있는 곳, 방이 3개 이상이면서 화장실이 2개 이상인 곳, 원룸을 더 지을 부지가 없는 곳, 교통이 편리한 곳 등을 고려했다. 그렇게 찾다 보니 꽤 매력적인 곳을 찾았고, 여기에 셰어하우스를 만들었다.

임대투자를 했던 경험이 셰어하우스에서 빛을 발휘했다. 집을 싸게 사는 방법을 동원해서 매매가를 1,000만 원이나 더 싸게 살 수 있었다. 그리고 콘크리트 빼고는 거의 철거하다시피 하고 새로 집을 짓는다는 느낌으로 도배, 몰딩, 장판, 싱크대, 욕실, 타일, 페인트, 시트지, 베란다 확장, 폴딩 도어, 샷시, 조명 등 대공사가 시작됐다. 싱크대, 욕실, 샷시, 폴딩 도어는 업자에게 맡기고 나머지는 내가 동선이 안 겹치게 작업했다. 엄청난 대규모 공사였지만 서로 일을 쪼개서 하니 10일 만에 완성됐다. 직접 공사하니 비용이 많이 절감됐다. 보통 인테리어 업체에 맡기는 것보다 30% 정도밖에 비용이 들지 않는다. 공사에서 인건비와 업체의 마진이 엄청난 비중을 차지하기 때문이다.

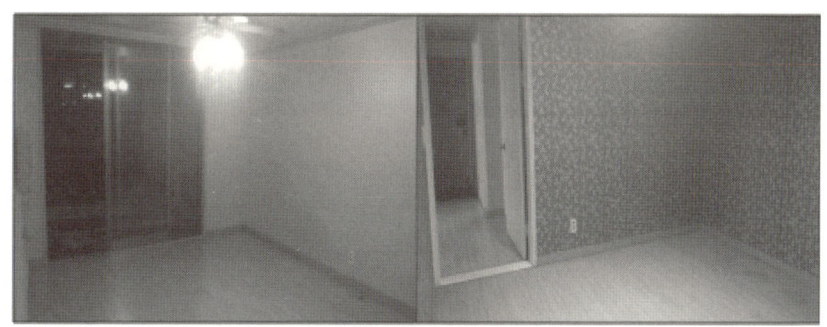

셰어하우스 공사 전 모습

셰어하우스 공사 후 모습

　일반적인 임대투자와 셰어하우스의 다른 점 중 하나는 가구, 가전, 생활용품까지 옵션으로 놓아야 한다는 거다. 거실을 카페처럼 보이려고 커피머신, 카페 테이블과 소파, 레일조명, 특수벽지를 설치했다. 이렇게 카페처럼 보이는 비주얼을 얻었다. 덕분에 집을 보러 오는 사람마다 꽤 높은 계약 성공률을 보였다. 10명이 보면 9명 이상은 계약했다. 계약을 따기 위해서 네이버 카페, 대학 게시판, 직방/다방 앱 등을 총동원했다. 셰어하우스 초기로 잘 알려지지 않았던 시기임에도 10일간 공사하는 도중 만실을 채웠다.

이러한 자신감으로 공사가 끝나자마자 같은 아파트에 2호점을 또 차렸다. 여기도 10일간의 공사가 끝나기도 전에 만실을 채웠다. 이렇게 빨리 만실을 채울 수 있었던 것은 직접 공사로 원가를 낮추고, 테마를 정해 가전, 가구, 인테리어가 조화를 이루면서 강력한 시각적인 효과가 있었기 때문이었다.

임대수익률은 22~25% 정도가 나왔다. 기존의 소형아파트 임대는 13~15%가 나왔는데 약 10% 이상 수익률을 더 끌어올릴 수 있었다. 즉, 4~5년만 운영하면 투자 원금을 모두 뽑고 그 뒤부터는 현금이 들어오는 확실한 파이프라인이 되는 것이다.

다만 10%의 수익률을 더 끌어올리기 위해 세입자를 구하고 관리하는 스트레스가 부여된다. 스트레스를 가져가며 돈을 번다는 것이 유쾌한 일은 아니지만 그래도 셰어하우스는 청년들에게 좋은 집을 저렴하게 제공하는 좋은 일이기 때문에 주로 즐거운 스트레스를 받는다. 하나 더 위로가 되는 건 셰어하우스를 두 개 운영하면 스트레스는 거의 그대로인데 수입은 두 배가 된다는 점이다. 즉, 셰어하우스는 한 개만 하지 말자. 여러 개를 운영해야 규모의 경제 효과를 볼 수 있다. 가전가구 매입가격은 점점 내려가고, 기술은 능숙해져서 작업시간은 단축되고, 계약률은 올라가고, 마진은 점점 좋아진다.

전대차 셰어하우스의 장점
- 적은 돈으로도 운영이 가능하다.
- 인테리어가 거의 들어가지 않는다.
- 수익률이 높다.

전대차 셰어하우스의 단점
- 인테리어 비용을 회수할 방법이 없다.
- 저렴하면서 월세가 싼 집을 구하기 어렵다.
- 장기계약을 얻지 못하면 투자금 회수가 어렵다.

투자금 400만 원으로 연 200% 수익, 전대차 셰어하우스

셰어하우스로 높은 수익률을 기록했지만 조금 더 높은 수익률을 낼 방법을 찾고 싶었다. 1인당 나올 수 있는 대출이 2건이라서 매입형 셰어하우스는 무한정 늘릴 수 없다는 단점이 있었다. 또한 투기과열지구의 경우 대출이 1건, 시세의 40%로 조건이 나빠졌기 때문에 서울의 경우는 매입형 셰어하우스 투자가 수익이 나오지 않는다.

집을 월세로 구해서 운영하는 셰어하우스는 이런 단점을 해결할 수 있었다. 대출에서 자유로워서 개수를 무제한으로 늘릴 수 있고, 매입하지 않아서 보증금만 있으면 바로 차릴 수 있었다.

단, 공실이 나면 내는 월세만큼 모두 손실로 잡힌다. 공실이 나면 내가 살겠다는 마음으로 한 채씩 만실을 채우면서 개수를 늘려가자. 절대 한 번에 여러 채를 진행하면 안 된다.

세종시의 경우 도시 내에서는 원룸 건축이 불가능하기에 셰어하우스가 꽤 매력이 있는 곳이었다. 방 3개에 화장실 2개인 새 아파트가 보증금 500에 35만 원, 방 4개인 아파트는 보증금 700에 40만 원이었다. 수도권에서는 상상할 수 없는 착한 가격이라서 시도에 부담이 가지 않았다. 더구나 새 아파트기 때문에 리모델링이 필요하지 않았다. 가전, 가구, 생활용품만 예쁘게 사서 배치했다. 들어간 비용은 300만 원도 되지 않았다. 그렇게 광고를 냈고, 얼마 가지 않아서 곧 만실이 찼다. 4명이 사는 집은 월 95만 원, 5명이 사는 집은 115만 원의 매출이 나왔다. 두 채를 합쳐도 실투자금이 1,000만 원도 들지 않으면서도 월 135만 원이 순이익으로 들어왔다.

전대차 셰어하우스 모습

물론 셰어하우스라는 단어를 집주인에게 설명하고 전대차계약을 받아야 하고, 인테리어할 수 없고, 2년마다 재계약을 걱정해야 한다. 이 점을 빼고는 높은 수익률의 셰어하우스 투자는 매력적이었다.

　전대차 셰어하우스의 가장 큰 관건은 얼마나 집을 저렴하게 임대할 수 있는가다. 싼 집은 보통 수리를 요하는 집들이 많다. 이를 사서 얼마나 수선을 하느냐가 중요한데 2년 운영해서는 투자금 회수가 되지 않는다. 그러므로 수선해야 하는 집은 장기계약을 조건으로 수리하던가 수리가 된 집을 구하는 것이 중요하다.

연 100% 수익, 빈방도 돈이 되는 에어비앤비

　셰어하우스를 모두 정리했을 때쯤 한창 에어비앤비가 유행하기 시작했다. 주로 여행자들을 대상으로 자신이 가진 집의 한 칸을 공유하는 방식으로 여행자는 여행비용을 줄일 수 있어서 좋고, 집주인은 소득을 얻을 수 있어서 좋은 주거공유 서비스다.

　그래서 전 세계적으로 이 서비스가 유행하고 있고, 한 번도 안 써본 사람은 있어도 한 번만 써본 사람은 없다고 할 정도로 여행객들에게 인기가 높다.

　셰어하우스를 해봤다면 에어비앤비를 하기는 더 쉽다. 홍보나 모집을 에어비앤비에서 해주기 때문에 집을 예쁘게 꾸미고, 청소만 잘해주면 따로 신경 쓸 것이 없다. 에어비앤비는 여행객들이라서 많은 수납공간이나 가전, 가구가 필요하지 않다. 간단하게 여행객들이 필요한 물건 위주로 잘 갖추면 된다.

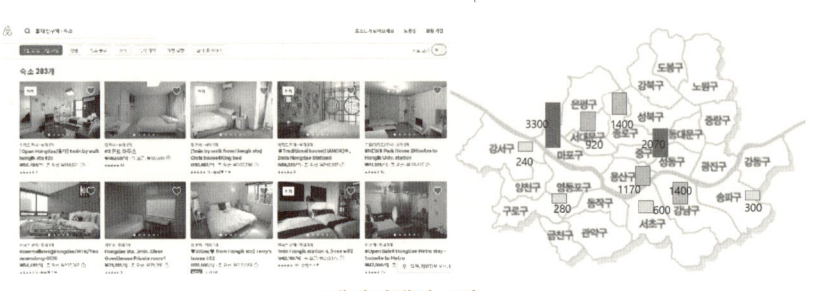

에어비앤비 모습

보통 시세는 호텔 가격의 70% 선에서 결정된다. 가장 수요가 많은 홍대입구역 평일 기준 2인은 7만 원, 4인은 10만 원, 6인 이상은 15만 원 이상을 받는다. 주말이 되면 가격을 더 받는다. 그럼 아주 단순하게 계산해볼 때, 하루도 쉬지 않고 만실을 채운다면 월세보다 4배 높은 매출이 나온다. 여기에 청소비, 공실로 인한 손해 등을 빼면 남는 것이 온전히 자신의 소득이다.

> 평일매출 × 21일 + 주말매출 × 9일
> − 청소비 − 월세 − 공실로 인한 손해
> = 순이익

잘만 투자한다면 투자금 대비 연 200%가 넘는 수익도 가능하다. 하지만 청소로 들어가는 노동력 또는 비용, 공실이 나지 않도록 청결에 신경 쓰고, 고객관리에 시달리는 스트레스 등을 고려해볼 때, 절대 쉽게 돈 버는 것은 아니다.

에어비앤비는 셰어하우스보다 자잘하게 손이 많이 가서 직장인이 관리하기는 어렵다. 체크아웃하는 오전 11시부터 체크인이 들어오는 오후 5시에 시간을 낼 수 있는 프리랜서나 주부라면 충분히 도전할 만하다.

직장인처럼 이 시간에 청소하기가 어렵다면 2가지 방법이 있다. 첫째로 청소업체에 돈을 주고 맡기는 방법이다. 기본 청소비에 피크타임 할증, 매트리스와 베게커버 교체까지 해서 4만 원을 받는다. 즉, 청소를 맡기고 나면 남는 것이 별로 없다. 직접 청소해야 소득이 나고, 고객들의 만족도가 좋다. 청소의 수준은 호텔급으로 해야 좋은 별점을 받을 수 있고, 좋은 별점은 곧 노출 순위 상승으로 이어진다.

둘째로 장기고객 위주로 받는 방법이다. 며칠 이상 고객만 숙박 가능을 앱에서 설정하거나 장기투숙 시 대폭할인을 걸어서 장기투숙을 유도하는 방법이다. 장기투숙고객을 받으면 단기로 돌리는 것보다는 수익률이 떨어지지만 고객관리와 청소에 대한 스트레스가 없고, 청소를 업체에 맡기는 것보다는 높은 수익이 난다.

전국에만 3만 5,000개의 에어비앤비가 있고, 마포구에만 3,500개의 에어비앤비가 있다. 종로구, 서대문구같이 외국인들의 여행지인 곳이나 출장이 잦은 강남구에 에어비앤비가 많다. 최근에는 외국인들이 강남보다는 홍대입구를 가장 선호한다. K-POP을 느낄 수 있는 클럽과 패션, 쇼핑, 볼거리, 연남동의 먹거리가 있고 공항철도역이 있어서 앞으로도

STEP 5. 월급으로 부자 되는 재테크

가장 수요가 많은 곳이 될 것이다.

　수요가 많아서 성공이 쉬울 것 같지만 그만큼 경쟁이 심해서 별점을 낮게 받으면 바로 아웃이 된다. 고객들에게 높은 별점을 받아 슈퍼호스트가 되도록 처음에는 가격을 낮게 받고, 청결에 최대한 신경 쓰고, 과자나 커피같이 간단한 간식을 주고, 숙박객이 편하게 느끼도록 섬세하게 챙겨주는 서비스가 필요하다.

🪙 주택임대사업자의 모든 것

　집을 사서 임대사업을 하려면 주택임대사업자를 등록해야 한다. 대부분 사업자를 내지 않고 자신이 가진 집을 임대 내어 소득을 얻고 있다. 그래서 상가와 달리 주택은 꼭 임대사업자를 낼 필요는 없다.

　다만 임대사업자를 내면 국가에서 혜택을 준다. 임대사업자를 내고 임대소득에 대해 세금을 내도록 유도하고 있다. 임대사업자는 다주택자임에도 장기보유특별공제 혜택을 제공해서 양도소득세를 감면시켜 준다. 준공공주택임대사업자의 경우 8년을 보유하면 70% 감면, 10년을 보유하면 면제(농특세는 부과)가 된다. 만약 임대사업자를 내지 않은 다주택자가 집을 팔면 양도소득세를 50% 넘게 물어야 하므로 임대소득이 목적이라면 단기(4년)임대사업자보다 세금혜택 큰 준공공(8년)주택임대사업자를 내서 세재혜택을 받는 것이 좋다.

물론 혜택만 있는 것은 아니다. 단점은 의무기간을 채우지 못하면 과태료가 발생하고 세금혜택을 받을 수 없다. 임대료도 연 5% 이상 올릴 수 없어서 임대수익에 제한이 걸린다. 그 외에도 혜택을 받으려면 까다로운 조건을 통과해야 한다. 그래도 많은 혜택이 있으니 임대소득세를 내더라도 가급적 등록하자.

준공공임대주택 조건과 혜택

가격	6억 원 이하(지방 3억 원 이하)
면적	85㎡ 이하
임대의무기간	거주주택 과세특례는 5년 의무 장기임대주택만 양도소득세 중과배제, 종합부동산세 합산배제 8년 의무
임대료 상한선	연 5% 이내
혜택	임대소득세 감면(2,000만 원 이하 분리과세) 종합부동산세 비과세(2채 이상) 장기보유특별공제(8년) 70% 공제 양도소득세 면제(10년) 건강보험료 80% 감면(2,000만 원 이하)

임대사업자를 내서 가장 큰 혜택은 임대사업자를 내지 않은 본인이 사는 집의 2년 실거주 조건을 채우면 양도소득세를 내지 않아도 된다는 점이다. 거기다 임대를 놓은 집들도 8년만 보유하면 양도소득세 혜택을 받을 수 있으니 수천만 원에서 수억 원 이상 절세할 수도 있다.

공무원도 임대사업자 등록이 가능하다. 업무에 피해를 주지 않기 때문에 가능하다. 보통 임대의 경우 2년에 한 번 정도 진행하고, 중개업소를 통하므로 업무에 영향이 없다고 보기 때문이다. 하지만 과도하게 많은 임대를 놓는 경우는 업무에 지장이 있다고 의심받을 수 있으므로 주택관리업체에 임대관리를 맡기는 것이 좋다.

원룸, 상가주택, 상가는 어떨까?

노후를 위한 대비로 원룸이나 상가주택을 짓고 살거나 상가를 매입하는 경우가 많다. 하지만 되도록 말리고 싶은 투자다. 특히 상가는 꼭 말리고 싶다. 그중에서도 신도시의 상가 투자를 하는 경우가 많은데 상가는 밖에서 보면 희극이지만 매입하고 안에서 보면 비극이다. 매우 비싼 가격에 사서 비싼 가격에 월세를 놓아야 간신히 은행이자 수준이다. 그마저도 들어올 세입자가 없다. 그래서 분양 홍보할 때는 이미 세입자가 있고, 수익률이 10%나 되니까 가져만 가라고 한다.

하지만, 세입자는 장사가 안되면 월세를 낮춰달라고 요구할 수 있다. 장사가 잘되면 5년이나 10년 뒤에 세를 올려 받을 수 있지만 장사가 안 되면 즉시 월세를 깎아줘야 하는 부담이 있다. 물론 반드시 깎아줘야 하는 것은 아니지만 세입자의 사정을 보면 쉽지 않다. 게다가 상권지도가 급격하게 바뀌고 있다. 젠트리피케이션 현상으로 경리단길, 가로수길, 세로수길, 송리단길로 불리며 핫했던 곳들의 월세가 치솟으면서 이쪽이

시들해지고 주변이 다시 핫해지는 현상이 매우 빠르게 진행되고 있다. 주택은 월세가 오르고 낮아지는 폭이 매우 작다. 즉, 임대투자자로서는 안정적인 수익이 기대된다. 하지만 상권은 저렇게 월세가 오르고 내리는 폭이 크면 불안정한 수익이 된다. 노후를 위한 투자로 상가는 매우 매력적이지 못하다.

또한 상가는 주택과 다르게 시차가 존재한다. 도시가 생기고 주택과 상가가 생기면 주택은 금방 차지만 상가는 다 차는 데 몇 년이 걸린다. 그래서 초반에 차린 상가들은 대부분 망하고 상가 가격이 떨어진다. 반대로 수명이 다 되어가는 도시의 주택은 공실이 빠르게 늘지만 상가는 활발하다가 천천히 불빛이 줄어든다. 주택은 임대가 보통 2년마다 교체되지만 상가는 5년, 최대 10년마다 교체되므로 시차가 존재하게 된다.

그래서 노후된 도시의 상가 투자는 수익률이 높고 안정적이지만 언제 상권이 사라질지 모르는 폭탄 돌리기다. 결국 상가 투자는 타이밍 투자가 되기 때문에 노후를 위한 안정적인 투자로 볼 수 없다.

원룸이라 불리는 다가구주택은 1주택이므로 임대사업자를 내지 않아도 비과세가 면제되고, 월세가 크게 오르고 떨어지지 않는다. 또한 수명이 길고 수요가 많아서 꽤 쏠쏠한 투자다. 수도권 안으로 짓는다면 공실 걱정은 크지 않고, 월세가 대충 정해져 있어서 땅을 얼마에 사느냐, 건축비가 얼마 드느냐, 대출을 얼마나 받느냐에 따라서 짓는 시점에 투자 수익률을 알 수 있다.

보통 80평 정도의 땅을 사서 짓고, 용적률 200%, 건물 160평 정도로 지을 수 있다. 건축비는 평당 350만 원에서 400만 원 선으로 6억 원 정도가 들어가고 여기에 땅 가격을 더하면 총투자비용이 발생한다. 대출은 1/3 정도 선에서 나오는 것이 보통이다. 나머지는 보증금을 받아 채울 수 있으므로 총비용의 절반만 있으면 원룸주인이 될 수 있다.

지방의 가면 매매가격이 4억 원인 원룸들도 많다. 실제로 대출과 보증금을 합치면 2억 원만 있어도 방이 16개가 있는 원룸주인이 될 수 있다. 하지만 지방은 공실 위험성이 크므로 대학가가 아닌 이상 별로 추천하지 않는다.

원래는 원룸을 짓고 싶어서 전국을 돌아다녔었다. 지방은 저렴했고 공실이 많았다. 도시는 공실 걱정은 없지만 땅이 너무 비싸서 지어도 도저히 수익이 나지 않았다. 낡은 원룸을 매입하면 주변 신축 원룸에 치여서 공실이 발생할 수 있고 월세를 낮춰야 하는 부담이 있었다. 신도시나 원룸수익이 괜찮은 곳은 주변에 또 수많은 원룸이 지어지고 있었다. 그리고 그 원룸들은 공사를 시작한 지 4개월이면 완성되어서 세입자들을 받을 수 있었다.

이런 모든 것을 고려했을 때, 원룸을 짓기 좋은 곳을 발견하지 못했다. 8% 이상 수익 낼 수 있는 자리들이 있었지만 원룸 투자에 적당한 시기는 아니었다. 부동산과 주식으로 돈이 움직이는 시기였기에 더 좋은 투자가 널린 상황에서 굳이 낮은 수익률에 투자할 필요는 없었다.

지금의 상황에서는 다시 주목하는 것이 상가주택이다. 상가주택은 상가와 주택이 결합된 상태로 1층이 상가인 원룸으로 보면 된다. 보통은 1층은 상가, 2~3층은 투룸, 4층은 주인세대로 이뤄진 경우가 많다. 이렇게 짓는 데는 이유가 있다. 아파트에 살 돈으로 상가주택을 지으면 1층에서 상가월세를 받을 수 있고, 2~3층을 투룸으로 넣으면 전세를 받기도 편하고 수가 적어서 수익률은 떨어지지만 세입자 스트레스도 덜하기 때문이다. 그리고 4층에는 본인이 살면 1주택으로 양도소득세도 면제받을 수 있다. 법률상 상가면적보다 주택면적이 더 넓으면 주택으로 보기 때문이다.

꼭 투룸으로 할 필요는 없고, 소득이 높은 편인 직장 부근이나 신혼부부 수요가 많은 곳은 투룸, 대학가나 소득이 낮은 직장 부근은 원룸으로 편성하는 것이 수익률을 올릴 수 있다. 목이 좋은 신도시에 상가주택을 지으면 13억 원 선에서 월 500만 원의 수익을 기대할 수 있다. 수익률로 보면 그렇게 높진 않지만 주변 아파트 살 돈에서 조금만 더 보태면 노후수익이 들어오는 집이 되기 때문에 노후 투자로 꽤 매력적이다.

단, 상가가 끼어 있어서 어떤 업종을 받느냐 어느 골목에 위치하느냐가 달라진다. 코너 상권이 상가임대료를 더 받기 좋고, 위치에 따라 토지가격이 1억 원 이상 차이가 나기도 한다. 세입자들은 편의점이나 카페를 선호하고, 술집이나 고깃집을 기피한다. 그러므로 상가를 임대 놓을 때 업종을 잘 골라서 받아야 2~3층 월세를 빨리 뺄 수 있다.

STEP 5.
Level 2. 부동산

🪙 청약통장으로 내 집 마련하기

　가장 적은 돈으로 가장 안정적이면서 큰돈을 만질 수 있는 투자가 무엇이냐고 물어보면 최근 몇 년간은 단연 아파트 청약 당첨이라고 말할 수 있었다. 아파트에 당첨되려면 청약통장을 가진 사람들이 청약점수를 경쟁해서 높은 순 또는 추첨으로 아파트 계약자를 선별하는데 주변 아파트 시세 대비 분양가격이 저렴해서 당첨 즉시 웃돈이 몇억씩 오가는 경우가 흔했다.

　게다가 당첨되고 나면 아파트 입주 기간까지 2년이 넘게 걸리므로 초반에 계약금 10%만 내고 나머지 60%는 중도금 대출로 버티면 그사이 아파트 시세는 더 올라갔다. 그리고 잔금 30%를 내고 입주해야 하는 시기가 오면 아파트 가격은 더 올라가서 분양가격 전체를 합친 것보다 대출이 더 많이 나왔다. 그래서 실제로 계약금만 가지고 돈을 버는 방법이 아파트 청약이었다. 물론 이런 시기는 자주 오지 않고, 지금은 이런 시기를 지나가고 있다.

그런데도 아직 좋은 곳들은 아파트 청약 인기가 폭발적이다. 예를 들어 서울 내에서 아파트를 지을 수 있는 곳은 한정적이고, 신혼부부를 포함해 새 아파트를 선호하는 현상이 강하기 때문에 아직 청약통장 투자는 유효하다. 지금부터 청약통장을 미리 만들어두면 좋다.

청약점수는 무주택기간, 부양가족 수, 청약통장 가입기간으로 구성된다. 인기가 있는 곳은 70점 정도가 나와야 커트라인이기 때문에 일반적인 방법으로는 20~30대가 당첨될 수 없다.

청약 커트라인

가점항목	가점점수	점수	가점구분	점수
무주택기간	1년 미만	2점	9년 미만	18점
	2년 미만	4점	10년 미만	20점
	3년 미만	6점	11년 미만	22점
	4년 미만	8점	12년 미만	24점
	5년 미만	10점	13년 미만	26점
	6년 미만	12점	14년 미만	28점
	7년 미만	14점	15년 미만	30점
	8년 미만	16점	15년 이상	32점
부양가족 수	0명	5점		
	1명	10점	4명	25점
	2명	15점	5명	30점
	3명	20점	6명 이상	35점
가입기간	6개월 미만	1점	9년 미만	10점
	1년 미만	2점	10년 미만	11점
	2년 미만	3점	11년 미만	12점
	3년 미만	4점	12년 미만	13점
	4년 미만	5점	13년 미만	14점
	5년 미만	6점	14년 미만	15점
	6년 미만	7점	15년 미만	16점
	7년 미만	8점	15년 이상	17점
	8년 미만	9점		18점

젊은 사람들이 청약에 당첨되는 방법은 크게 2가지가 있다. 하나는 신혼부부특공을 노리는 것이다. 공공분양은 분양물량의 30%, 민간분양은 20%를 신혼부부에게 공급하고 있다. 혼인신고한 지 7년 이내라면 신혼부부특공에 신청할 자격이 생긴다. 자녀(태아 포함)가 있다면 1순위, 없으면 2순위가 되므로 신혼부부특공을 적극적으로 노려보자. 소득기준이 있는데 부부합산 소득이 높으면 해당되지 않는 경우가 많다. 이럴 때는 한 명이 육아휴직으로 소득이 줄었을 때 소득증빙자료를 제출하면 소득 커트라인을 통과할 수 있다.

신혼부부 배정물량 (단위 : 원)

가족구성원	월 평균소득	120%	130%
3인 이하 가구	5,002,590	6,003,108	6,503,367
4인 가구	5,846,903	7,016,284	7,600,974
5인 가구	5,846,903	7,016,284	7,600,974
6인 가구	6,252,708	7,503,250	8,128,520
7인 가구	6,658,513	7,990,216	8,656,067
8인 가구	7,064,318	8,477,182	9,183,613

다른 하나는 전용 면적 85㎡ 초과 아파트를 노리는 것이다. 85㎡ 초과하면 분양물량 50%는 추첨으로 돌리기 때문에 점수에 상관없이 당첨의 가능성이 생긴다.

면적에 따른 추첨물량 비율

구분	85㎡ 이하		85㎡ 초과	
	가점제	추첨제	가점제	추첨제
수도권 공공택지	100%	–	가점제 50%이하에서 지방자치단체가 결정	
투기과열지구	100%	–	50%	50%
청약과열지구	75%	25%	30%	70%
기타 지역	가점제 40% 이하에서 지방자치단체가 결정		–	100%

청약에 당첨될 생각이 없더라도 청약통장에 매달 20만 원까지 넣는 돈은 소득공제(40%)가 가능하다. 최대 96만 원을 소득공제 받을 수 있으므로 실질 이자가 높은 투자 수단이다. 그러다가 15년 뒤, 청약할 일이 생기면 청약통장 가입기간 점수를 최대로 받을 수 있으니 우선은 만들어서 잘 저축해두는 것이 유리하다.

아파트를 잘 고르는 비법

누구나 내 집 마련의 꿈을 가진다. 하지만 수도권의 집값은 소득보다 너무 비싸다. 평생 내 집 한 채 가져보는 것이 꿈인 직장인들이 얼마나 많은가? 결론부터 말하면 어떻게 하든 간에 내 집 한 채는 있어야 한다. 첫째로 주택가격의 상승은 임금상승보다 빠르기 때문에 돈을 모은 다음에 집을 산다는 것은 매우 비효율적인 일이다. 최대한 빨리 목돈을 모아서 집값이 바닥을 쳤을 때 얼른 사거나 청약을 통해 집을 구한 다음, 다시 열심히 돈을 모아서 대출을 갚아야 한다. 둘째는 앞으로 출생률 감소로 연금이 금방 고갈될 것이기 때문이다. 이럴 때 믿을 수 있는 것은 주택연금밖에 없다. 내 집이 있어야 주택연금을 신청할 수 있고, 이 집을 담보로 연금을 받아 생활비로 쓸 수 있다. 주택연금이 사라지더라도 집이 한 채 있으면 팔아서든 월세를 놓아서든 생활비로 사용할 수 있다. 어쨌든 집은 노후를 대비하는 마지막 보루다.

집은 언제 사야 할까?

- 집을 사야 하는 순간은 대중의 심리와 반대로 하면 된다. 남들이 사고 싶어 할 때는 팔아야 할 시기고, 남들이 팔고 싶어 할 때 사야 한다. 이를 역발상 투자라고 한다. 모든 투자 방법 중에서 이 방법이 가장 성공할 확률이 높다. 두려움을 견뎌낼 수만 있다면 말이다.

어떤 집을 사야 할까?

- 노후 아파트는 사지 말자. 콘크리트의 수명은 100년이라지만 아파트의 수명은 30년으로 보는 것이 맞다. 30년을 향하는 아파트 중 일부는 바닷모래를 사용해서 철근의 부식이 심하고, 배관이 견뎌내지 못하는 경우가 많다. 결국은 재건축이 필요하게 된다. 문

제는 수익성! 서울 내의 저층 아파트는 재건축할 가능성이 높지만 서울이 아닌 곳, 10층이 넘는 곳은 재건축에 어려움이 따른다. 매번 재건축만 기다리다가 좋은 시절 다 갈 수도 있다. 재건축의 가능성이 있는 아파트는 5층 이하의 아파트거나 서울의 아파트가 대부분이다.

- 대규모단지 : 대규모단지 아파트는 세대 수가 많아 거래량이 많을 수밖에 없다. 신기하게도 거래량은 가격 상승을 동반한다. 세대 수가 많으면 규모의 경제효과 때문에 관리비가 절감되고, 다양한 편의시설이 따라오게 된다. 이런 장점들로 대규모단지 아파트가 주변 아파트보다 더 높은 가격을 받는다고 생각한다. 하지만 실제로 더 가격 상승을 주는 요소는 랜드마크가 되기 때문이다. 그 지역에서 가장 중심이 되는 아파트가 되므로 인지도가 높아지고, 이는 브랜드가치로 환산할 수 있다. 그 지역 집을 알아볼 때 세대 수가 많은 아파트부터 보게 될 확률도 올라가고, 수요가 높아지니 가격은 자연스럽게 올라갈 수밖에 없다.

- 역세권 : 중심상업지구나 지하철역을 도보로 5분 이내 접근할 수 있는 아파트는 매우 매력적이다. 살아보면 역세권에 산다는 것이 얼마나 편한 일인지 모른다. 맛집, 카페, 병원, 학원을 걸어서 다닌다는 것은 매우 행복한 일이다. 더구나 지하철역이 가까우면 출퇴근이 한결 편하다. 여름, 겨울에 버스를 기다려 본 사람은 알 것이다. 사계절 편한 지하철이 1개 또는 두 개가 된다면 출근은 더 편

해진다. 최근에는 트리플(3개), 쿼드러플(4개) 역세권도 존재한다. 교통이 편해질수록 이 아파트에 살고 싶어 하는 사람은 늘게 되고, 가격은 오를 수밖에 없다.

- 신도시 : 어느 정도 규모를 갖춘 신도시는 구도심의 새 아파트가 따라올 수 없는 무언가를 갖추고 있다. 반듯한 도로와 인도, 자전거 도로, 땅속으로 숨은 전봇대, 편리한 교통시스템, 블록마다 보이는 공원, 잘 계획된 조경, 접근성이 가까운 상업지구 등 신도시에 살아본 사람은 다른 곳으로 나가 살기가 싫어진다. 아파트도 새것, 학교도 새것, 도로도 새것, 모든 것이 새것이다 보니 맛집과 예쁜 카페가 몰린다. 당연히 아파트를 가장 많이 사는 수요층인 신혼부부와 젊은 부부의 수요를 당기게 되고, 신도시 아파트는 가격이 오를 수밖에 없다. 하지만 신도시라고 해도 직장과의 접근성이 가장 중요하다. 그래서 교통이 더욱 중요하게 여겨진다. 신도시 투자 시 강남을 몇 분 안에 접근할 수 있느냐가 관건이 된다. 광교, 동탄, 판교, 분당, 위례, 하남이 왜 들썩였는지 생각해보면 답이 나올 것이다.

- 조망권 : 뻥 뚫린 시야를 제공하는 아파트는 마치 호텔이나 단독주택에 사는 느낌을 준다. 특히 강, 바다, 호수가 보이는 아파트는 실제 가치보다 더 높은 프리미엄을 받는다. 신도시의 호수조망이 나오는 아파트는 주변 단지보다 1~3억 원 이상 높게 형성된다. 꼭 물조망이 아니더라도 골프장, 산, 도시가 보이는 조망도 매력이

있다. 그래서 아파트를 청약하거나 살 때 조망이 좋은 아파트가 조망이 없는 아파트와 가격 차이가 별로 없는 상황이라면 과감히 조망권을 가진 아파트를 사는 것이 유리하다.

- 초품아 : 학군이 집값을 움직이는 것이 아니다. 집 가격이 학군을 서서히 만든다. 그래서 우리는 학군을 학세권이라고 부른다. 신도시들도 처음에는 학군이 형성되지 못하다가 천천히 도시가 안정화되고 주택가격이 오르면서 학군을 형성한다. 이와 별도로 초품아가 인기다. '초등학교를 품은 아파트'라는 뜻이다. 맞벌이 부부가 대다수인 현실에서 아이들의 안전과 학업에 영향을 준다는 생각에 초등학교 바로 옆 아파트가 인기가 높다. 그리고 이런 현상은 집값에 꽤 영향을 줄 정도가 됐다. 신혼부부 또는 어린 자녀를 둔 부부들이 주택시장에서 가장 큰 수요층이기 때문이다. 그만큼 학교는 중요하다.

아파트 타입을 먼저 공부하자

- 베이 : 기둥과 기둥 사이의 칸을 가지고 베이라고 부른다. 예를 들어 외부에서 봤을 때 방과 거실 2칸이 보이면 2베이, 방 2개와 거실이 보이면 3베이, 방 3개와 거실이 보이면 4베이라고 볼 수 있다. 베이가 중요한 이유는 베이 숫자가 커질수록 서비스 면적이 늘어나서다. 아파트는 기존 면적 이외에 발코니 부분을 서비스로 제공한다. 베이가 늘어날수록 서비스 면적은 늘어나게 되고, 대부

분 방과 거실이 남쪽을 바라보게 되므로 난방비나 채광에서 유리하다.

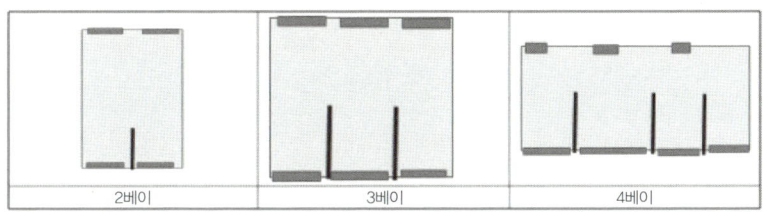

- 판상형 vs 타워형 : 예전에는 성냥갑 모양의 판상형 아파트가 대부분이었다. 판상형은 엘리베이터 한 대로 층별로 두 집이 있다. 또는 복도식 아파트들이다. 판상형으로 하면 대부분의 집을 남향으로 배치할 수 있다는 장점이 있으나 동간 간격이 좁아지고, 서로의 집이 보인다는 단점이 있다. 타워형이 들어오면서 아파트는 더 높이 지을 수 있게 됐다. 보통 엘리베이터 2대에 층별로 3집이 쓴다. 3방향으로 향을 틀게 되므로 동간 간격이 넓어지고, 사생활 침해로부터 자유로워진다. 하지만 가운데 집은 서비스 면적이 줄어들게 된다.
- A타입, B타입, C타입 : 아파트 모델하우스에 가면 같은 면적이어도 84A, 84B, 84C 등으로 타입을 나눠서 분양한다. 타입에 따라서 아파트의 구조가 정해지는 경우가 많다. A타입은 직사각형 모양으로 주로 남향에 가까우며, 3베이 또는 4베이인 경우가 많고, 위아래가 뚫려있어 맞바람이 잘 친다. 주방에서 요리해도 주방 창과 거실 창을 열면 냄새가 쉽게 빠지고 여름에 창문을 열면 바람

이 술술 잘 통하는 집이다. 즉, A타입이 인기가 제일 좋다. B타입은 거실 창이 2면이다. 타워형 아파트의 가운데 집이 보통 B타입이다. 주방에서 창을 열 수 없거나 열더라도 맞바람이 치지 않아 음식 냄새가 잘 빠지지 않고 여름에 창문을 열어도 A타입만큼 바람이 들이치지 못해 덥다. 그래서 B타입이 A타입보다 집 가격이 최소 1,000만 원 이상 저렴하다. C타입부터는 변칙구조로 건설사마다 다르다. 만약, 청약을 한다면 A타입을 노리는 것이 경쟁률이 높아 떨어질 확률은 가장 높지만 당첨 후 가장 큰 이익을 얻을 수 있는 집이고, 당첨확률을 높이는 청약전략을 쓴다면 B타입에 도전하는 것이 좋다.

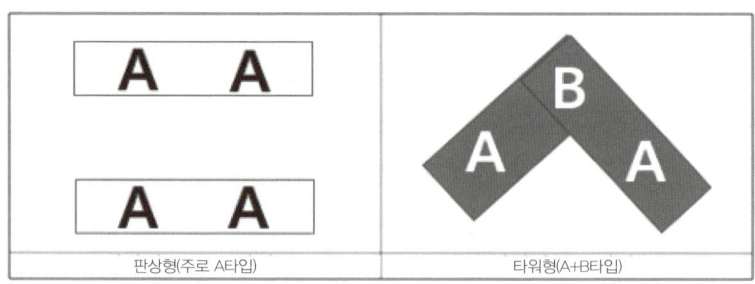

판상형(주로 A타입) / 타워형(A+B타입)

정확히 어디를 사야 할까?

아마도 '어디를 사라'는 말을 가장 궁금히 여기겠지만 집값 상승률이 1등인 곳은 매년 바뀐다. 물고기를 잡는 것보다 잡는 방법을 알려주는 것이 더 좋겠다. 가장 쉽게 찾는 방법은 각 지역의 시·군·구청 홈페이지에 들어가서 인구통계를 보는 것이다. 최소 3년에서 5년 이상 꾸준히 인구가 늘고 있는 곳에 투자하면 집값이 떨어질 일은 없다. 인구가 늘어난다는 것은 이곳으로 직장이 생기고 개발되고 있다는 뜻이다. 주택이 앞으로 부족해질 것이고 전세가와 매매가 모두 오를 것이라는 이야기다. 하지만 애석하게도 이런 도시는 거의 몇 개 되지 않는다. 그래서 더 쉽게 찾을 수 있고 투자할 수 있다.

예를 들어 강남에 접근이 쉬우면서도 인구가 급격히 느는 도시가 있다면 투자하기 적합한 곳이다. 몇 년간 그런 곳의 집값이 많이 올랐다. 반대로 인구가 늘면서도 집값이 애먹은 곳이 있는데 평택이다. 중국무역 확대로 많은 공장이 평택에 지어지고, 고덕신도시가 개발되고, 땅값이 올랐지만, 주택가격은 별로 오르지 않고 미분양 덩어리가 평택이었다. 그 이유는 인구증가보다 너무도 많은 아파트가 지어졌기 때문이다. 과한 공급, 서울과 먼 물리적 거리의 한계 등은 SRT 개통으로도 빛을 보지 못했다.

교통이 요지인 곳은 오를 수밖에 없다. 특히, M버스, GTX, 지하철, SRT, KTX가 있는 곳은 주택가격이 오를 수밖에 없다. 교통이 좋아지면서 주택가격이 오른 사례는 수도 없이 많다. 여기에 나열한 것 중 아직 현재가 아닌 미래인 것은 GTX밖에 없다. GTX-A 노선 중 한강 이남 위주로 잘 보면 투자하기 좋은 도시들이 눈에 보일 것이다.

앞으로 교통이나 상권이 좋아질 곳에 투자하는 곳도 좋은 방법이다. 교통이 아직 완성되지 않은 신도시는 이런 점에서 매력이 있다. 신도시가 생기면 처음에는 오르다가 교통이 불편해서 출퇴근이 힘들어서 집값이 정체를 벌인다. 불만은 쌓이고 수요는 계속 늘어나므로 기존 계획에 없던 교통망이 확충되기도 하고, 공사 중인 지하철이 개통되는 순간 출퇴근까지 편해져서 집값에 날개를 다는 경우가 많다. 미사, 하남, 마곡지구 주변을 잘 보면 이런 상황을 눈앞에 두고 있다.

공항철도 역은 항상 호재가 있다. 세계적으로 보면 공항철도 위주로 개발되는 사례가 많다. 국제업무지구, 신도시, 무역센터, 관광지구 등 개발 호재가 널려 있어서 공항철도와 다른 곳 사이에서 고민한다면 공항철도 부근도 좋다. 우리나라의 경우 공덕이 업무지구로 그 수혜를 받은 곳이고, 홍대입구역은 관광지구로 수혜를 받은 곳이다. 그 외에 아직 덜 개발된 곳들이 몇 군데 있으니 공항철도를 타고 다녀보면서 분석과 예측을 해보자.

선진국들의 수도를 보면 의도한 것은 아니지만, 지하철라인과 소득이 어떤 규칙을 갖는 경우가 많다. 주택가격이 높은 곳들을 연결하는 지하철라인이 있고, 정말 서민의 발 역할을 하는 라인도 있다. 공공재 역할은 1호선이 가장 큰 역할을 하지만 투자 측면에서 보면 2호선, 9호선, 신분당선이 매력적이다. 세계적으로 서클라인 주변은 높은 지가를 형성한다. 서울에는 2호선이 그렇다. 2호선 주변이나 그 안쪽은 지금도 비싸지만 앞으로도 그 가격을 유지하거나 더 오를 가능성이 높다. 9호선 공항-여의도-강남을 가로지르는 급행라인이다. 신분당선은 강남-판교-분당-광교를 잇는 신흥 부촌라인이다.

지하철 연장에 대한 가능성을 생각해두는 것도 좋다. 지금은 지하철이 없지만 앞으로 연장될 예정인 곳은 집값이 3번 오를 가능성이 있다. 발표가 났을 때, 공사가 시작됐을 때, 그리고 개통 6개월 후에 오르기 때문에 지금 불편하더라도 앞을 보고 미리 사두는 것도 좋은 방법이다. 개통 바로 직후가 아니라 6개월 후에 급등하는 이유는 눈으로 보고 체험해본 다음에야 투자에 뛰어드는 사람의 본능 때문이다. 그래서 미리 다른 도시 사례를 보고 어떤 변화가 올지 예측하고 먼저 투자하는 사람은 돈을 벌 수밖에 없다.

왜 수도권에서도 한강 이남의 도시만 많이 올랐을까?

강 다리만 있으면 강북과 강남의 단절은 사라지는데 예전 조상님들의 DNA가 남아서인지 심리적으로 느끼는 거리감은 상당하다. 강을 건넌다는 것을 꽤 멀다고 느끼게 한다. 이런 이유인 탓에 강북의 도시들과 강남 도시들의 가격 차가 난 것일까?

강북의 대표적인 도시는 일산, 파주 운정, 다산, 별내, 의정부 정도로 볼 수 있다. 그리고 강남의 도시로는 분당, 판교, 광교, 동탄, 위례, 평촌, 수지, 광명, 과천 정도로 볼 수 있다. 이름만 들어봐도 강북과 강남은 게임이 되지 않는다. 규모 면에서 강남권 도시들의 압승이라고 볼 수 있다.

강남으로 진입하는 시간이 가깝다는 장점 외에도 이런 규모를 가진 도시들이 옆에 붙어 있으니 인접 도시의 규모까지 계산해서 백화점, 아울렛 같은 대규모 편의시설이 들어오기가 좋다. 반경 10km 이내 인구가 200만이나 되는데 사업 타당성이 충분히 나오고 좋은 시설들이 마구 지어지고, 살기 더 편해지니 인구가 더 몰리게 되는 것이다.

이렇듯 도시끼리는 중력싸움을 한다. 도시의 규모가 클수록 중력이 커지고, 중력이 큰 쪽이 작은 도시를 빨아들인다. 중력이 작은 도시는 상권이 무너지고, 인구가 유출되며 타격을 받고, 중력이 큰 도시는 인근 도시의 상권과 인구를 흡수하며 번영을 누린다. 마치 영화 '메탈엔진'을 보는 것 같다. 그래서 투자하려면 중력이 더 큰 도시에 투자해야 한다. 특히, 상가에 투자하는 사람은 이 중력을 반드시 고려해야 한다.

주상복합, 오피스텔은 아파트보다 좁은 걸까?

아파트와 주상복합, 오피스텔이 같은 전용 면적 84㎡라고 해도 실제 면적이 다른 이유는 서비스 면적 때문이다. 아파트와 주상복합은 발코니 폭 150cm 이내의 서비스 면적이 존재한다. 그래서 실제 면적보다 더 공간이 넓어지는 효과가 있다. 게다가 대부분은 베란다 확장형을 해서 전용 면적 대비 넓은 집을 누릴 수 있다.

그런데 오피스텔은 서비스 면적이 존재하지 않아서 아파트보다 좁게 느껴진다. 같은 전용 면적이라고 해도 오피스텔이 아파트 실면적의 70% 정도밖에 되지 않는다. 주상복합은 서비스 면적이 존재하나 그동안 아파트보다 좁다는 인식을 줬다. 그 이유 중 하나가 판상형이냐 타워형이냐의 차이에서 오는 것일 수도 있다. 서비스 면적을 많이 줄 수 있는 발코니가 많으려면 외부에 노출된 표면적이 많아야 창이 많아지고 발코니가 많아지고 서비스 면적이 늘어난다. 그러나 주상복합의 경우

타워형으로 많이 짓기 때문에 그만큼 창이 줄고 발코니가 줄고 서비스 면적이 줄어든다.

최근에 지어지는 주상복합은 구조도 아파트와 비슷한 경우가 많아서 서비스 면적이 아파트와 비슷한 예도 있으니 주상복합에 대한 면적 우려는 잠시 접어도 될 것 같다.

대지지분을 고려하자

실면적이 주상복합과 아파트가 차이 없다고 해도 가장 큰 차이를 내는 것이 대지지분이다. 아파트를 구입하면 건물뿐만 아니라 토지에 대한 소유권을 갖게 된다. 예를 들어 집은 34평이지만 땅은 20평가량을 소유하게 된다. 이 땅에 대한 지분이 많을수록 나중에 재건축됐을 때 내가 가진 땅만큼 가치를 인정받아 더 넓은 집을 받게 되는 것이다. 어떤 집은 건축 평수보다 땅 평수가 더 넓은 아파트도 있다. 이런 아파트의 경우 재건축이 쉬워 향후 집값이 오를 가능성이 높다.

주상복합이나 오피스텔은 워낙 고층으로 짓는 탓에 대지지분이 매우 낮다. 그래서 재건축이 어려운 것이다. 34평의 집을 샀어도 대지지분이 3평밖에 되지 않으니 3평의 땅을 보상해줘서는 재건축 사업성이 나오지 않는다. 그래서 주상복합이나 오피스텔은 땅에 대한 가치는 거의 없고, 건축물에 대한 가치만 있어서 시간이 지날수록 아파트만큼 가치가 상승하지 못한다.

🪙 분양권 투자는 타이밍이 천국과 지옥을 가른다

분양권 투자가 각광받은 이유는 돈이 얼마 들지 않고 투자금 대비 몇 배씩 수익이 단기간에 낫기 때문이다. 분양권이란 아파트가 다 지어지면 소유권으로 바꿀 수 있는 권리다. 아파트는 다 지어진 다음에 팔지 않고 예약판매한다. 짓는 데 돈이 많이 들고 시간이 걸리기 때문에 미리 살 사람들을 청약을 통해 정한다. 청약에 당첨되면 10~20%의 돈을 계약금으로 걸고, 60%를 공사기간에 나눠서 중도금을 내고, 남은 20~30%의 잔금을 공사가 마치고 난 뒤 지급하면 내 집이 되는 시스템이다.

즉, 아파트 분양가격의 10%만 있으면 분양권을 소유할 수 있고 입주 전에 팔아버리면 10%의 돈만 가지고도 프리미엄(웃돈)을 받을 수 있으니 수익률이 높은 투자 방법이었다. 2015~2017년까지는 분양권 전성시대로 당첨 즉시 프리미엄이 몇억 원이나 되는 장면을 볼 수 있었다.

아파트 가격이 오르는 시대에는 분양권 투자가 수익을 극대화시켜 주지만 가격이 내리는 시대에서 분양권은 큰 타격을 불러온다. 아파트 대금의 10%만 낸 분양권이지만 누군가에게 명의를 넘기지 못하면 60%의 대출과 30%의 잔금은 온전히 내가 갚아야 하는 빚으로 바뀐다. 잔금을 치를 돈이 없는 사람은 부랴부랴 이를 살 사람에게 자신의 돈을 줘가면서 분양권을 넘긴다. 계약금이 3,000만 원인데 분양권을 가져가는 사람에게 3,000만 원을 줘가면서 명의를 넘기는 일이 벌어진다.

분양권을 팔면 차익의 절반 정도를 세금으로 내야 한다. 분양권이 1억 원 올랐다고 해도 5,000만 원가량을 세금으로 내고 나면 실제로 남는 돈은 얼마 없다. 그래서 분양권 거래에서 다운계약서가 횡횡했는데 절대 검은 유혹에 빠지지 말자. 탈세는 큰 죄가 된다.

다운계약 외에도 불법거래가 판친다. 분양권을 계약하고 나면 일정기간(1~3년) 동안 매매를 금지하는데 이를 음성적으로 거래하는 사람들이 있다. 이를 떴다방이라 불리는 부동산 업자들이 주도하고 시세를 조정하는 일을 한다. 그러면서 자신들이 보유한 물량을 개인에게 넘기고 메뚜기처럼 다른 곳으로 넘어가서 중개업소를 차려 이런 일을 반복하는 사람들이다. 불법적으로 분양권을 사면 계약서상 소유주와 실소유주가 달라지는데 명의 문제, 돈 문제가 생기는 경우가 많다. 이런 불법들을 알아야 나중 검은 유혹에 넘어가지 않을 수 있다.

향후 몇 년간은 분양권 투자의 시기가 아닐 것으로 보인다. 분양권은 부동산 경기가 바닥을 찍고 막 좋아지려고 하는 시기에 투자해야 한다. 누군가의 분양권을 웃돈을 주고 사는 일은 없도록 하자.

🪙 양날의 검 갭 투자 : 전세를 끼고 아파트를 사는 사람들

2015년부터 갭 투자라는 단어가 들리기 시작했다. 그 당시에 부동산 경기가 바닥이라 매매가와 전세가가 거의 차이 나지 않았다. 집값이 떨어질지도 모르니 전세가 최고라는 생각을 가지던 시기였다. 그런데 분양시장에 봄이 오고 부동산이 들썩이면서 매매가와 전세가가 거의 차이 나지 않는 물건을 찾는 손님들이 생기기 시작했다. 갭 투자의 탄생이다.

갭 투자의 공식은 이렇다. 1억 원짜리 아파트를 전세 9,000만 원을 끼고 샀다가 전세가가 올라서 1억 원이 되면 투자금을 전액 회수할 수 있다. 그리고 전세가가 오르면 매매가도 오르게 된다. 그럼 1,000만 원을 투자해서 1~2년 만에 몇천만 원을 버는 방법이 갭 투자다.

월세에 투자하려면 아파트 대출을 받아야 한다. 1인당 대출이 2건뿐이라 투자에 한계가 있지만 전세를 끼고 하는 투자는 개수에 제한을 받지 않는다. 아파트 대출은 시세의 70%밖에 나오지 않지만 전세 투자는 시세의 95%까지도 전세금을 받을 수 있어 1억 원만 있으면 10채의 집도 보유할 수 있었다.

10채를 샀는데 1채당 1,000만 원씩만 시세가 올라도 1억 원을 버는 것이 갭 투자다. 그래서 사람들은 집을 많이 사들였다. 그리고 그 시기는 전국의 아파트 가격이 오르는 시기였다. 많이 사두는 만큼 많이 벌었기에 1인당 수십 채씩 아파트를 보유했다. 이렇게 돈을 번 지인들이 꽤 많았다. 30채를 보유한 지인이 있었는데 투자 1년 만에 한 채당 5,000만 원씩 올랐다고 했다. 축하한다고 말했을 뿐 나는 비트코인만큼 그 투자 대열에 따라가고 싶지 않았다.

갭 투자가 돈을 버는 전제는 아파트 가격이 오를 때다. 즉, 아파트 가격이 오르지 못하면 수익은 없다. 그런데 아파트 가격은 오를 때와 내릴 때가 있고, 오를 때 다 팔고 빠져나오지 못하면 꼼짝없이 수십 채를 강제 보유하게 된다. 특히, 아파트 가격이 내리게 되면 엄청난 손실을 보게 된다. 30채의 집이 1,000만 원씩만 매매가 떨어져도 3억 원을 잃게 된다. 여기에 하락이 조금 더 심해져서 매매가가 전세가보다 낮아지면 다음 세입자를 받을 때 그만큼을 물어줘야 한다. 역전세난이 벌어지면 갭 투자자로 인한 부동산 충격이 꽤 클 것이다. 경매시장에 수십 채, 수백 채의 아파트가 매물로 나오고 전세입자는 전세금을 다 돌려받지 못하는 상황이 벌어질 가능성을 염두에 둬야 하는 투자는 별로 내키지 않는다. 그래서 이 대열에 합류하지 않았다. 2015~2017년은 갭 투자의 전성기였다. 앞으로도 지켜봐야겠지만 나의 투자로 인해 누군가에게 피해를 줄 수 있는 투자라면 하지 않는 것을 추천한다.

🪙 투자의 꽃 땅 투자, 용어부터 외우자

부동산으로 돈을 버는 사람 중 큰손들은 주로 땅에 투자한다. 땅이란 가격을 정하기가 어렵고, 바로 옆의 땅이더라도 서로 가격이 다르다. 모양, 형질, 용도, 경사도, 도로 등에 따라 가치가 몇 배씩 차이가 나기도 해서 땅을 싸게 사서 비싸게 팔 수만 있다면 큰 수익을 내기 좋다.

반대로 비싸게 사서 헐값에 팔 수도 있는 것이 땅이기에 접근은 항상 신중히 해야 한다. 땅에 대해서 투자하려면 최소한 용어들은 알아 둬야 중개업소에서 설명을 들을 때 고개는 끄덕일 수 있다.

땅의 종류
- 지목 종류 : 전(밭), 답(논), 대지, 산지(임야), 도로, 과수원
- 토지 종류 : 나지(건물이 없는 토지), 나대지(지사에 건축물이 없는 택지), 택지(건축할 수 있는 토지), 맹지(도로를 접하지 못한 토지, 건축 불가), 필지(지번이 등록된 등기 단위)

필수개념
- 건폐율 : 대지면적 대비 1층 건물 바닥면적
- 용적률 : 대지면적 대비 건축물 총바닥면적

토지용도 구분

대분류	중분류	소분류	분류상세
도시지역	주거지역	전용주거지역	1종 / 2종
		일반주거지역	1종 / 2종 / 3종
		준주거지역	
	상업지역	중심상업지역 / 일반상업지역 / 근린상업지역 / 유통상업지역	
	공업지역	전용공업지역 / 일반공업지역 / 준공업지역	
	녹지지역	보전녹지지역 / 생산녹지지역 / 자연녹지지역	
관리지역		보전관리지역 / 생산관리지역 / 계획관리지역	
농림지역			
자연환경보전지역			

관리지역은 대박 혹은 독배

도시지역, 농림지역으로 구분하기 어려운 모호한 땅을 관리지역으로 지정하므로 개발될 수도 제한될 수도 있다.

- 계획관리지역 : 미래의 개발 호재 기대 가능한 땅
- 생산관리지역 : 농업인 요건 갖추면 농지전용허가 없이 신고만으로도 660㎡ 이하 농업인 주택 건축 가능
- 보존관리지역 : 보존이 최우선, 개발 확률 낮음

유의할 점

- 토지는 시세 측정이 어려우므로 함부로 접근은 위험
- 구입할 땅을 활용할 목적이 명확할 때만 구입하는 것이 바람직

- 토지는 사면 되팔기가 어려우므로 여유가 있을 때만 투자가 바람직
- 토지이용계획확인원을 발급받아 용도와 계획을 확인하기
- 등기부등본 확인(실소유주, 근저당설정 확인)
- 못 쓰는 땅은 아닌지 의심해보기(맹지, 문화재 등)

땅 사기 안 당하는 방법

예전에 부동산 사기를 당한 사연 중 바닷가 땅을 샀는데 밀물 때는 땅이 사라지고 썰물 때만 땅이 보였다는 사연, 땅은 있는데 도로가 없어서 건물을 지을 수 없었다는 사연, 제주도에 멋진 집을 지으려고 바다가 보이는 땅을 샀는데 지하수가 안 올라오는 땅이었다는 사연 등 각양각색의 부동산 사기를 당한 이야기가 심심찮게 들려온다.

땅 사기를 안 당하는 방법은 우선 기획부동산 업자와 통화하지 않는 것이다. 무작위로 전화를 돌려 땅을 사라는 전화는 기획부동산의 꼬임이니 대꾸도 하지 말자. 이들은 평당 10만 원짜리 넓은 땅을 사서 도로를 깔고, 대지를 다져서 잘게 쪼갠 뒤, 무작위로 전화를 돌려 꼬신 사람들에게 평당 100만 원에 파는 수법을 보인다. 대략 10배가 남는 장사인데 이렇게 10배를 더 주고 산 사람들은 이보다 더 비싼 값에 다시 팔 수 있을까? 땅은 사려는 사람과 팔려는 사람이 딱 맞아 떨어지기가 어

렵기 때문에 몇 년을 내놓아도 안 팔리는 경우가 많다. 그러므로 무조건 싸게 사야 손해가 적고 오랫동안 버틸 수 있다.

땅을 살 때는 내가 어떤 용도로 사용할 땅인지 정해두고 사는 것이 좋다. 행여나 팔리면 좋고 안 팔리면 내가 어떻게 쓰겠다는 용도가 정해져 있어야 땅이 팔리지 않아도 다음을 준비할 수 있다.

땅의 시세를 모르겠다면 감정평가사에게 의뢰를 맡기자. 본인이 혼자 생각하는 것보다, 믿을 수 없는 부동산 업자의 말을 믿거나, 누구 편인지 알 수 없는 이장의 말을 믿는 것보다는 감정평가사에게 맡겨서 산출된 가격을 바탕으로 땅을 구하러 다니는 것이 더 안전하다.

보통은 땅을 살 때 대출을 받아야 하므로 마음에 드는 땅이 있으면 은행에 감정을 의뢰하면 저렴한 감정료로 땅의 시세를 파악할 수 있다.

경매는 왜 하는 걸까?

경매라는 것에 부정적으로 생각하는 사람들이 많다. 남의 집을 빼앗는 것, 빚을 못 갚아서 다른 사람이 가져가는 것, 빨간 딱지가 붙는 것 등 경매를 모르면 경매를 나쁜 이미지로 생각할 수도 있다. 하지만 경매가 없으면 누군가에게 돈을 빌려준 사람들은 돈을 돌려받을 방법이 없다. 빌려준 사람도 빌린 사람도 서로의 채무관계를 깔끔하게 끝내기 위해서는 경매가 꼭 필요하다.

은행이나 개인이 빌려준 돈을 못 갚거나 세입자의 보증금을 돌려주지 못하는 경우 경매로 물건이 넘어가게 된다. 그렇게 넘어간 물건을 법원에서는 가격을 감정하고 경매에 부친다. 최저입찰가격을 제시하고 난 다음 가장 높은 가격을 써낸 사람이 물건을 낙찰받아 새로운 주인이 된다. 낙찰자는 대금을 법원에 입금하고, 법원은 채무자에게 돈을 나눠주고 빚을 청산시킨다. 이런 과정을 통해서 돈을 빌려주고 못 돌려받은 사람들, 보증금을 못 돌려받은 사람들이 돈을 돌려받을 수 있게 된다.

중개사무소에 가서 집을 쉽게 살 수 있는데 왜 사람들은 경매를 통해 집을 사려고 할까? 그 이유는 경매로 집을 낙찰받으면 세입자를 보내는 데 돈과 시간이 들고, 혹시 모를 보증금이나 빚을 떠안을 위험이 있어서 시세보다 저렴하게 살 수 있기 때문이다. 게다가 경쟁자가 없는 날은 최저입찰가로 주인이 될 수도 있다. 이러한 매력 때문에 경매가 인기가 있다.

여름휴가 때 한 번, 겨울휴가 때 한 번, 집을 1,000만 원씩만 저렴하게 구입할 수 있다면 일 년에 경매로 인한 수익이 2,000만 원이 된다. 이를 12개월로 나누면 한 달에 160만 원의 수익이 된다. 경매만 잘해도 꽤 쏠쏠한 현금파이프가 된다. 아니면 이렇게 저렴하게 구입한 집을 월세로 돌리면 높은 임대수익률을 낼 수도 있다.

돈이 많지 않아도 낙찰을 받으면 경락잔금대출이 가능하기에 내 돈 조금만 있어도 집을 살 수 있다. 내 집 마련이 꿈인 사람은 경매를 통해서 집을 저렴하게 사는 방법을 추천한다. 운이 좋을 때는 시세의 70%

선에서 낙찰받는 횡재를 할 수도 있다.

입찰 대상(물건) 고르기

경매물건을 찾아보려면 대법원 경매정보 사이트에 들어가거나 지지옥션(유료) 사이트에 들어간다. 대법원은 무료로 물건을 찾을 수 있지만 검색이나 권리분석이 불편하고, 지지옥션은 유료지만 물건 검색이 쉽고, 권리분석을 자동으로 해줘서 편리하다.

권리분석하기

유료 사이트에서 권리분석을 자동으로 받았다고 하더라도 본인이 직접 해보면서 실제로 그런지 확인을 해봐야 한다. 경매에서 권리분석을 제대로 못 하면 손실로 이어지기 때문이다. 세입자의 보증금이나 채무의 일부를 낙찰받은 사람이 물어줘야 하는 경우도 있다. 이런 물건은 유찰이 많이 되어서 저렴하게 낙찰된다. 이때, 권리분석을 잘하면 경매로 큰 수익을 낼 수도 있지만 실수하면 시세보다 더 비싸게 살 수도 있다.

이러한 위험에도 불구하고 고수들은 채무관계가 복잡해서 권리분석이 복잡한 물건을 좋아한다. 경쟁자가 적기 때문에 권리분석만 잘하면 좋은 물건을 싸게 낙찰받을 수 있기 때문이다.

현장 임장 가기

투자는 머리로 하는 것이 아니다. 발로 하는 것이다. 권리분석까지 마쳤다면 직접 눈으로 보러 가야 한다. 차로 가지 말고 대중교통을 타고 가면서 여기가 얼마나 살기에 좋은 지역인지, 경매로 나온 이유는 무엇인지, 세입자는 어떤 사람이고 낙찰 후에 나갈 것인지 살 것인지, 집 안의 상태는 어떻고 수리비는 얼마나 들어갈 것인지 따져봐야 한다. 낮에 보는 동네와 밤에 보는 동네는 또 다를 수 있어서 낮에 한 번, 밤에 한 번 방문하고, 주변 사람들을 통해 동네의 호재와 악재를 파악해보자. 관리사무소도 방문해서 관리비가 얼마나 밀려 있는지 계산하면 이제 얼마를 써서 낼지 대략 산출할 수 있다.

입찰하기

입찰가격을 쓰고, 계약금을 내면 낙찰이 되는 순간 내가 낸 계약금은 돌려받을 수 없다. 잔금까지 치르고 내 물건을 만들거나 계약금을 포기하고 날려야 한다. 막상 법원에 가면 사람들이 많고 적음에 따라 입찰가격이 바뀔 수도 있는데 무리하게 입찰가격을 높게 써내는 우를 범하지 말자. 나는 여기 경매를 통해서 물건을 싸게 사려고 온 것이지 저들과 경쟁해서 물건을 따내기 위해 온 것이 아니다.

권리분석과 임장의 수고를 헛되이 하지 않기 위해 높은 가격을 써내는 것은 수고로움에 죄를 짓는 것이다. 내가 생각한 가격을 정하고, 사람 수가 적을 때는 입찰가격을 조금 더 낮춰서 내보자. 6개월에 하나만 낙찰되면 된다는 생각으로 여유 있게 접근하는 것이 좋다.

낙찰되면 보증금 봉투를 돌려받게 되고, 최고가를 써내면 보증금에 대한 영수증을 받게 된다. 일주일이 지나면 매각허가결정이 나고, 일주일이 또 지나면 결정이 확정된다. 그리고 1개월 이내에 잔금을 내면 소유권을 갖게 된다. 잔금이 부족할 경우 이때 경락잔금대출을 통해 자금을 조달할 수 있다.

명도하기

이제 소유권이 내 집이므로 내 집에서 사는 사람은 불법거주를 하는 사람들이다. 내보내야 한다. 인도명령을 통해 점유자를 내보내면 되지만 시간과 돈이 들어간다. 이런 강제적인 방법보다는 점유자와 대화를 통해 해결하는 것이 가장 좋다. 이사비를 요구하는 경우가 많은데 적당한 이사비는 시간을 절약하게 해준다.

수리 후 세입자 구하기

경매에 나올 정도의 집이면 수리를 제대로 했을 리가 없다. 어디를 어떻게 고쳐야 최소 비용으로 최대의 효과를 볼 수 있을지 고민을 해보자. 인테리어 업자를 부르면 좋겠지만 그렇게 돈을 들이면 경매로 싸게 산 효과가 사라진다. 직접 고치거나 필요한 부분만 고치거나 저렴하게 고치는 방법을 찾아보자.

집을 수리한 후에는 중개업소에 세를 놓고, 새로운 세입자가 오기를 기다리자. 집을 구입한 후 최소 1년이 지난 다음에 부동산을 매각해야 세금으로부터 손실이 적다. 만약 8년 이상 임대를 놓을 생각이라면 준공공임대사업자를 내서 세금을 절약하도록 하자.

경매 초보를 위한 경매용어 풀이

- 입찰 : 가격을 적어 입찰표를 내는 것
- 낙찰 : 최고가를 써낸 매수자로 선정되는 것
- 유찰 : 입찰을 한 사람이 없어 낙찰되지 못한 것. 다음 매각기일로 넘어가며 가격이 20~30% 낮게 경매가 시작된다.
- 재매각 : 낙찰받은 사람이 잔금을 내지 않아 다시 경매가 시작되는 것
- 촉탁등기 : 새로운 매수인을 위해 등기소에 등기를 요청하는 행위
- 대위변제 : 이해관계가 있는 3자가 채권자, 채무자의 의사와 상관없이 채무를 변제하는 것. 자신의 순위를 올리기 위해서가 많음.
- 가등기 : 도중 이중매매나 강제집행으로 손해를 보는 경우를 막기 위해 안전하게 소유권을 이전하려고 실시하는 등기
- 가압류 : 빌려준 돈을 받기 위해 채무자가 재산을 처분하거나 숨기지 못하도록 미리 압류를 걸어두는 것
- 대항력 : 3자에 대해 자신의 권리를 주장할 수 있는 권리
- 물권 : 목적물을 지배해서 이익을 얻을 수 있는 권리, 시간 순서로 우선순위
- 채권 : 채무자에게 특정 급부를 청구할 수 있는 청구권, 배당 시 채권금액 비율에 따라 안분배당을 한다.
- 명도 : 부동산 점유자를 퇴거시키는 것
- 인도명령 : 대항력 없는 점유자를 퇴거시키기 위해 법원에 신청하는 권리

🪙 초보자를 위한 경매 투자 노하우

초보자들이 가장 많이 하는 실수는 뭐라도 하나 빨리 낙찰받아봤으면 좋겠다는 마음에 서두르는 것이다. 서두르게 되면 비싼 가격을 주고 사야 한다. 수십 번을 떨어져도 한 번만 제대로 낙찰받으면 되는 것이 경매다. 시간은 나에게 유리하지 물건에 유리하지 않다. 여유 있게 기다려 보자.

이런 점들 외에도 초보자를 위한 경매 노하우를 몇 가지 제시한다. 욕심을 버리고 안전하게 조금씩 수익을 남기는 것이 초보자를 위한 경매 노하우의 핵심이다. 아래 내용을 잘 숙지하자.

권리분석이 간단한 물건을 하자

권리분석이 쉬우면 내가 낙찰 후 떠안아야 할 돈이 없어서 손해를 볼일이 발생하지 않는다. 채무관계가 복잡하게 꼬여 있거나 유치권이 있는 물건을 잘못 낙찰받으면 떠안아야 할 돈이 너무 커지게 된다. 그래서 간혹 보면 계약금을 내고 났는데 낙찰을 포기한 물건들이 종종 보인다. 권리분석을 잘못한 대가치고는 수천만 원의 계약금은 너무 아깝다. 복잡한 물건은 고수에게 넘기고 우리는 간단한 것들을 가져가자.

2. 경매 브로커를 끼지 말고 하자

경매 브로커를 끼면 분석부터 입찰까지 도와주는 사람이 있어 경매를 편하게 할 수 있다. 그런데 권리분석이 간단한 물건을 하면서 브로커까지 끼어들면 실제로 남는 것이 없다. 그리고 브로커는 낙찰받아야 자신이 수수료를 챙기기 때문에 시세보다 비싸더라도 낙찰을 유도하는 경우가 많다. 간혹 부동산 급매보다도 경매 낙찰가가 비쌀 수가 있는데 브로커의 장난으로 볼 수 있다. 더 먼 미래를 위해서 스스로 경매를 해보는 연습을 하자.

경매학원에 속지 말자

경매를 배우려고 경매학원에 다니는 경우가 많다. 몰랐던 경매 내용을 알기 쉽게 알려줘서 좋긴 하지만, 문제는 엉큼한 속셈이 있는 경우가 많다는 것이다. 악성 물량을 해치우기 위해 수강생들에게 좋은 물건이라고 소개하기도 하고, 경매에 낙찰받으면 자신을 통해서 대출을 받으라고 대출알선을 한다. 이런 대출알선이나 악성 물량 중개를 통해서 수수료를 챙기며 수입을 올리는 학원들이 많다.

경매는 좋은 물건이 흔치 않고, 이 물건을 받을 수 있는 사람은 한 명이기 때문에 누구에게 알려줄 수 있는 성질이 아니다. 공부는 학원에 다닐지라도 물건을 고르는 일은 스스로 찾고 결정해야 한다.

투자 금액이 클수록 수익이 커진다

초보자를 위해서는 부담 없는 저렴한 물건을 경매로 해보라고 권유하고 싶지만, 요새는 3억 원 이하 물건에도 너무도 많은 사람이 달려든다. 경쟁률이 높으면 당연히 낙찰가는 올라가고 낙찰받아도 전혀 저렴하게 사지 못하는 상황에 부닥쳤다.

이를 타개하는 방법은 두 가지뿐인데 채무관계가 복잡해서 계산을 잘못하면 위험한 물건에 손을 대거나 금액이 커서 입찰하기 어려운 대형물건에 손을 대는 방법이다. 10억 원 이상의 물건일 경우 돈이 많이 든다는 단점 외에 다른 어려운 점이 없어서 낮은 경쟁률로 순조롭게 물건을 낙찰받을 수 있다.

금액이 커지면 커질수록 낙찰받기가 쉬워진다. 예로 한 광역시에서 가장 유망한 지역에 건물을 짓다가 부도가 나서 경매로 나온 물건이 있었다. 이를 30억 원에 낙찰받은 사람이 20억 원을 더 들여 건물을 완공시켰고, 세를 받았다. 그리고 얼마 지나지 않아서 이 건물은 160억 원의 가치를 인정받았다. 근 3년 만에 100억 원을 번 것이다.

남들이 보지 못한 용도로 바꿔보자

한 예로 낙찰받은 서울 은평구 낡은 건물에 3,000만 원을 들여 엘리베이터를 설치해서 건물가치가 5억 원 이상 오른 경우가 있다. 보통 건물 외관을 수리하는 데 엘리베이터를 설치할 생각을 못 하는 경우가 많다. 어떤 이는 못 쓰는 땅을 낙찰받아 토지공사를 통해 가게를 지을 수 있는 예쁜 땅으로 바꿔서 수익을 내는 경우도 있다.

이렇듯 물건을 어떤 용도로 낙찰받느냐에 따라서 수익률이 달라진다. 누군가에게는 똥으로 보이지만 누군가에게는 약으로 보이는 법이다. 활용가치를 생각하면서 경매에 임해야 남보다 높은 수익을 낼 수 있다.

STEP 5.
Level 3. 주식, 펀드

🪙 주식으로 돈 잃은 사람의 특징

주변에서는 주식 하면 돈을 잃는다고 절대 하지 말라고 말리는 사람들이 많다. 주식으로 돈을 잃는 이유는 무엇일까? 그동안 주식을 가르치며 느낀 점은 주식에 대해서 제대로 공부하지 않고 투자하거나 잘못된 공부를 한 경우 2가지로 볼 수 있다.

주식을 공부하지 않고도 주식 투자를 할 수 있는 이유는 투자한 기업이 친숙한 기업이라서 잘 안다고 생각하기 때문에 따로 공부하지 않은 경우, 지인이 추천해줘서 믿고 투자한 경우가 많다. 문제는 지인도 주식을 잘 모르거나 잘못된 공부를 한 사람일 경우다. 주식을 공부하지 않고 투자하는 것은 면허를 따지 않고 항해를 하는 것처럼 매우 위험한 일이다. 배를 운전하려면 많은 것을 알아야 한다. 바람도 알고, 별자리도 알고, 항해 신호도 알고, 뱃길을 읽으면서 어디에 암초가 있어야 하는지도 알아야 배를 안전하게 이동시킬 수 있다. 그렇지 못한 배는 표류하거나 좌초하기 마련이다.

주식을 잘못된 방법으로 공부하는 것은 모르는 것보다 더 위험하다. 모르는 사람은 무서워서 많은 돈을 투자하지 않지만 잘못된 공부를 한 사람이 자신이 옳다는 신념까지 있으면 전 재산을 날릴 수도 있다. 전 재산을 날리면 자신의 인생뿐만 아니라 가족들의 인생까지 송두리째 앗아갈 수 있으므로 우리는 주식을 제대로 배워야 한다.

하지만 주변에 주식을 제대로 가르쳐주는 사람이 거의 없다는 것이 문제다. 차트만 보면 오를지 내릴지 알 수 있다는 점성술사들과 외국인과 기관투자자들의 수요와 거래량만 보고 베팅하는 도박가들이 주식의 기법이라며 자신들의 기법을 판매하고 사람들을 꼬드기는 현실이다. 게다가 이들이 하는 매매는 사고팔고를 자주 해야 하기에 증권사들이 좋아하고, 이쪽 전문가들이 방송에 많이 나오게 된다.

나처럼 주식을 한 번 사서 몇 년이고 기다리는 사람은 증권사에 수수료를 거의 주지 않기 때문에 좋은 손님이 아니다. 모든 이들이 이렇게 투자하면 증권사는 금방 망할지도 모른다. 하지만 우리는 증권사를 부자 만들어주려고 주식을 하는 것이 아니다. 주식 투자는 가장 얄밉게 해야 한다. 그래서 주식 투자를 가장 얄밉게 잘하는 몇몇 투자 대가들과 그들의 투자 노하우를 설명하고자 한다.

🪙 연 30% 수익, 세계 2위 부자 워렌 버핏

주식으로 돈을 벌기 어려운 이유는 꾸준히 수익 내기가 어렵기 때문이다. 국내 펀드매니저 수명이 5년밖에 되지 않고, 외국의 펀드매니저도 끝까지 살아남은 사람은 많지 않다. 이런 황량한 사막 속에서도 홀로 꿋꿋이 50년 넘게 주식 투자계의 지존을 지키는 사람이 워렌 버핏이다. 현재 세계 부자 순위 2위지만 그동안 기부한 것까지 합치면 1위를 하고 남을지도 모른다. 워렌 버핏이 세계 2위 부자 반열에 올라서게 된 것은 꾸준한 투자 수익률 때문이다. 연평균 28.9%라는 수익률을 올렸다. 이보다 더 높은 수익률을 올린 투자자들은 많지만 꾸준히 수익률을 올린 투자자는 워렌 버핏밖에 없기에 그가 지금의 자리에 오른 것이다.

1969년에는 주식시장이 고평가됐다고 판단하고 본인이 운영하는 투자조합을 해산했고, 폭락장을 피할 수 있었다. 그의 선견지명은 한 번뿐이 아니다. 1986년, 1999년, 2008년의 대폭락장에서 수많은 투자자가 궤멸할 때, 남다른 선견지명으로 화를 피하고 기회를 얻었다. 실제로 워렌 버핏이 대규모로 투자할 때는 이런 폭락장이 벌어졌을 때다. 폭락장이 벌어졌을 때 아주 좋은 조건으로 투자해서 엄청난 이익을 거둔다.

예를 들어 1989년에 세계적인 면도기 업체인 질레트가 경영위기에 닥쳤다. 이때, 질레트는 워렌 버핏에게 손을 벌렸고, 워렌 버핏은 높은 이자를 주는 채권형식으로 질레트에 투자했다. 그렇게 채권으로 높은 이자를 받다가 몇 년 뒤에는 주식으로 전환할 수 있는 권리도 같이 가져갔다. 그래서 2005년에 질레트가 P&G에 합병될 때, 워렌 버핏은 16배의 수익을 냈다.

2008년에 글로벌 금융위기가 왔을 때는 미국의 2위 철도회사인 벌링턴 노던 산타페를 인수했다. 금융위기가 와서 기업들이 줄줄이 도산할 때, 그는 260억 달러에 지분 77.4% 인수한다. 당시 버핏 역사상 최대금액 베팅이었다. 그 이유는 이 철도회사는 정유운송 장기계약을 맺은 회사로 안정적인 거래처를 가지고 있고, 다시 경제가 활성화되면 철도 물량 증가로 수익이 크게 날 것으로 봤기 때문이다. 실제 이 투자로 배당금만 16조가량을 받았고 버핏의 기업인 버크셔 해서웨이의 연평균 수입은 57%가 증가하고 수익은 2배가 늘었다.

그는 50년 넘게 자신만의 원칙을 지키는 투자를 했는데 그 원칙이 지금의 그를 만들어줬다. 버핏의 투자 원칙은 다음과 같다.

- 원금을 절대 잃지 마라.
- 독점적인 시장지배력을 가진 기업에 투자하라.
- 경영자가 능력 있고 도덕성이 있는 기업에 투자하라.
- 꾸준히 매출과 이익이 늘어나는 기업에 투자하라.
- 저평가된 주식에 투자하라.
- 사업구조가 복잡한 기업에 투자하지 마라.

단순한 원칙처럼 보이지만 실제로 수많은 경험이 녹아든 것이다. 나 또한 처음에는 왜 원금을 잃지 말라는지 이해하지 못했다. 원금을 잃어도 다시 잘 투자해서 원금을 회복하면 되지 않을까 생각했으나 그의 투자는 큰 수익보다는 꾸준히 안정적으로 수익 내는 것이고, 그런 투자법은 시간이 오래 지나야 복리로 돈이 불어나면서 부자가 되는 방법이다. 그런 과정에서 원금을 잃는 것은 돈만 잃는 것이 아니라 시간도 잃게 된다. 시간을 잃으면 남보다 더 오래 살지 않는 한 살아생전에 부자가 되기 어렵다.

그래서인지 버핏의 첫 번째 원칙은 '원금을 잃지 마라'고 두 번째 원칙은 '첫 번째 원칙을 절대 잊지 마라'다. 그 외에도 주옥같은 명언들을 가슴에 새기며 주식 투자를 하자. 버핏처럼만 하면 주식으로 부자가 될 수 있다.

사업가의 눈으로 투자하라

버핏은 주식 투자를 사업의 관점에서 보라고 했다. 주식 자체의 차트, 숫자, 당장의 이익을 보지 말고 이 기업이 어떤 사업을 하고 얼마나 현금을 벌어들이고, 앞으로도 돈을 잘 벌어오는 환상적인 사업을 하고 있는지 보라고 말했다.

이런 말 때문이었을까? 12년 넘게 주식 투자를 하면서 만나본 주식 투자의 고수들은 사업가 출신이었다. 숫자만 보고 컴퓨터만 보면서 투자하는 사람보다 직접 무에서 유를 창조한 사업가들, 밑바닥에서 힘들게 고생하며 가게를 내서 성공한 장사꾼들이 주식을 훨씬 잘했다.

기업도 어떻게 보면 큰 가게다. 가게는 돈을 얼마나 잘 벌어오는지가 제일 중요한 가치로 여긴다. 그리고 몇 년 반짝하고 망하는 가게가 아니라 자자손손 대대로 물려주고 싶은 가게는 영구적인 가치가 있는 가게다.

이런 기업만 있으면 후손들이 굶어 죽지 않겠다는 생각이 드는 곳이 있다면 그 기업에 투자하면 된다. 재벌기업에 투자하라는 것이 아니다. 우리나라 재벌 순위는 시시각각 변한다. 10년 전에는 있던 그룹이 지금은 사라져 있기도 하고, 30년 전에 있던 재벌이 지금은 들어보지도 못한 이름이기도 하다. 이런 기업들에 투자하는 것이 아니라 작지만 현금을 꾸준히 그리고 잘 벌어오는 회사의 주식을 사서 그 현금을 같이 나눠 갖는 투자를 해야 한다.

주식시장에 나온 기업인 이상 창업주는 이 기업의 현금을 혼자 갖고 싶어도 혼자 가질 수 없다. 주주들과 주식 수만큼 이익을 나눠 가져야 하고, 기업의 상황을 3개월마다 낱낱이 보고해야 한다. 숨기고 싶은 치부까지 말이다. 기업이 슬슬 기울어지면 창업주는 기업을 살리기 위해 죽으라 노력해야 하지만 주식 투자자는 팔고 다른 기업으로 넘어가면 끝이다. 이런 점에서 주식 투자자는 이익만 빼먹는 얄미운 투자자일 수밖에 없다.

사업가의 눈으로 동업한다는 생각으로 얄밉게 투자하면 주식 투자에서 손실이 날 수 없다. 자만이나 욕심에 눈이 멀어 일확천금을 꿈꾸는 순간 주식 투자는 거꾸로 칼날이 되어서 나에게 온다. 투자와 투기를 헷갈리지 말자. 투자에는 일확천금이라는 단어가 없다.

사업가의 눈으로 본다면 워렌 버핏의 나머지 원칙들이 이해가 갈 것이다. CEO가 유능한 사람인지, 도덕적인 사람인지가 왜 주식 투자에서 중요한지 알 수 있다. 투기에서는 CEO가 사기꾼일수록 좋다. 주가를 올려주기 때문이다. 하지만 기업을 위한 CEO는 기업의 성장을 위해 밤낮으로 고민하고 성과 내는 사람일 것이다.

꾸준히 매출과 이익이 늘어나는 기업에 투자하라는 것은 당연한 말처럼 들리지만 이런 기업이 우리나라에 그리 많지 않다. 기업을 운영한다는 것이 얼마나 어려운 일인지 알려주는 단면이다. 주가는 매출과 이익이 계속 늘어나야지만 같이 상승한다. 매출과 이익이 주춤하거나 꺾인다는 것은 언제든지 시장에서 밀려날 수 있는 신호를 보낸 것과 같다.

시장을 강력하게 지배해서 매출과 이익이 절대 줄어들 리 없고, 가격을 좌지우지할 만한 힘을 가진 기업에 투자해야 사업이 안정적이다.

이해되지 않는 사업구조, 복잡한 사업구조를 가진 기업이 아닌 돈을 버는 구조가 단순한 기업에 투자해야 한다. 다단계회사에 가면 돈을 버는 구조만 며칠 동안 설명한다. 거짓말이기 때문에 이를 세뇌시키려면 시간이 걸린다. 돈을 버는 구조가 복잡하면 한 과정만 막혀도 돈을 벌어오지 못한다. 돈을 단순하게 버는 사업일수록 현금이 막힐 일이 적다. 단순히 물건을 만들고 파는 기업들이 멋지거나 미래적으로 보이지는 않지만 현금은 안정적으로 벌어올 수 있다. 그래서 버핏은 IT, 기술 쪽에 투자하지 않아서 한물갔다는 소리를 많이 들었다. 하지만 신기루를 좇지 않은 덕분에 위기 때마다 살아남을 수 있었다.

버핏의 스승인 벤저민 그레이엄을 가치투자가의 원조라고 부른다. 하지만 버핏도 가치투자가인데 스승과는 전혀 다른 형태의 가치투자를 하고 있다. 벤저민 그레이엄은 현재 주식시장에서 팔리고 있는 기업의 시세보다 더 많은 현금을 가진 기업에 투자하라고 했다. 은행으로 치면 만약 기업이 잘못되어도 돈을 받아낼 수 있는 담보대출에 가까운 투자를 했다. 버핏은 현금창출능력이 뛰어난 기업에 투자하라고 말한다. 은행으로 치면 앞으로 안정적인 직장이면서도 연봉이 계속 늘어나는 사람에게 신용대출을 하는 것과 같다. 안전성을 중요시하면서도 둘의 투자 방식은 이런 차이를 보인다.

실제로 투자해보니 벤저민 그레이엄이 좋아할 기업은 주가가 빨리 오르지 않거나 계속 그 자리에 있는 경우가 많았다. 주식시장에는 땅이나 현금이 많은 기업이라고 인기가 있지 않다. 주식은 꿈을 먹고 자란다. 앞으로 더 돈을 잘 벌어올 수 있는 기업이라는 신호를 줘야 주가는 빠르게 반응한다. 이런 점에서 볼 때, 워렌 버핏이 스승보다 더 뛰어난 제자인 것 같다.

전설의 투자가 피터 린치

피터 린치 또한 워렌 버핏만큼 전설적인 투자가로 불린다. 마젤란 펀드를 13년간 운영하면서 연평균 29.2%라는 수익률을 기록했다. 1987년 블랙먼데이 때도 플러스 수익률을 기록했다. 당시 세계 최대 주식형 펀드를 운용하면서도 이런 수익률을 기록했다는 것 자체가 매우 대단한 일이었다.

피터 린치 투자 방법이 초보자에게는 더 쉽게 들릴 수도 있다. 그의 투자 방법 중 하나인 '생활 속의 발견' 때문이다. 그에게는 3명의 딸이 있는데 크리스마스 때 함께 쇼핑을 간다. 겉으로는 쇼핑이라지만 실제 목적은 어떤 주식을 살지 쇼핑하러 간 것이다.

예를 들어 딸이 어떤 제품이 유행이라고 그 기업 매장을 찾는다면 그 주식을 사라는 신호다. 실제로 그렇게 투자해서 대박을 낸 종목이 던

킨도너츠였다. 그 후로 출장 때 가족들과 백화점이나 쇼핑을 가면서 몇 가지 종목을 더 찾아냈는데 타코벨(멕시칸 요리), GAP 등이다.

나도 항상 라면시장에서 압도적인 점유율을 자랑하던 농심의 주력 라면 맛이 흔들리고 있고, 진라면이 사람들에게서 맛있다는 표현을 받으면서 농심 주식을 팔았던 적이 있다. 그리고 나서 얼마 후 농심의 점유율은 상당 부분을 진라면에 빼앗겼고, 주가 또한 형편없었다. 사람들의 트렌드 신호는 주가나 기업의 실적발표보다 더 빠르다.

이렇듯 피터 린치의 마음으로 쇼핑을 간다면 가족에게 좋은 남편, 좋은 아빠가 될 수 있을 것이다. 쇼핑은 돈을 쓰는 곳이지만 의외의 대박을 안겨주는 곳이기도 하다. 요새는 어떤 제품이 돌풍을 일으키고 있는지 쇼핑을 통해서 트렌드를 놓치지 말자.

피터 린치의 투자 원칙

1. 당신 스스로 직접 투자하기를 결정했다면 독자적인 길을 가야 한다.
2. 연구하지 않고 투자하는 것은 포커를 하면서 카드를 보지 않는 것과도 같다.
3. 손실을 감당할 수 있는 한도 내에서만 투자해야 하며, 손실을 보더라도 일상생활에 영향을 미치지 않을 정도가 되어야 한다.
4. 주식시장에서는 손안의 새 1마리가 숲 속의 10마리보다 낫다.

피터 린치의 투자 원칙을 보면 주식을 위해 공부하고 노력해야 한다

는 것을 강조하고, 욕심을 부리지 말고 먼 것보다는 가까운 곳에서 기회를 찾으라고 말하고 있다.

> **피터 린치의 명언**
>
> 1. 그릴 수 없는 아이디어에는 투자하지 마라.
> 2. 이미 알고 있는 사실을 이용하라.
> 3. 전문적인 투자자들에게 포착되지 않는 회사 중 기회를 포착하라.
> 4. 단기적인 주가 등락은 무시하라.
> 5. 보통 사람들은 1년에 2~3차례 정도 좋은 기회를 만난다.
> 6. 다른 여건이 같다면 소형주를 사는 것이 유리하다.
> 7. 주당순 현금흐름이 30%인 종목을 선호한다.
> 8. 유망산업 내 유망기업을 피하라. 비인기 저성장 종목들이 큰돈을 안겨준다.

그의 명언 속뜻을 따져보면 정말 훌륭한 투자자라는 것을 알 수 있다. 투자에서 어떤 비법이나 공식이 있는 것이 아니고, 욕심을 버리고 원칙을 잘 지키면 된다고 말하고 있다. 대가들에게 특별한 비법을 얻을 수 없어서 실망했다면 다시 저 말의 속뜻을 잘 생각해보면 좋겠다. 버핏과 피터 린치 모두 원칙에 공통점이 많다. 그 외에도 버핏의 스승인 벤저민 그레이엄, 존 템플턴 등의 원칙도 공통점이 많음을 느낄 수 있다.

예전에 유명한 식당들의 비법을 소개한 프로그램이 있었다. 맛집들은 어느 정도 공통점이 있었다. 메뉴 연구에 많은 노력을 했다는 점, 손님들의 피드백에 맞춰서 끊임없이 개발하고 있다는 점, 꾸준히 좋은 재료를 쓴다는 점, 귀찮아 보여도 재료 손질 하나하나에 신경을 쓴다는 점이었다. 누구나 할 수 있을 것 같아도 이것을 꾸준히 지키는 마음가짐이 가장 중요하다.

🪙 주식 투자를 위한 기초

운전하려면 이론시험을 친 다음에 실기시험을 치듯이 주식을 하려면 이론 공부를 해두는 것이 실전에 도움이 된다. 주식을 이해하는 데는 시간이 오래 걸린다. 주식시장이 좋을 때는 아무거나 사도 오르는 경우가 많다. 하지만 시장이 좋은 건데 자신이 투자를 잘하는 것인 줄 아는 초보자들이 많다. 그래서 주식은 상승기와 하락기를 모두 경험하고 나서 본격적으로 투자하는 것이 좋다. 상승할 때의 사람 심리와 하락할 때의 심리를 모두 알아야 심리에서 무너지지 않을 수 있다. 보통은 이런 기간이 5년에서 10년 정도다. 긴 시간 동안 목돈을 모으면서 주식 공부도 천천히 해두면 좋다.

주식을 공부할 때는 300만 원 정도 투자를 같이하면 이해가 더 빨라진다. 300만 원이면 잃으면 기분이 나쁘고, 벌면 기분이 좋아지는 적절한 돈이다. 너무 투자금이 적으면 벌고 잃어도 심리적으로 감흥이 없고,

너무 크면 손실이 커서 일이 손에 안 잡힐 수도 있다. 주식에 대한 아주 기본적인 개념은 아래와 같다.

주식의 개념

- 주식이란 기업을 여러 사람이 보유할 수 있도록 증서를 통해 나누는 것(예 : 돈을 조금씩 모아서 피자를 사고 한 조각씩 나눠 갖는 것)
- 주주 : 주식을 소유한 사람
- 회사가 망해도 주식을 소유한 주주는 빚을 갚을 책임이 없다는 것이 주식 투자의 장점

종류

- 보통주 : 의결권을 가지고 있는 주식(예 : 투표권이 있는 국민)
- 우선주 : 의결권은 없으나 이익배당, 재산분배에 우선적 권리를 가지는 주식(예 : 투표권이 없는 국민이나 정부지원금을 받음)

용어

- 시가총액 : 상장된 기업을 주식 시가로 평가한 금액, 주가×주식수=시가총액
- PER : 주가수익비율, 주식가격을 주당 순이익으로 나눈 값. 이 수치가 낮을수록 투자자가 유리하다.
- PBR : 주가순자산비율, 주가가 순자산대비 몇 배인 상태인지를

알려준다. 이 수치가 낮을수록 투자자에게 유리하다. 순자산 = 자산-부채

- ROE : 자기자본이익률, 투입한 자본으로 몇%의 순이익을 냈는지 나타낸다. 이 수치가 높을수록 투자자에게 유리하다.

초보자를 위한 주식 투자 잔소리

- 스스로 공부해서 찾아낸 주식이 아니면 투자하지 마라.
- 테마주, 소형주는 관심을 안 갖는 편이 낫다.
- 우량주, 가치주 위주로 투자하면 손실을 최소화할 수 있다.
- 내가 잘 아는 기업에 투자하라.
- 배당을 잘 주는 주식에 투자하라.
- 장밋빛 희망에 주식을 사지 마라.

꾸준히 이익이 느는 우량주에 투자하기

우리는 또래보다 튼튼해 보이고 큰 아이들을 우량아라고 부른다. 우량주도 마찬가지다. 기업 중에서도 튼실하고 단단한 기업을 우량주라고 말한다. 우량주의 특징은 시장점유율이 높고 업계 1위를 달리며 흑자를 내고 있다는 점이다.

이런 우량주를 골라내는 방법은 쉽다. 예를 들어 통신 1위 기업은 SK텔레콤, 음료 1위는 롯데칠성, 저가항공 1위는 제주항공, 생활용품 1위는 LG생활건강, 이런 식으로 쉽게 찾아낼 수 있다. 이렇게 각 업종의 1위 기업만 골라서 주식을 사들이면 이게 블루칩 펀드가 된다.

펀드라는 것이 이름만 화려할 뿐 주식을 사들이는 방식은 단순하다. 업계 1위를 사들이면 블루칩 펀드, 업계 2위를 사들이면 옐로우칩 펀드가 된다. 업계 2위 주식들은 상승기에 업계 1위 주식들보다 더 높은 상승률을 보여주지만 하락 때 더 큰 하락률을 기록한다. 3등주라고 불리는 업계 인지도가 낮은 주식들은 더 높은 상승률과 하락률을 기록한다. 그리고 하락이 한 번 올 때마다 사라지는 기업들이 많다.

주식은 자손에게 물려줄 수 있는 종목을 사들여야 한다. 그러려면 오래 살아남을 주식을 사서 주는 것이 맞다. 전쟁이 나서 가장 끝까지 살아남을 수 있는 나라가 어디냐고 물으면 대부분의 사람이 현재 군사력 1위인 미국일 것이라고 말하듯이 각 업종 간의 위기가 와도 끝까지 살아남을 기업은 그 업종의 1위 기업일 것이다.

해당 업종이 사양산업이라고 해서 그 업종 1위 기업도 사양길을 걷는 것은 아니다. 타이어 업계가 사양산업의 길을 걷지만, 수많은 업체가 도산하면서 살아남은 몇몇 기업은 시장을 독식했고 주가는 꾸준히 오르고 있다. 시멘트업체, 배터리업체, 제지업체들도 살아남은 1등주는 주가가 계속 오르고 있다.

최근 해외주식 투자를 직접 할 수 있는 길이 열리면서 미국주식, 중국주식에 직접 투자하기도 한다. 해외주식에 투자할 때 많은 외국인 투자자들이 하는 방법이 그 나라의 1등 주식들을 사는 것이다. 그 나라, 그 기업에 대한 정보를 잘 알 수는 없지만 1등주를 사는 전략만으로도 상당한 위험을 지울 수 있다. 나중 해외주식을 투자할 일이 있다면 그 나라의 1등 주식을 잘 정리해두고, 저렴한 타이밍에 들어가자. 그러면 꽤 높은 이익을 거둘 수 있다. 슬프지만 실제로 그런 우수한 사례가 우리나라가 IMF를 겪었을 때 외국인들이 우리나라에 투자한 방법의 하나가 1등주 투자였다.

🪙 워렌 버핏이 좋아할 한국 주식

버핏은 강력한 브랜드를 가진 기업을 좋아한다. 브랜드를 가졌다는 것은 시장점유율이 높고, 충성스러운 고객을 보유하고 있으며, 더 높은 가격을 받을 수 있다는 뜻이기 때문이다. 그런 이유에서 코카콜라는 펩시보다 더 높은 가격을 받아도 잘 팔리고 있고, 독일차는 국내차보다 더 비싸게 팔리고 있다.

브랜드라는 것은 한번 구축하면 쉽게 그 아성이 흔들리지 않는다. 그만큼 그 기업도 수익이 계속 유지될 수 있다. 그러면 투자자로서는 투자를 계산하기가 쉬워진다. 꾸준히 얼마나 성장하고, 크게 들어갈 돈이 없고, 얼마의 수익이 나올 것으로 예상이 되는 단순한 사업을 하는 기업, 과연 그런 기업이 우리나라에도 있을까?

워렌 버핏이 좋아할 기업들을 한번 알아보자.

1. 매출, 영업이익, 순이익이 꾸준히 증가하는 기업
2. 현금이 많은 기업
3. 운전자본이 적게 드는 기업
4. 매출채권회전률이 높은 기업
5. 감가상각을 과도하게 하는 기업
6. ROE가 높은 기업(급성장하는 기업)
7. 강력한 브랜드를 가진 기업
8. 단순한 사업을 하는 기업
9. 능력 있고 도덕적인 CEO가 있는 기업

이런 조건에 맞추면 우리나라에 몇 기업이 없다는 것이 충격이다. 그래도 있기는 있다. 대표적인 예로 LG생활건강을 워렌 버핏처럼 분석하는 방법을 보자.

LG 생활건강

- 업계 1위 브랜드 다수 포진 (화장품, 음료, 생활용품)
- 매출과 이익이 꾸준히 성장
- 설비투자가 거의 들지 않고, 낮은 유지비
- 경기의 영향을 받지 않고 현금이 꾸준히 들어온다.
- 높은 성장성(ROE 13.1%)

할인율	6%
자본효율(ROE)	13.1%
자본효율/할인율 = 자본배수	218
조정자본총액	3조 7,826억
주식수	15,618,197
주당 내재가치	528,415

구분	2014	2015	2016	2017
당기순이익	3,546	4,704	5,792	6,185
유형재산 감가상각비	1,055	1,108	1,157	1,271
무형재산상각	156	162	180	193
CAPEX	1,872	3,017	3,315	2,842
기본주주이익	2,885	2,957	3,814	4,808

결론	워렌 버핏이 좋아할 주식이지만 현재 내재가치 대비 2배나 비싼 주가가 문제

여기서 필요한 대부분의 자료는 네이버에 해당 기업 이름만 쳐도 나오는 재무정보들을 참고했다. 기업들은 자신의 기업 정보를 공개할 의무가 있어서 우리는 이런 자료를 바탕으로 기업의 주가가 얼마가 적당한지 산출할 수 있다. 그래서 아무리 좋은 기업이라도 이 기업은 얼마짜리니까 사도 된다, 안 된다는 판단이 설 수 있다. 이런 종목 외에도 롯데칠성, CJ제일제당, BGF리테일, 아트라스BX, S-oil, 제주항공, 진에어 등을 분석하고 적정주가를 구해보며 버핏의 투자를 익혀보자.

🪙 주식과 채권은 반대로 투자하자

주식과 채권은 거의 정확히 반대로 간다. 경기가 좋아질 때는 주식이 많이 오르고 경기가 나빠질 때는 채권이 많이 오른다. 왜 그런지 이해 못 했을 확률이 높은데 그 이유는 금리 때문이다.

국가는 금리를 오르고 내리면서 경기가 살아나도록 부양하거나 과열되지 않도록 찬물을 끼얹는다. 금리를 내리면 대출이자가 낮아지니까 기업은 돈을 싸게 빌려 사업할 수 있고, 그러면 공장을 짓고 직원을 뽑고 장비를 사들인다. 이러한 과정에서 또 다른 직업이 탄생하고 경기가 활성화가 된다. 하지만 예금이자도 낮아지기 때문에 투자자의 돈이 주식이나 부동산으로 쏠리게 된다. 그래서 부동산 가격이 오르거나 주식이 올라 투기로 돈을 번 사람들이 판을 친다.

이제 서서히 과열신호가 들려오고 경기를 가라앉혀야 할 시기가 온다. 계속 경기가 좋은 것을 바라지만 실제로는 좋지 않다. 경기가 좋아지면 임금이 오르고, 물가가 오르고, 유가가 오르는 인플레이션이 발생한다. 인플레이션이 발생하면 사회적 불만이 발생하고 국가가 경기를 통제하기가 어려워진다. 그래서 과속운전할 때마다 금리상승을 통해서 브레이크를 한 번씩 밟아준다.

금리가 오르면 대출받는 것이 두려워지고, 예금이자가 올라 다른 곳에 투자하는 것보다 은행에 돈을 넣는 것이 유리해지기 때문에 시중의 돈이 줄고 은행으로 돈이 들어온다. 그만큼 경기는 조금씩 가라앉고 적정한 선을 유지하게 된다.

이런 과정에서 주식과 채권을 생각해보자. 금리가 상승하는 시기는 지금 경기가 좋기 때문에 상승하는 것이다. 그렇다면 금리 상승기에는 주식에 투자하는 것이 맞다. 반대로 국가가 금리를 계속 내린다는 것은 경기가 계속 나빠지는 것으로 볼 수 있다. 금리가 내려가면 채권 이자도 낮게 발행된다. 그래서 금리가 높던 시기에 나온 채권은 비싼 이자를 받을 수 있으므로 희귀성을 가진 레어 아이템이 된다. 그러면 채권을 사고 팔 때 가격이 더 올라간다. 대부분의 채권 투자자는 채권을 사서 만기까지 가지고 이자를 받는 것이 아니라 이렇게 금리가 오르고 내릴 때 사고 팔아서 수익을 만든다.

일반인은 채권을 사고팔기가 어려우므로 금리 하락기에는 채권형 펀드에 가입해서 채권으로 인한 수익을 같이 누리면 된다. 단, 채권형 펀드를 할 때는 채권의 종류가 다양하다는 것을 알아두자. 간단하게 위험도가 높은 채권일수록 이자도 높다. 당연히 펀드 수익률도 당장은 높다. 사고가 터지기 전까지는 말이다. 위험도가 높은 채권이 투자기간 동안 문제가 없으면 높은 수익률이 나오지만 도중 부도가 나면 펀드 수익률은 뚝 떨어진다. 심지어 휴지조각이 될 수도 있다. 2011년에 저축은행 후순위채권을 가진 사람들은 채권이 거의 휴지조각이 되면서 큰 피해를 봤다.

그래서 채권은 욕심을 버리고 안정적인 것에 투자하는 것이 좋다. 국가가 발행한 채권은 국가가 망하지 않는 한 원금과 이자를 보장해준다. 이를 국채라고 한다. 국가라도 미국이나 일본처럼 우량한 국가가 있고, 신흥국인 인도네시아나 경제위기를 겪는 아르헨티나 같은 불안감을 주는 국가가 있다. 이 정도에 따라서 이자가 다르다. 신흥국 국채에 투자하는 펀드는 수익률은 높지만 위험성이 도사린다.

기업이 발행하는 채권도 있다 이를 회사채라고 하는데 회사채는 국채보다 더 불안하다. 국가도 망할 수 있는데 기업은 더 하기 때문이다. 회사채 간에도 우량한 기업이냐 불량한 기업이냐에 따라서 AAA 등으로 등급을 매긴다. 등급이 높을수록 우량하지만 채권 이자가 낮고 불량할수록 채권 이자가 높다.

저위험 중수익 부동산펀드

빌딩을 사거나 지어서 돈을 많이 벌었다는 이야기를 들을 때가 있다. 우리도 부동산펀드를 통해서 빌딩주가 될 수 있다. 부동산펀드들은 펀드로 모은 돈을 부동산에 투자해서 수익을 낸다. 직접 빌딩을 짓기도 하고, 빌딩을 사서 임대를 놓아 월세로 수익 내기도 한다. 적극적으로 부동산을 사고파는 경우도 있지만 보통은 임대를 놓아서 안정적인 수익을 내는 경우가 많다.

부동산펀드를 갖게 되면 건물주가 되어서 월세를 받는 효과를 같이 누리는 것이다. 게다가 부동산 투자 자체가 주식보다는 안정적이기 때문에 주식이나 주식형 펀드가 불안한 사람에게는 부동산펀드가 어울린다.

부동산펀드는 경기 상승기 때도 수익률이 잘 나오지만 경기 하락기에도 임대를 통해서 안정적인 수익을 추구하므로 위험이 낮은 편이다. 다만 주식이나 주식형 펀드처럼 높은 수익률을 기대하기는 어렵다.

> **트렌드의 정석 이색 펀드**
> 펀드는 주식, 부동산, 채권형 펀드만 있는 것이 아니다. 시중의 모든 것이 펀드가 될 수도 있다. 와인에 투자하는 와인펀드, 미술품이 추후 가치가 오르는 것에 착안한 미술품펀드, 물 부족 국가의 증가로 물 관련 사업이 커질 것을 대비하는 물펀드 등 다양한 이색 펀드가 많다.
> 하지만 이런 이색 펀드들은 유행을 반영하는 경우가 많아 관심이 꾸준하지 못하고 수익률 또한 꾸준하지 못해서 투자자들에게 많은 관심을 받지 못한다.

펀드의 단점을 보완한 ETF 투자

펀드의 단점이라면 높은 수수료와 가입 해지의 불편함을 들 수 있다. 펀드를 사면 1~2%의 수수료가 발생하고 매년 투자금의 1~2%가 또 운용수수료로 들어간다. 이익을 잘 내주면 상관없지만 수익도 못 내면서 수수료가 들어가면 정말 억울하다. 게다가 90일 이내 해지하면 중도해지수수료를 물어야 하고, 해지해도 돈이 바로 들어오지 않고 며칠 있다가 돈이 들어오는 등 불편한 점이 많다.

이러한 단점을 해결한 것이 ETF다. 상장지수펀드라고 불리는데 펀드면서도 주식처럼 거래할 수 있는 점이 특징이다. 예를 들어 코스피지수를 추종하는 ETF라고 하면 코스피지수가 오르고 내리는 정도에 따라서 ETF 가격이 실시간으로 바뀐다. 이를 사고 1초 만에 팔아도 중도해지수수료가 없고, 수수료 자체가 매우 저렴해서 굳이 펀드에 가입하는 것보다 ETF로 매매하는 것이 더 유리하다.

ETF의 또 다른 장점은 해외 ETF도 쉽게 투자할 수 있다는 점이다. 실제로 국내 ETF보다 해외 ETF가 수수료가 더 저렴한 편이라 같은 종류의 ETF라면 해외에서 만든 ETF를 사는 것이 더 유리하다.

ETF를 통하면 주식이 아닌 유가, 농산물, 구리, 금 등에 쉽게 투자할 수 있다. 위의 것들은 경제 상황에 따라서 시시각각 가격이 바뀌므로 기존의 펀드로는 대처할 수 없다. 하지만 ETF는 매매수수료가 저렴하고 실시간으로 사고팔 수 있어서 이런 실물자산에도 투자해서 수익을 낼 수 있다.

STEP 5.
Level 4. 창업

🪙 창업이 실패하는 이유

직장인 중 많은 수가 원하든 원하지 않든 창업의 길로 간다. 특히, 정년이 한참 남았음에도 이른 나이에 직장에서 나올 수밖에 없는 이들이 떠밀리다시피 창업의 길을 걷는 경우가 많다. 직장인들이 퇴직을 많이 하는 45세쯤에는 자녀들이 중고등학생일 시점이다. 자녀를 위한 학비와 가계생활비가 한창 많이 필요할 때다. 그리고 국민연금이 나오는 65세까지는 20년의 세월이 남았기 때문에 다시 일해야 한다.

하지만 대부분 직장을 나오면 자신의 전공을 살려서 일할 수 있는 것이 많지 않다. 그래서 창업을 많이 생각한다. 창업에 대해서 배워본

적도, 관심을 가진 적도 없다가 하루라도 빨리 돈을 벌어야겠다는 생각에 준비 없이 시작하는 경우가 대부분이다. 그나마 조금 나아진 점은 프랜차이즈를 택할 확률이 높다는 거다.

프랜차이즈는 점주의 능력이 많지 않아도 가게가 어느 정도 돌아가기 때문에 체인점으로 창업을 시작한다. 초반에는 직장 사람들, 친척들, 동네 지인들이 와서 팔아주니까 장사가 어느 정도 되는 것처럼 보이지만 일정 시간이 지나면 손님이 뚝 떨어진다. 어디에 문제가 있었을까?

창업은 혼자서 기업을 운영하는 것과 똑같다. 입지선정, 수요조사, 품질관리, 마케팅, 가격선정, 메뉴관리, 직원관리, 청소, 회계까지 모두 혼자서 해야 한다. 여기에 다른 가게들보다 뛰어난 무언가를 하나 장착하지 않으면 가게가 유지될 수 없다. 그리고 심리적으로도 힘듦이 생긴다. 우리는 카페에서 일하면 멋질 것으로 생각할 수 있지만 카페에서 일하면 창살 예쁜 감옥에 갇힌 기분이 든다. 아무리 날이 좋고 예뻐도 밖에 나갈 수 없고 손님을 기다려야 한다. 일반 가게도 마찬가지다. 아르바이트생을 고용할 수 있는 가게일지라도 주인은 오래 가게를 비울 수 없다. 직장 다니던 시절에 외국으로 여행 다녀오던 것은 가게를 차리고 나서는 꿈도 못 꾸는 일이다. 사장이 없는 가게는 느슨하게 돌아갈 수밖에 없고, 사장이 없는 날은 손님들도 알 정도로 서비스에 차이가 있다.

그래서 직장을 최대한 오래 다니는 것이 유리하다. 아니면 부부 중 한 명은 직장을 유지하고, 한 명은 가게가 자리 잡은 다음에 둘이서 같이 하는 것이 좋다. 파리 날리는 가게에 부부 둘이 앉아 있으면 말싸움밖에 할 일이 없어진다. 처음에 꿈꾸었던 대박의 꿈과 카페 안에서 분위기를 느끼는 로망은 사라지고 현실의 벽과 마주해야 한다. 이러한 점을 잊지 말고 각오 단단히 하고 창업을 시작하기를 권한다.

창업 전에 체크할 사항

- 매우 유리한 위치에 있는가? : 메뉴에 따라 유리한 위치도 달라진다. A밥버거는 전국에서 가장 급식이 맛없는 고등학교 옆에 1호점을 열었다.
- 경쟁가게가 주변에 많이 있는가? : 신당동에는 떡볶이 가게가 아니라 아이스크림 가게를 차리는 것이 더 유리하다.
- 임대료와 인건비는 견딜만 한가? : 대부분이 폐업하는 이유가 이 둘 때문이다.
- 가격은 얼마까지 받을 수 있고, 재료비는 몇 %를 차지하는가? : 재료비가 가격의 30%를 넘으면 안 되고, 가격은 동네 수준을 넘어서면 안 된다. 예를 들어 대학가에 고깃집은 1인분 5,000원도 흔하다.
- 신선한 재료를 지속해서 싸게 공급받을 수 있는가?
- 아르바이트생에게 명확한 업무를 부여하고 관리할 수 있는가? : 메뉴얼이 답이다.
- 진상손님을 만나도 웃는 얼굴로 대할 자세가 됐는가? : 거울을 보고 표정 연습을 하자. 손님 앞에서는 사장이 가장 밝게 웃어야 한다.
- 프랜차이즈로 할 것인가? 직접 운영할 것인가? : 한번 선택하면 바꾸기 어렵다.
- 임대기간은 안정적인가? 건물주가 바뀌거나 세가 갑자기 오를 이

유는 없는가? : 권리금을 주고 들어가는 경우 내게 보장된 임대기간과 갑자기 쫓겨날 가능성을 염두에 둬라. 당신을 위해 진실을 말해주는 사람은 없을 확률이 높다.
- 다른 가게보다 강점은 무엇인가? : 가격, 입지, 메뉴 중 뭐라도 차별화된 강력한 무언가가 필요하다. 설빙은 기존 빙수에서 우유로 빙수를 만드는 방법으로 전국을 평정했다.
- 시장조사를 위해 주변 가게, 유동인구를 꼼꼼히 분석했는가? : 주변 가게에서 뭐가 잘 팔리는지, 주 고객은 연령대, 성별, 직업이 무엇인지, 평일과 주말에 썰렁한 때가 있는지, 유동인구대비 월세가 비싼 편은 아닌지 모든 것을 조사해봐야 한다. 가게를 시작하고 나면 밖에 나올 시간도 없다.
- 신도시에 차리지 말라 : 신도시는 깨끗하고 상가도 예뻐서 창업하면 폼나 보인다. 권리금도 없어 시작할 때 부담도 덜하다. 하지만 적은 인구와 낮은 유동인구 그리고 비싼 임대료는 신도시의 특징이다. 신도시에서 장사한 사람 중 6개월도 못 버티고 나가는 사람들이 꽤 많다. 오히려 장사는 못 사는 동네에서 하는 것이 더 잘 된다. 신도시 사람과 구도심 사람 중 누가 더 마트에 자주 가고 주말에 자주 놀러 가는지 생각해보자. 우리는 예쁜 것을 하러 온 사람이 아니다. 어떻게든 돈을 벌어야 하는 벼랑 끝에 몰린 사람이다. 남들의 시선을 의식하지 말자.

🪙 강력한 경쟁력이 있는가?

일반적으로 창업하면 요식업을 하는 경우가 많다. 음식점이나 카페를 하는 이유는 누구나 도전하기 쉽기 때문이다. 한 마디로 문턱이 낮은 업종이 음식과 카페다. 프랜차이즈 본사 설명회를 듣고 창업을 결심하거나 레시피 대로 요리할 수 있는 주방 이모를 두거나 내가 요리실력 좀 있다고 생각해서 음식점을 시작한다. 아쉽지만 이러면 경쟁력이 없다.

카페도 비슷하다. 어느 카페를 가든 커피 맛이 크게 차이가 나지 않는다. 그런 와중에 요즘은 커피에 조예가 깊은 사람들이 카페를 많이 차리기 시작했다. 이런 틈바구니에서 내 카페는 어떤 강점이 있을까? 그냥 디자인 예쁘고 커피를 비슷하게 내리면 과연 사람들이 줄지어 찾아올까?

프랜차이즈도 별반 다르지 않다. 여러모로 편한 점이 많아 쉽게 창업할 수 있지만 내가 메뉴 하나 개발해서 팔 수도 없고, 본사에서 정해준 물건과 재료를 비싸게 구입하다 보니 남는 것이 별로 없다. 인테리어 비용은 프랜차이즈라는 이름으로 1억 원을 넘게 더 받는다. 비싼 돈을 내고 차린 가게다 보니 수익률은 더 낮아진다.

창업의 고수가 되려면 처음부터 전략을 기막히게 짜고 시작해야 한다. 우선 그 지역의 고수가 되자. 부동산 개발계획이든 공장 이전 계획이든 어디에 도로가 나고 아파트가 들어서고 무슨 일이 있는지 시장님처럼 꿰고 있어야 한다. 내가 본 창업 고수들은 돈을 앞으로 벌고 뒤로 벌었다. 무슨 말이냐면 앞으로 돈 버는 것은 영업해서 버는 것이고, 뒤로 버는 것은 부동산 가격이 오르거나 토지보상으로 돈이 들어와서 버는 것이다. 그리고 평생 앞으로 해서 번 돈보다 뒤로 해서 번 돈이 더 컸었다.

어떤 이들은 신도시가 시작되자마자 가게를 크게 차리고 각 관공서와 학교들, 기업들을 먼저 치고 들어갔다. 이런 기관, 기업들과 거래하면 많은 물량을 장기 공급할 수 있어서 일반 고객들이 별로 없어도 영업에 별 영향이 없다. 급식업체, 문구업체, 제본업체, 체육사가 이런 업종에 해당한다. 미리 규모의 경제와 다른 업체들이 못 들어올 정도로 덩치를 갖추면 땅 짚고 헤엄치듯이 돈 벌면 된다. 이렇게 창업하는 것이 성공확률도 높고 쉬운데 폐업률이 높은 음식점, 카페만 고집하는 것은 지고 들어가는 싸움이다.

그래도 음식점, 카페로 승부를 보고 싶다면 강력한 경쟁력을 갖춰야 한다. 디저트 위주로 승부를 보고 싶다면 프랑스, 스페인, 대만을 꼭 가보자. 대부분의 디저트는 여기서 들어온다. 마카롱, 츄러스, 카스테라, 소금커피, 샌드위치 등이 들어왔지만, 대만을 가보면 아직 우리나라에 들어올 몇 가지를 느낄 수 있다.

SNS가 발달한 요즘은 처음 보는 디저트가 한국에 들어오면 인기를 얻는다. 다른 이들이 당신의 레시피를 연습하고 창업하기까지는 1년가량의 시간이 있다. 이때 돈을 벌고 2호점, 3호점으로 체인점을 내서 규모를 갖춘다면 창업으로 돈을 벌 수 있다. 내가 프렌차이즈로 들어가기보다는 내가 프랜차이즈를 만들어서 돈을 벌겠다는 생각으로 메뉴 개발에 힘써보자. 노력한 만큼 좋은 결과로 보답하는 것이 자영업의 매력이다.

프랜차이즈 창업 전 폐점률을 살펴라

그래도 대부분은 프랜차이즈 체인점을 선호한다. 평생 한 음식을 만드는 일에 힘쓴 사람, 장사가 잘되는 입지 고르는 눈을 가진 사람, 최신 트렌드를 반영하는 메뉴 개발하는 사람, 예쁜 가게를 디자인하고 포장하고 광고하는 사람을 혼자서 이긴다는 것은 불가능한 일이기 때문이다. 이것을 알기에 프랜차이즈들은 퇴직자 대상으로 창업을 권유하고, 비싼 인테리어비로 이윤을 남기고, 자재와 재료를 대서 또 이윤을 남긴다.

기왕 가게를 차렸다면 본사의 빨대가 되지 말고, 어떻게든 돈을 벌고 가정을 먹여 살려야 한다. 우리가 프랜차이즈에 딱 한 번 갑의 위치인 것은 어떤 프랜차이즈를 차릴까 결정하는 것뿐이다. 그 이후부디는 영원한 을이 되니 초반에 잘 고르자.

같은 카페더라도 전국구 커피 프랜차이즈 종류만 20개가 넘는다. 분식집, 제과점, 삼겹살, 김밥집까지 전부 프랜차이즈 밭이다. 이 중에서 어떤 것이 가장 경쟁력 있고 나를 성공한 사장님으로 만들어줄지 잘 고르면 된다.

위치

대부분 본사에서 어떤 위치의 가게가 좋다고 추천해줄 것이다. 이들의 권유를 받으면 크게 나쁘지 않다. 다만 임대료가 비싸거나 가성비가 좋고 나쁘고는 크게 도움이 되지 않을 수 있다. 중심상권 사거리 건널목 앞 1층 코너 상가는 뭘 해도 잘 되는 자리다. 하지만 임대료를 감당해낼 가게는 별로 없다. 보통 이런 자리를 우리는 스타벅스 자리라고 부른다. 상가도 비싸고 임대료도 비싸다. 망하는 가게가 의외로 많으니 피하자.

뜻밖에 괜찮은 자리들은 유동인구가 많은 이면도로다. 차가 많이 다니지 않아서 사람들이 거리에 꽉 차서 다니기도 하고, 음식점이 많다 보니 이와 연관된 맥주, 소주, 커피, 복권, 뽑기방, 노래방 등의 가게도 괜찮게 된다. 이면도로다 보니 대로변보다 월세도 훨씬 저렴하다. 보통 숨은 복권은 이런 곳에 있으니 잘 찾아보자.

제일 나쁜 시나리오는 이미 가게를 계약한 뒤 프랜차이즈를 구하는 것이다. 회사마다 다 자기네 가게를 차리면 좋다고 한다. 어차피 계약하고 인테리어비용만 받으면 얼추 뽕은 뽑기 때문에 본사 입장에서는 얼른 잡으려고 한다.

상권분석 무료로 하기

소상공인마당(http://www.sbiz.or.kr/)에 가면 무료로 상권분석 데이터를 조회할 수 있다.

가맹비

예전에는 가맹비를 1,000만 원씩 받는 본사도 많았다. 요새는 진입 장벽을 낮춰 300만 원 이하나 무료인 곳이 꽤 많다. 그렇다고 좋아할 필요는 없다. 어차피 인테리어비용에 다 녹아들어 있다.

인테리어비용

보증금과 권리금만큼 많이 들어가는 것이 인테리어비용이다. 인테리어비용은 눈으로 봐서는 산출할 수 없기에 본사가 정한 가격을 줄 수밖에 없다. 조명, 가구, 집기, 냉장고, 포스기 등 모두 설치해주니 이보다 편할 수 없다. 하지만 직접 하는 것보다 돈이 2배는 더 들어가니 편한 만큼 값을 치른다고 생각하면 된다. 다만, 어느 회사를 택하느냐에 따라서 인테리어비용이 차이가 나므로 되도록 인테리어비용이 비싸지 않은 곳을 택하자. 인테리어비용이 싸다고 좋은 것도 아니다. 어차피 재료비, 자재비로 받아간다.

재료비, 자재비

이 비용은 영업 시작 전에는 잘 알 수 없다. 치킨을 예로 들면 닭, 소스, 포장박스 등의 비용이 들어간다. 여기에 배달앱 수수료, 배달수수료 등을 생각하면 2만 원에 치킨이 팔려도 남는 것은 3,000원 내외일 수도 있다. 치킨집은 창업비가 적은 대신에 남는 것이 적다. 카페는 남는 것이 큰 대신에 인테리어비용이 높다. 어떻게 본사가 지점의 이익을 빼가는지 알겠는가?

　이런 창업비용만 비교하지 말고 폐점률을 봐야 한다. 그리고 본사에서 소개하는 비용 말고도 추가로 어떤 것이 들어가는지 알아야 한다. 예를 들어 수원시에 가게를 차릴 것이라면 수도권에서 프랜차이즈를 하는 가게들을 바쁘지 않은 시간에 찾아가 보자. 내가 차리려는 지역이랑 멀수록 좋다. 그리고 그들의 솔직한 답변을 들어보자. 카페라면 몇 잔을 팔아야 수익분기점인지, 치킨이라면 마리당 실제로 남는 돈은 얼마인지 물어보자. 알려주는 곳도 있을 것이고 안 알려주는 곳도 있겠지만 여러 사장님의 의견을 듣고 현실을 파악한 다음에 시작해도 늦지 않는다.

　유명 프랜차이즈의 폐점률은 뉴스에 나와서 쉽게 알 수 있다. 다만, 통계의 오류가 생기지 않으려면 몇 년간의 폐점률을 같이 찾아봐야 한다. 예를 들어 카페베네의 경우 2016년에 폐점률 1위를 기록했지만 2017년에는 상당히 낮은 폐점률을 기록했다. 반대로 같은 시기에 **빽다방**은 폐점률 꼴찌를 기록했지만 다음 해에는 폐점률이 올라갔다. 이렇듯 특정 해의 폐점률만 보면 오해할 수 있다. 몇 년 치의 폐점률과 실제 가맹주의 이야기를 듣고 판단하자.

🍜 미스사이공 : 인건비를 낮춰라

미스사이공은 창업 스토리가 있다. 실제 베트남분이 노량진에서 노점 쌀국수를 하면서 대박이 났고, 이를 점포화해서 체인점으로 운영하고 있다. 매우 짧은 시간에 전국구 점포를 구축하게 됐고, 종업원들로 베트남 사람을 채용하면서 자국민들 취업에 힘쓰고 있다.

그렇다 보니 문제점이 하나 있다. 고객과 직원 간의 소통이 되지 않는 점이었다. 그 문제를 해결한 방법이 무인 키오스크였다. 주문을 사람이 하면 대화의 장벽이 생기지만 기계로 주문을 받으면 대화의 장벽이 사라진다.

대화의 장벽이 사라지는 단점을 해결하려고 설치한 키오스크인데 실제로 더 효과를 본 것은 인건비 절감이었다. 식당을 보면 조리하는 사람도 있지만 주문받고 음식을 갖다 주고 치우면서 계산까지 해야 하는 사람도 필요하다. 그런데 이 키오스크 설치로 주문과 계산하는 사람의 인건비가 줄어들었다. 그리고 셀프로 음식을 가져가고 내놓는 방식으로 서빙 인건비도 줄였다. 이렇게 되면 조리하는 직원 한 명만 있어도 식당이 운영된다. 바쁜 시간에는 조리만 하고, 여유 시간에 설거지하면 혼자서도 운영할 수 있다.

그 덕분에 인건비를 대폭 줄일 수 있었고, 여기서 나는 마진을 점주가 가져가는 것이 아니라 판매가격을 낮추면서 다시 손님을 늘리고 이를 바탕으로 가맹점을 늘려가는 전략을 택했다. 다른 가게에서 쌀국수를 먹으려면 만 원 넘는 돈을 줘야 하는데 여기는 만 원에 3가지를 먹을 수 있다. 배고픈 학생들, 젊은 커플들, 직장인들은 덕분에 베트남 음식을 부담 없이 먹게 됐고, 이로써 베트남 음식의 급격한 대중화를 이뤘다.

쌀국수의 인기 덕에 분짜, 반미 등 다른 메뉴들도 한국에서 인기를 끌게 됐고, 베트남 음식이 한국에서 자리 잡았다. 베트남 식당이 늘어날수록 베트남 사람의 취업도 늘어났다. 서로에게 윈윈이 되는 경영전략이었다고 볼 수 있다.

설빙 : 세상에 없는 메뉴를 만들어라

설빙 이야기를 하면 마음이 아프다. 설빙이 등장할 당시 우유빙수 위에 인절미 가루를 뿌려서 먹는다는 센세이션은 정말 대단했다. 여름만 되면 설빙 가게에 앉을 자리가 없을 정도로 미어터졌다. 왜 마음이 아프냐면 설빙이 생기기 전에 나 또한 빙수가게를 기획하고 있었기 때문이다.

빙수가게는 설빙 전부터 30년 전에도 존재했다. 빙수가게로는 부산 이기대 앞에 있는 빙수가게가 우리나라에서 유명하다. 여름에는 빙수를 팔고, 겨울에는 단팥죽을 파는데 인기가 많다. 하지만 전통적인 빙수는 얼음을 기본으로 하기에 시럽과 팥은 단맛으로 먹지만 얼음은 단맛을 내지 못하고 있었다.

일본의 교토라는 지방을 간 적이 있다. 사람들이 8월 무더위에도 2시간씩 줄 서서 먹는 빙수가게였다. 이유는 몰랐지만 같이 줄 서서 먹었다. 왜 사람들이 줄 서서 먹는지 비법을 알게 됐다. 우리나라는 얼음이 아무 맛도 안 났지만 여기는 얼음이 단맛이 났다. 얼음도 달고, 팥도 달고, 녹차 아이스크림도 달다 보니 아무 곳이나 먹어도 다 맛이 있었다. 그리고 시원함까지 주기 때문에 여름 별미로 딱 맞았다.

여기에 기반을 둬서 우리나라에서도 빙수가게를 차리면 어떨지 연구했다. 얼음이 단맛 나는 것이 핵심인데 얼 정도로 차가워지면 단맛은 급격히 반감된다. 얼음이 단맛이 나려면 설탕으로는 불가능하다는 것을 알았다. 대체 무엇이 그렇게 단맛을 내었을까? 고민한 끝에 비법을 알아냈고 얼추 메뉴 개발을 준비하고 있을 때 지인의 한 마디가 연구를 중단하게 했다.

"여름에만 장사할 거야? 봄, 가을, 겨울은 손 빨고?"

"단팥죽을 팔면 어떨까?"

"카페 와서 단팥죽 먹는 사람 봤어? 어려울 것 같은데? 빙수전문점을 내세우면 커피 매출도 얼마 안 나올 거야. 사람들이 안 하는 데는 다 이유가 있어."

그 말이 일리가 있다고 생각하고 연구는 중단했고 2년 뒤 설빙은 대박을 쳤다. 그 뒤로 나는 남들의 조언에 휘둘리지 않는다. 그 덕분에 다른 부분에서 많은 성공을 거뒀다.

물론 설빙은 나처럼 얼음 부분을 달게 하지 않았다. 오히려 단맛을 지우고 고소한 맛을 가져갔다. 우유로 빙수를 내기 때문에 입자가 곱고 마치 눈꽃모양을 연상시켰다. 그리고 거기에 인절미 가루를 마블링처럼 틈틈이 뿌려놓아 더욱 고소하고 부드럽게 만들었다.

이런 모양 덕분에 비주얼이 매우 예뻤다. 이는 손님들이 셔터를 멈추지 못하게 했고, SNS에 삽시간에 퍼졌다. 전설이 시작되는 순간이었다. 발명은 한순간이었다. 떡집의 며느리로 있던 사장님은 인절미가 남아서 우유빙수와 같이 섞어서 팔았는데 이게 히트 쳤고, 근처에 빙수가게를 낼 수 있었다. 그 후 프란차이즈 제안을 받게 됐고, 지금은 한류열풍을 타서 해외까지 진출했다. 불과 10년 만에 몇백억 원 부자가 됐다.

고소한 맛을 내는 인절미빙수와 단맛을 내는 녹차빙수는 전혀 다른 메뉴지만 내가 도전을 멈춘 이유는 이미 선제 이미지를 빼앗겼기 때문이다. 설빙은 최초의 빙수체인점이다. 빙수를 생각하면 사람들은 설빙을 떠올린다. 커피와 달리 빙수 시장이 아주 넓지는 않아서 다른 빙수가게가 등장하면 고전할 수 있다. 실제로 빙수 후발업체들은 메뉴가 거의 비슷한데도 고전하는 중이다.

5월부터 10월까지는 빙수의 성수기고, 비수기는 한국적인 맛을 내는 디저트 메뉴로 한국의 아름다움을 알리고 있는 설빙은 한국적인 다양한 메뉴를 가지고 있다. 인절미 빙수와 잘 어울리는 인절미토스트는 단연 베스트셀러다. 겨울에 먹을 수 있는 단팥죽은 매출보다도 설빙을 코리아 디저트 전문점 이미지를 구축하는 데 많은 영향을 끼쳤다.

이렇듯 세상에 없는 메뉴를 만들면 SNS가 화답한다. 프랜차이즈 구축이 쉽고, 전국구 브랜드로 거듭나기가 유리하다. 돈까스김밥이라는 파란을 일으킨 고봉민 김밥, 인천 차이나타운의 하얀짜장, 치킨을 튀기지 않고 구워서 판 굽네치킨, 치즈핫도그를 개발한 명랑핫도그 등 주변에 성공사례가 많다.

좋은 메뉴를 생각했다면 멈추지 말고 바로 만들어라. 지인들에게 시식을 시켜보고 부족한 맛을 채워라. 그리고 이와 어울리는 메뉴를 또 개발하라. 충분히 개발됐을 때 창업을 시작하고 프랜차이즈 계획까지 동시에 세워라. 제2의 설빙이 될 수 있다.

봉구스 밥버거 : 수요조사와 입지선정의 모범 답안

밥버거라는 메뉴는 원래 롯데리아가 원조다. 라이스버거라는 메뉴를 내놓고 10년이 지나서야 밥버거가 다시 등장했디. 밥비거를 민든 사장님의 집념은 정말 대단했다. 수많은 사업 실패 후에 철저히 수요조사해서 가게를 차렸기 때문이다.

밥버거라는 메뉴를 개발했다면 누구에게 팔아야 하는지 생각해보자. 햄버거를 가장 좋아하고 많이 먹는 나이는 청소년이다. 이들이 좋아하는 부위는 햄버거의 빵이 아닌 안에 있는 내용물이다. 빵은 밥으로 대체해도 맛만 좋다면 아이들은 별 신경 쓰지 않는다. 하지만 빵이 밥으로 바뀌면 더 좋은 한 끼 식사로 변신한다. 우리나라는 햄버거를 먹는 아이들은 말리지만 밥버거를 먹는 아이들은 밥을 잘 먹는다고 칭찬한다.

그럼 타깃은 정해졌고, 어디에서 팔아야 잘 팔릴까? 밥버거는 디저트보다 식사대용으로 더 잘 팔린다. 그렇다면 식사를 대체할 식품이므로 직장인 밀집지역, 입시학원이 많은 학원가, 중고등학교가 좋다. 이 중에서도 봉구스밥버거는 고등학교를 택했고, 여기에 하나의 아이디어를 더 냈다.

바로 전국에서 급식이 가장 맛이 없는 학교를 찾아 그 앞에다가 1호점을 낸 것이다. 급식이 맛이 없으면 아이들은 군것질하게 된다. 밥버거는 배를 든든하게 해주므로 아이들에게는 최고의 식사대용품이 된다. 그 덕분에 1호점은 대박을 냈고, 체인점을 내면서 전국구 프랜차이즈로 자리 잡게 된다.

게다가 가격을 참 잘 만들었다. 가장 저렴한 밥버거는 2,000원이 되지 않았다. 아이들 급식 가격보다 저렴했고, 시중의 김밥과 가격이 비슷했다. 그러면 당연히 토스트나 김밥보다 밥버거를 택하게 된다. 대신 기본메뉴 외에 다른 밥버거들은 요금이 올라가지만 최저가를 원하는 학생들은 기본을 먹고, 다른 맛을 먹고 싶은 아이들은 비싼 메뉴를 시켜서 최대 만족을 주고 있다.

맛의 비밀도 한몫하는데 집에서 밥버거를 만들면 그 맛이 안 난다. 밥 자체가 양념이 되어 있는 밥이라서 밥버거는 밥만 먹어도 맛있다. 특히, 간식이 난무하는 학원가에서 부모님들은 그래도 밥버거가 낫다고 생각하고 아이들에게 권장한다. 이런 이유에서 밥버거는 꽤 인기를 얻었다.

이처럼 정확한 수요조사를 토대로 위치와 메뉴, 가격이 잘 맞아떨어지면 대박을 낼 수 있다.

유행은 계속 바뀐다

프랜차이즈를 하면 가장 힘든 점이 유행이 계속 바뀐다는 점이다. 최소한 5년에서 10년은 유행이 계속되어야 본전 뽑고 나온다. 1~2년 만에 바로 유행이 바뀌면 가맹주들은 피해를 보게 된다. 그래서 요새는 어느 것이 트렌드인지 앞으로는 어떤 것이 유행될지 예측하는 눈을 가져야 한다.

디저트의 트렌드 역사를 보면 어떤 흐름을 알 수 있다. IMF 이선은 분식집으로 일컫는 떡볶이, 순대, 어묵과 붕어빵, 호떡, 핫도그 정도가 전부였다. IMF 이후 갑자기 등장해서 전국을 제패한 디저트가 있는데 바로 닭꼬치다. 닭을 꼬치에 끼워 소스를 발라 구워 냄새를 피우면 아이고 어른이고 할 것 없이 쉬지 않고 샀다.

2000년도 초반 유행하기 시작한 것이 토스트다. 햄버거보다 저렴하면서도 안에 맛있는 잼을 바르고 패티보다 저렴한 햄과 채소를 소스를 뿌려서 먹으면 햄버거보다 더 맛있었다. 가격도 2,000원 정도로 저렴하면서도 맛있었기에 대중적인 간식으로 자리 잡았다. 그 뒤에 허니버터 브레드와 마카롱도 등장했지만 주로 카페에 가야 먹을 수 있었다. 이후 타코야키가 잠시, 그리고 밥버거가 유행을 이끌었고, 그다음에는 대만에서 건너온 대왕카스테라, 3,000원 식빵 체인점, 스페인의 츄러스가 인기를 끌었다. 최근에는 기존의 핫도그를 재해석한 명랑핫도그가 유행을 이끌고 있고, 고로케도 유행한다. 대만에서 새롭게 상륙한 대만샌드위치(홍루이젠)도 유행하고 있다.

간략한 현대 간식의 역사인데, 대만에서 온 것을 빼면 디저트가 단백질에서 탄수화물로 그다음은 튀김으로 바뀌고 있다. 그리고 20년이나 세월이 지나도 가격은 크게 오르지 않아야 한다는 점이다. 즉, 사람들의 심리상 간식은 비싸면 안 된다는 생각이 있어서 가격에 한계가 있고, 그 가격을 맞추려다 보니 튀기는 음식으로 이동하고 있다. 튀김은 냄새가 고소해서 멀리 있는 고객까지 끌어오는 효과가 있고, 금방 포만감을 주기에 저렴한 간식으로 인기 만점이다.

이 추세라면 튀김을 대체할 저렴하면서도 배를 채우는 간식이 등장하거나 튀김을 재해석한 간식이 유행할 것으로 보인다. 또한 대만을 답사한 결과 우리나라 사람들의 입맛에 맞는 간식들이 많고, 아직 국내에 소개되지 않은 것들이 있기에 대만 간식에 기회가 있다고 본다.

먹는 장사를 하려면 많이 먹어봐야 한다. 국내든 해외든 가서 많이 먹어보면서 맛을 익히고 트렌드를 익혀야 한다. 돈 아깝다고 생각하지 말고, 실패를 방지해주는 수업료라고 생각하고 맛있는 음식을 많이 먹으러 돌아다니자.

노후창업으로 적당한 추천 업종

노후에 하는 창업으로 먹는장사는 쉽지가 않다. 일이 고되고 트렌드가 바뀌는 속도가 점점 빨라지고 있기에 사업이 안정적이지 않다. 먹는장사보다는 대박은 낼 수 없지만 매출이 꾸준한 장사가 좋다. 노후를 위한 업종으로는 어떤 것이 있는지 같이 알아보자.

매장이 작아야 한다

매장이 작아야 한다는 말은 망해도 피해가 덜해야 한다는 뜻이다. 노후에 모은 전 재산을 창업으로 날리면 다음을 기약할 수 없다. 그래서 더욱 안정적으로 가야 한다. 매장이 작으면 임대료가 저렴하고, 노부부 두 명이 운영할 수도 있다. 그러면 비용이 크게 나가지 않기 때문에 장사가 좀 안 되도 몇 년은 버틸 수 있다. 관리비도 저렴해서 냉난방비도 아끼고 전기료, 관리비도 절약된다.

또 노인들이 창업하면 주 고객이 노인인 경우가 많은데 큰 가게보다는 작은 가게에 오는 것을 선호한다. 작은 가게에 오면 주인이랑 대화하기가 쉽고 정이 느껴지기 때문이다.

유행을 타지 않고 꾸준히 팔려야 한다

유행을 타지 않는 업종은 대박의 가능성이 사라지지만 매출이 꾸준해서 생활을 유지하는 데 도움이 된다. 돈이 여력이 된다면 아파트 밀집 지역 안에 있는 제과점을 추천한다. 남녀노소 빵집의 단골손님이기 때문이다. 어린 자녀를 둔 가족이 많이 사는 곳에는 유기농 식품점이 인기가 많다. 아토피 환자가 늘어나고 있어서 유기농 식품점은 꾸준히 매출이 늘어날 수 있다.

1인 가구, 노인을 노려야 한다

1인 가구는 계속 늘고 있다. 1인 가구가 밀집한 지역은 먹고 마시는 장사도 잘 된다. 그중에서도 추천할 만한 두 가지는 편의점과 세탁편의점이다. 편의점은 혼자 사는 사람에게 맞춤으로 나온 가게라고 불릴 정도로 거의 모든 서비스를 제공한다. 1인 가구가 많은 일본을 보면 편의점이 그들의 모든 뒷바라지를 해주는 수준이다. 식사, 택배, 커피, 생활용품, 간식, 은행업무 등 많은 서비스를 갖추고 있고, 몇 년 뒤부터는 무인편의점이 등장할 수 있으므로 인건비의 부담으로부터 해방될 수 있다. 현재 정맥인식으로 담배를 파는 자판기도 나와 있으므로 무인편의점이 등장하면 편의점은 또 한 번의 호황을 맞게 될 것이다.

여기에 세탁편의점도 인기를 끌고 있다. 창업비용이 매우 저렴하고 혼자 사는 사람이 증가할수록 세탁을 맡기는 양이 늘어나고 있기 때문이다. 대학 원룸가, 오피스 원룸가에 있는 세탁편의점은 꽤 매출이 높은 편이다.

요새는 편의점과 세탁편의점이 결합한 형태도 등장하고 있다. 그럼 인력을 효율적으로 쓸 수 있다. 세탁을 맡기러 왔다가 편의점에 와서 물건을 사가게 되므로 서로 매출 상승 시너지를 일으킨다.

노인을 대상으로 하는 창업은 앞으로 계속 유망할 것이다. 베이비붐 세대의 은퇴로 노인이 급격히 늘고 있고, 이들이 우리나라 자산을 쥐고 있는 세대라서 현금이 있다. 이들의 지갑을 노리는 업종을 찾아야 한다. 안마기가 그중 하나다. 전자제품 판매장처럼 안마기를 진열해놓고 체험해보고 판매하는 가게들이 앞으로 좋을 것으로 보인다.

STEP 5.
Level 5. 절세

🪙 절세가 중요한 이유

　돈을 벌려면 앞으로 벌고 뒤로 흘려서는 안 된다. 아무리 투자 수익이 높아도 세금으로 손해를 보면 실제로 번 돈은 없는 빈껍데기에 불과하다. 실제로 세금 때문에 수익이 반토막 나는 사례가 허다하다. 문제는 세금에 대해서 알고 주식이나 부동산을 팔았더라면 거의 세금을 안 내도 되는 상황이라는 점이다. 세금에 대해서 공부해보자.

　'모든 소득에는 세금이 있다'는 명언이 있듯이 성인이 되고 나면 숨만 쉬어도 세금을 내게 된다. 국민의 의무 중 하나가 납세의 의무 아니던가. 우리는 태어났기 때문에 열심히 돈을 벌고 세금을 내야 하는 의무가 있다.

직장인이 접할 만한 세금의 종류는 소득세, 재산세, 증여세, 상속세가 있다. 그리고 물건을 살 때마다 붙는 부가가치세가 있다. 주유소에서 기름을 넣을 때마다 우리는 상당 금액을 세금으로 내고 있고, 담배를 살 때마다 애국자가 되고 있다.

이러한 세금을 줄여야만 실질 소득이 올라간다. 그렇다고 내야 할 세금을 안 내는 것은 아니다. 당연히 내야 하는 세금을 안 내는 것은 탈세로 중범죄에 해당한다. 하지만 국가는 사업이나 정책을 장려하기 위해서 세금을 감면해주고 있다. 우리는 어떻게 해야 세금을 감면받을 수 있는지 알고 기왕이면 감면받을 수 있는 조건을 확보하면서 투자해야 한다.

예를 들어서 당첨된 아파트 분양권을 팔아서 1억 원을 벌었다면 5,500만 원을 세금으로 내야 한다. 하지만 이 아파트를 팔지 않고 입주해서 2년간 살다가 팔면 한 푼의 세금을 내지 않아도 된다. 이런 법을 모르고 세금을 내면 매우 억울한 일이 생긴다. 하지만 집을 한번 팔고 나면 주워 담을 수도 없는 일이다. 그러므로 미리 공부해야 한다.

그래서 부자들은 세금을 먼저 계산해서 어떤 투자를 할지 결정한다. 보험이든 부동산이든 주식이든 서민들은 수익률을 먼저 물어보는 반면 부자들은 투자할 때 세금감면 요건에 해당되는지 먼저 확인한다. 이 책을 읽는 사람들은 어차피 곧 부자가 될 사람들이니 미리 세금공부를 해보도록 하자.

🪙 직장인을 위한 필수 지식, 종합소득세

직장인의 경우 근로소득세를 내기 때문에 종합소득세를 내는 경우가 별로 없다. 월급 외에 추가 소득이 있는 경우에만 종합소득세를 낸다. 그런데 종합소득세는 이미 연봉 위에서 초과로 더해진 수익에 대한 세금이기 때문에 세율이 높은 편이다. 예를 들어 연봉 5,500만 원인 사람이 초과수익으로 2,000만 원을 벌었다면 24%의 세율을 그대로 적용받아 480만 원의 세금을 내야 한다. 소득이 늘어날수록 세율도 6, 15, 24, 35, 38, 40, 42% 단계적으로 누진적용을 받기 때문에 연봉이 높을수록, 초과수익이 클수록 내는 세금도 커진다.

대부분 초과수익은 사업소득이다. 임대사업을 해서 월세를 받는 경우도 사업소득이고, 인세나 저작권, 강연료도 사업소득이다. 그 외에 이자배당소득이 2,000만 원이 넘는 경우도 사업소득으로 된다.

이런 종합소득세를 절세하는 방법이 있을까? 사업소득을 한도 이하로 버는 방법밖에 없다. 예를 들어서 임대소득은 연 2,000만 원이 넘지 않으면 14%의 분리과세가 적용된다. 근로소득 따로 임대소득 따로 세율을 적용받기 때문에 종합소득세보다 내는 세금이 훨씬 적다. 게다가 경비 인정이 되어서 연 4,000만 원까지는 분리과세라고 보면 된다. 임대사업자는 60%, 미등록자는 50% 경비 인정이 되기 때문이다. 또한 종합소득세도 기본공제를 받을 수 있다. 임대소득 외 종합소득이 1,200만 원 이하라면 400만 원의 기본공제를 받는다(미등록사업자 200만 원).

금융소득도 2,000만 원이 넘으면 종합소득세에 포함되므로 예금이자나 주식배당을 받을 때 이 기준을 넘지 말고 분리과세(15.4%)를 받는 것이 좋다.

기타 소득이라는 것도 있다. 인세, 저작권, 강연료, 상금 등이 여기에 해당한다. 연간 300만 원까지는 8.8%를 적용받지만 이 금액을 넘어가면 종합소득세에 포함되어 과세가 된다. 이런 일들 때문에 5월이 되면 갑자기 생각하지도 못한 세금을 내야 하는 근로자들이 있다.

은퇴 후에 고액연금(군인, 사학, 공무원연금)을 받는 사람의 경우 예전에 들었던 연금저축보험을 통해 연금을 수령하면 종합소득세에 포함된다. 다만 이 금액이 연 1,200만 원을 넘을 때 해당하기 때문에 실제로 이런 사례가 발생하는 사람은 많지 않을 것이다. 혹시라도 연금저축보험에 많은 돈을 낸 사람이라면 만 55세 이후 수령이 가능하므로 고액연금 수령 시기 전(65세 전)에 5년간 받으면 종합소득세를 피해갈 수 있다.

결론은 총소득은 똑같더라도 자산을 어떻게 배분해놓았느냐에 따라서 종합소득세를 피하는 사람이 있고 그대로 맞는 사람이 있다는 것이다.

🪙 부동산 투자와 떼려야 뗄 수 없는 양도소득세

인생을 살면서 가장 무서운 세금이 무엇이냐고 묻는다면 단연 양도소득세라고 대답할 것이다. 왜 그러냐면 양도소득세는 정말 세율이 무섭기 때문이다. 상속세는 몇억까지는 세금이 없는 예도 많지만 양도소득세는 기본공제 250만 원이 전부다. 그리고 너무도 복잡하다. 어떤 경우는 감면되고, 어떤 경우는 괘씸죄로 가산 대상이 된다. 세금을 더 내는 일이 발생하기도 한다.

최근에는 부동산 규제 대책으로 기존보다 감면대상이 더 줄었다. 즉, 세금을 피할 수 있는 경우가 많지 않다는 것이다. 그러므로 양도소득세는 돈 아까워하지 말고 투자하기 전에 세무사에게 상담하고 사도록 하자.

양도소득세 계산과정

워낙 양도소득세를 줄이는 방법은 다양해서 모든 것을 말할 수 없지만, 직장인들에게 가장 중요한 것들을 위주로 말하자면 1주택인 사람이 2년을 보유한 경우 양도소득세를 내지 않는다(조정지역 제외, 9억 원 한도). 아파트에 당첨된 사람의 경우 입주 전에 분양권 상태로 팔게 되면 44~55%의 양도소득세를 내야 한다. 그러므로 돈이 필요하다고 해서

분양권인 상태로 팔아버리면 큰 손실이 날 수도 있다.

이사를 가려고 집을 먼저 구입해서 2채가 되는 경우도 있다. 이를 일시적 2주택이라고 하는데 기본적으로 첫 집을 사고 1년 뒤에 두 번째 집을 샀을 것, 첫 집을 2년 이상 보유했을 것(조정지역은 2년 거주), 두 번째 집을 구입한 날로부터 3년 안에 첫 집을 팔 경우를 갖출 때 양도소득세를 면제받을 수 있다. 결혼으로 2채가 될 때는 5년 안에 한 채를 팔면 양도소득세를 면제받을 수 있다.

그렇지 못하더라도 집을 오래 보유하면 양도소득세를 감면받을 수 있다. 이를 장기보유특별공제라고 한다. 다주택자라 할지라도 3~15년 이상 보유할 경우 60~70%까지 감면받을 수 있으므로 집을 사서 오랫동안 보유하면 세금이 줄어들어 실제 이익이 커지게 된다.

또한 지역과 주택 수에 따라서 가산세율이 붙고 있다. 조정지역 내 2주택은 10%, 3주택 이상은 20%의 가산세가 붙기 때문에 임대사업자를 내는 것을 권한다.

집을 팔 때 A가 많이 올랐고 B는 떨어졌다면 A와 B를 같은 연도에 팔아야 한다. 그러면 A가 1억 원이 올랐고, B가 5,000만 원이 떨어졌을 경우 1억 원 - 5,000만 원이 되어서 5,000만 원에 대한 세금만 내면 된다. 이를 합산과세라고 한다.

일반적인 상황에서 많이 오른 A라는 집을 팔고 싶더라도 덜 오른 B를 팔아 2주택 세금을 조금만 내고, A는 1주택인 상태로 만든 다음 팔면 A를 2년 보유했을 때 A에 대한 세금은 한 푼도 내지 않는다. 그리고 A

와 B 둘 다 수익이 났을 경우 같은 연도에 팔지 말고, 하나는 내년에 파는 것이 좋다. 1년마다 기본공제 250만 원을 주는데 이를 각각 다른 연도에 팔면 250만 원 기본공제를 두 번 받을 수 있기 때문이다.

구분	세율(%)	누진공제(만 원)	가산세율	
1,200만 원 이하	6	0	조정지역 내 2주택 +10%	조정지역 내 3주택 이상
4,600만 원 이하	15	108		
8,800만 원 이하	24	522		
1.5억 원 이하	35	1,490		
3억 원 이하	38	1,940		
5억 원 이하	40	2,540		
5억 원 초과	42	3,540		
위 세율은 1년 이상 보유 시 적용				
1년 미만 보유	주택 50%, 분양권 40%			
미등기 양도	70%			
조정 대상 지역	분양권 50%			

🪙 양도소득세를 피하는 무기, 주택임대사업자

집을 세를 놓아 소득이 있더라도 임대사업자로 내고 안 내고는 선택사항이다. 집이 100채여도 임대사업자를 내기 싫으면 안 내도 된다. 하지만 그러면 세금적으로 불리하게 해놓았기 때문에 임대사업자가 유리한지 그냥 안 내는 것이 나은지를 계산해봐야 한다.

보통 집이 한 채인 사람은 월세를 받아도 임대사업자를 낼 필요가 없다. 그런 점에서 다가구주택, 상가주택은 이점이 있다. 두 채인 경우는 고민해봐야 한다. 일시적 2주택인 사람이 굳이 임대사업자를 낼 필요는 없다.

또는 2주택이라고 할지라도 팔았을 때 양도소득세가 별로 안 나온다면 임대사업자를 내지 말고 그냥 팔아버리라고 추천하고 싶다. 임대사업자를 내게 되면 최소 5년에서 10년은 보유하고 있어야 하기 때문이다. 그리고 임대사업을 놓는 기간 동안 세도 마음대로 올리지 못한다(준공공임대 연 5% 상승제한).

대신 임대사업자를 내게 되면 양도소득세 70% 감면(준공공, 8년) 또는 100% 감면(10년, 농특세부과)을 받을 수 있다. 만약 주택가격이 많이 오를 것으로 예상되는 곳이라면 임대사업자를 내는 것이 유리하고, 그렇지 않은 곳이라면 굳이 임대사업자를 낼 필요가 없다.

임대사업자를 내면 임대소득에 대해서 세금을 내야 한다. 14%의 세금을 내야 해서 어느 것이 유리한지 처분하는 것이 좋을지 임대사업자를 내는 것이 좋을지 잘 생각해봐야 한다.

공무원도 임대사업자를 내는 것이 가능하므로 이를 꺼리지 말고 본인이 양도소득세를 줄일 수 있는 방향으로 선택하면 된다.

💰 일찍 준비하면 세금이 줄어드는 증여세·상속세

증여세는 살아생전에 타인에게 재산을 넘기는 것이고, 상속세는 사망 후에 재산을 넘기는 것이다. 결국 같은 뜻이지만 살아생전이냐 이후이냐에 따라 용어가 바뀐다. 부모님께 물려받을 재산이 있다면 이 증여세와 상속세에 대해서 일찍 준비해야 한다. 살아생전에는 증여를 통해서 미리 세금을 줄일 수 있지만 사망 후에는 상속세를 줄일 방법이 거의 없다.

증여세 절약방법

- 10년마다 자녀에게 5,000만 원씩 증여(미성년자 2,000만 원)하면 증여세를 내지 않는다. 다만 나중 증빙을 하기 위해서는 5,001만 원을 증여하고 증여신고를 하자. 그럼 세금 1,000원을 낸 덕분에 차후 증빙이 쉬워진다.
- 부부간은 6억 원까지 면제다. 이는 상속세 한도와 같다.
- 상속세처럼 여러 명에게 증여하는 방법도 있다. 3억 원을 1명보다 1억 원씩 3명에게 하면 증여세율을 낮아지므로 더 유리하다.
- 부동산으로 증여하는 방식이 세금 면에서 더 유리하다. 부동산이나 주식은 가격이 오르는 경우가 많기 때문이다. 단, 증여 후 5년 보유한 다음에야 매도가 가능하다.
- 세대를 생략하고 증여하는 방법도 있다. 쉽게 말해 자녀를 건너뛰

고, 손자에게 증여하는 방법이다. 자녀를 거쳐 손자한테 가면 이중으로 증여세가 부과되지만 한 번에 건너뛰면 세금이 절감된다.

상속세 절약방법

- 사전에 증여한 뒤 상속하면 상속세가 절감되므로 살아 있을 때 미리 증여해두자. 10년마다 해두는 것이 좋다.
- 토지는 공시지가, 건물은 국세청장 고시 가격 기준으로 상속세가 부과된다.
- 채무, 장례비용은 공제되므로 관련 영수증을 잘 챙기자.
- 의료비는 공제되지 않으므로 피상속인이 납부하는 것이 유리하다.
- 채무가 상속재산보다 클 경우 상속포기신청이 가능하므로 빚을 떠 앉는 일은 없어야겠다.
- 종신보험을 활용하는 방법도 있다. 단, 조건이 계약자, 수익자 자녀, 피보험자 부모로 설정 시에만 가능하다. 이렇게 보험금을 2억 원 한도로 수령하면 상속세 및 이자소득세 없어서 부동산 등을 상속받았을 때 상속세를 마련하는 방법으로 활용되고 있다.

마치며.
부자에 대한 환상을 버리자

우리는 부자를 꿈꾼다. 그것도 막연하게 부자를 꿈꾼다. 그래서 많은 이들이 부자가 되고 난 다음에는 방황하는 경우가 많다. 부자가 되면 행복도 따라올 것으로 생각한다. 그렇게 생각하고 현재를 희생하면서 부자가 되기 위해 달려가는 이들이 많다. 부자가 되면 배우자에게 잘하겠다는 생각, 자녀에게 그때가 되면 좋은 부모가 될 테니 기다려 달라고 말하고는 한다. 하지만 부자가 된다는 것은 돈이 많아졌다는 것을 의미할 뿐 행복해졌다는 것을 담보하지는 않는다. 그리고 부자가 되기 위해 버려야 했던 시간과 열정, 가족, 친구, 기회 등을 생각하면 '굳이 이렇게까지 힘들게 살아야 했나' 하는 후회가 몰려오기 쉽다. 그러므로 내가 왜 부자가 되어야 하는지 이유를 잘 생각해보고, 부자가 되어가는 과정에서 너무 많은 것을 잃지 말도록 하자. 세상에 공짜는 없으므로 내가 부자를 향해 나가면 어떠한 것들을 잃어야 한다. 나의 경우 재미있는 TV, 영화, 스포츠를 제대로 즐기지 못했다. 하지만 친구들과의 모임, 가족모임, 소중한 사람들과의 만남은 되도록 지키려고 노력했다. 부자가 되는 속도가 조금은 느려지더라도 사람을 잃어서는 안 되니까.

돈을 버는 과정에서는 시간과 스트레스는 자유롭지 못하다. 시간이 자유로우면서 돈을 버는 사람은 그만큼 스트레스받는 일을 해야 하고, 스트레스가 없는 사람은 버는 돈이 적거나 시간으로 때워야 한다. 모든 것을 만족시키는 일은 없다. 어떤 것을 얻고, 어떤 것을 포기하는 일은 기분 좋은 일은 아니지만 매 순간 찾아오는 일이다.

부자가 되려고 하는 사람이라면 자신이 부자가 될 수 있는 그릇을 먼저 만들어야 한다. 그래야 재물을 온전히 자신의 그릇에 담을 수 있다. 이런 그릇이 제대로 완성되지 못한 채 너무 빨리 부가 찾아오면 반드시 실수하게 되고, 부가 그릇 밖으로 흘러넘치거나 구멍으로 빠져나간다. 초반의 성공은 축복이 아니라 재앙일 수 있고, 초반의 실패는 그릇을 넓혀주는 좋은 기회가 될 수도 있다.

시간 관리만 잘해도 수입이 2배가 되고, 저축액은 4배가 된다. 즉, 자투리 시간만 잘 활용해도 부자가 될 수 있다. 우리는 너무도 아까운 시간들을 낭비하며 살고 있다. 드라마를 보는 시간에 공부하면 더 많은 기회를 잡을 수 있고, 낮잠을 자는 시간에 운동하면 수명을 늘릴 수 있다. 여행을 가더라도 좁은 시야를 갖기보다 공부를 한다는 마음으로 관찰하다가 깨달음을 얻으면 인생역전의 기회가 생길 수도 있다. 남보다 시간 관리를 잘해서 2배의 효율을 낸다면 100세 시대에 혼자 200세를 사는 효과를 낳는다. 수명이 짧은 것을 원망하지 말고, 본인이 시간을 효율적으로 쓰지 못한 것을 원망해야 한다.

 부자는 쉽게 되는 것으로 보이지만 절대 쉽게 되지 않는다. 남보다 더 고생하고, 더 노력하고, 더 달려야지만 부를 얻을 수 있고 부를 지키기 위해서 많은 것을 절제해야 부자가 될 수 있다. 그리고 꼭 돈이 부자로 만들어주는 것이 아니라는 점을 기억하자. 가족, 이웃, 직장 동료, 지인들과 화목하게 지내면 부자들보다 더 행복함을 느끼며 살 수 있다.

배고픈 월급쟁이를 위한 달달한 짠테크
NEW 내 월급 사용설명서

제1판 1쇄 2019년 4월 8일
제1판 4쇄 2021년 6월 11일

지은이 전인구
펴낸이 서정희 **펴낸곳** 매경출판(주)
기획제작 ㈜두드림미디어
책임편집 이규재 **디자인** 얼앤똘비악earl_tolbiac@naver.com
마케팅 강윤현, 신영병, 이진희, 김예인

매경출판(주)
등록 2003년 4월 24일(No. 2-3759)
주소 (04557) 서울시 중구 충무로 2 (필동1가) 매일경제 별관 2층 매경출판(주)
홈페이지 www.mkbook.co.kr
전화 02)333-3577
이메일 dodreamedia@naver.com
인쇄·제본 ㈜M-print 031)8071-0961
ISBN 979-11-5542-577-0 03320

책 내용에 관한 궁금증은 표지 앞날개에 있는 저자의 이메일이나
저자의 각종 SNS 연락처로 문의해주시길 바랍니다.

책값은 뒤표지에 있습니다.
파본은 구입하신 서점에서 교환해드립니다.

이 도서의 국립중앙도서관 출판예정도서목록(CIP)은 서지정보유통지원시스템 홈페이지(http://seoji.nl.go.kr)와
국가자료공동목록시스템(http://www.nl.go.kr/kolisnet)에서 이용하실 수 있습니다.
(CIP제어번호: CIP2019011277)